Tostedt auf dem Todt

1. Auflage November 2009

Herausgeber: Katrin Kludas und Klaus-R. Rose
Texterfassung: Klaus-R. Rose

Druck: Lindendruck GmbH, Hannover

Felicitas Hübner Verlag GmbH
Hagenstr. 10, D-31275 Lehrte
Tel. 05132-8399-0 Fax 05132-8399-69
E-Mail: info@fh-verlag.de
www.fh-verlag.de

ISBN 978-3-927359-73-4

Titelbild: Albert Bartels an der Tilly-Buche bei Todtshorn 1931

Katrin Kludas / Klaus-R. Rose (Hrsg.)

Tostedt auf dem Todt

Aufsätze und Notizen über Tostedt aus dem Nachlass von Albert Bartels

Felicitas Hübner Verlag

Wir danken unseren Sponsoren, ohne deren finanzielle Unterstützung das Buch wohl kaum entstanden wäre:

der *Gemeinde Tostedt*
dem *Genossenschaftlichen Archiv Hanstedt*
der *Sparkasse Harburg-Buxtehude* und
der *Friedrich Vorwerk KG*

Inhalt

Grußwort

Liebe Leserinnen und Leser,

Veröffentlichungen zur Geschichte Tostedts und seiner Umgebung sind immer noch lückenhaft.

Besonders bedauerlich war immer, dass die Arbeiten des ersten gründlichen Heimatforschers Albert Bartels sehr verstreut erschienen und viele seiner Arbeiten wegen seines frühen Todes gar nicht mehr gedruckt worden sind.

Das gleiche gilt für seine Gemälde und Zeichnungen sowie für die Fotografien. Mit dem vorliegenden Band schließen die Herausgeber eine außerordentliche Lücke.

Wir danken Katrin Kludas und Klaus-R. Rose für ihre Arbeit sowie den Sponsoren für die finanzielle Unterstützung.

Wir freuen uns über dieses wertvolle Buch zur Geschichte Tostedts und wünschen allen Leserinnen und Lesern eine interessante Lektüre.

Dirk Bostelmann
Gemeindedirektor

Erwin Becker
Bürgermeister

Tostedt im Oktober 2009

Zur Entstehung dieses Buches

Zeit seines Lebens hatte Albert Bartels daran gearbeitet eine umfassende Chronik über Tostedt zu schreiben. Um dieses Ziel zu erreichen, hatte er eine Vielzahl von Urkunden in den Archiven Hannover und Stade gesichtet und abgeschrieben, als auch Gespräche mit alten Tostedtern geführt. Außerdem wurden Bekannte und Freunde aus den benachbarten Orten befragt. Diese Gespräche und Informationen hat er in diversen Anschreibebüchern festgehalten und als wichtige Quelle für seine Aufsätze genutzt. Ebenso hat er fortlaufend ortsbezogene Ausschnitte aus den damals aktuellen Zeitungen gesammelt. Im Laufe der Zeit sind durch ihn viele Berichte entstanden, die er, zur Vorbereitung einer Ortschronik, handschriftlich in Sütterlin-Schrift in mehrere Aufsatz-Bücher eintrug. Einzelne Abhandlungen aus diesen Werken ließ er in den 50er und 60er Jahren des vorherigen Jahrhunderts in Jahrbüchern (Harburger Kreiskalender, (Lüneburger) Heidebote, Die Kunde – Landesmuseum Hannover) und Zeitungen (Harburger Anzeigen und Nachrichten – Heimatspiegel, Winsener Anzeiger – Heimatglocken) veröffentlichen. Sein besonderes Forschungsgebiet war die Markgenossenschaft auf dem Todt. Hier hat er sich ganz intensiv darum bemüht, Aufklärung in die historischen Begebenheiten zu bringen. Eine Reihe von Aufsätzen zu diesem Thema, die in unserem Buch zu einem besonderen Kapitel zusammengefasst worden sind, stellen das Ergebnis dieser Forschungsarbeiten dar. Kein anderer Heimatforscher hat je wieder so tiefe und umfassende Kenntnisse über dieses Spezialgebiet erlangen können. In diesem Zusammenhang möchten wir darauf hinweisen, dass wir seine gesammelten Aufsätze in diesem Buch zwar auf den neuesten Stand des Wissens gebracht – hier gilt unser Dank auch Herrn Heinrich Müller, Bötersheim, der uns mit Auskünften zur Verfügung stand –, doch gleichzeitig darauf geachtet haben, dass sein Schreibstil nicht verändert wurde. Seine Forschungserkenntnisse hat er nicht für sich behalten. Neben den Veröffentlichungen hat er gegen Ende der 50er Jahre in Vorträgen vor Heimatfreunden in Tostedt und Harburg (Helms-Museum) sowie Lehrervereinigungen seine Arbeiten dargestellt und erläutert.

Einige wichtige Aufsätze, die nicht aus der Feder von Albert Bartels stammen, sind in diesem Buch mit aufgenommen und entsprechend gekennzeichnet worden. Insbesondere hat Klaus-R. Rose zwei umfangreiche Aufsätze sowie einen weiteren zusammen mit Peter Pries verfasst, die uns zur Vervollständigung und zum besseren Verständnis des Gesamtwerkes notwendig erschienen. Der Aufsatz über den Ersten Weltkrieg und seine Auswirkungen auf Tostedt wird in dieser Form zum ersten Mal der Öffentlichkeit vorgelegt. Gerade dieses Ereignis hatte Albert Bartels als Teilnehmer am Ersten Weltkrieg stark geprägt.

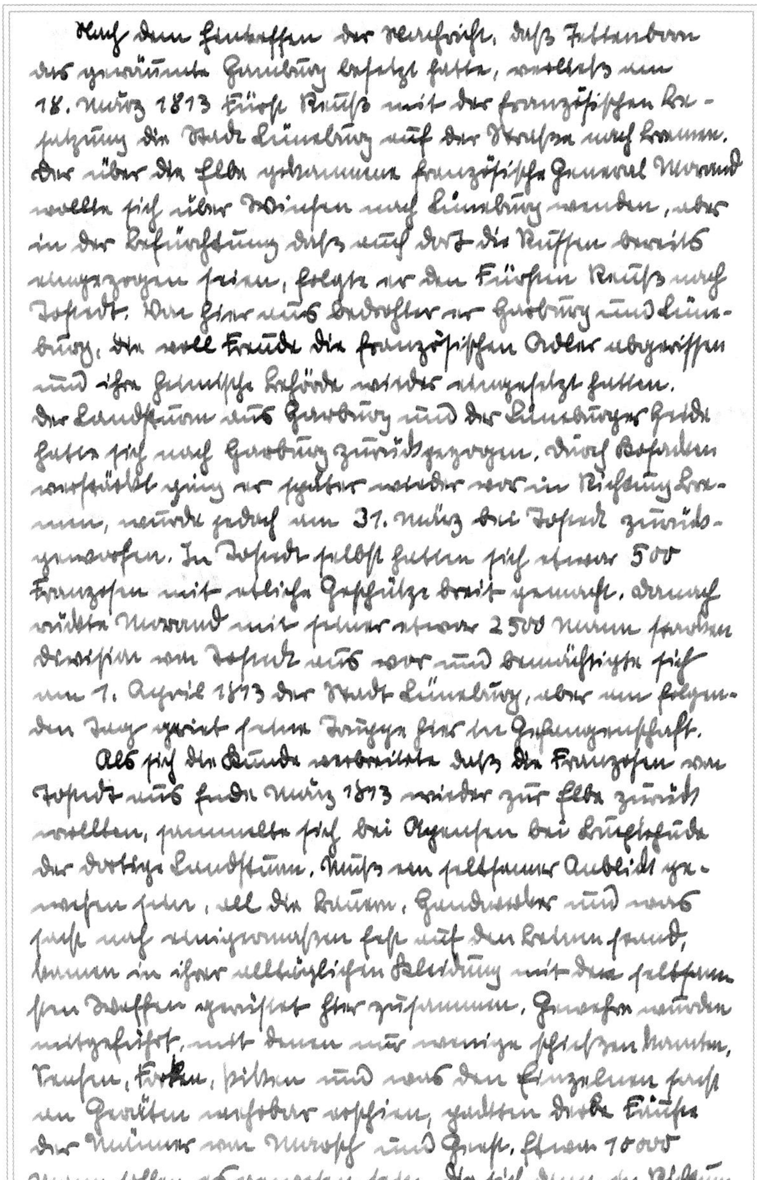

Eine handschriftliche Seite aus dem Aufsatzbuch von Albert Bartels

Albert Bartels war aber nicht nur als heimatforschender Schriftsteller tätig. Er war auch künstlerisch veranlagt und hat nicht nur ansprechend vollendete Holzplastiken geschaffen, sondern seine unmittelbare Umgebung auch in diversen Feder- und Aquarellzeichnungen sowie Ölgemälden festgehalten. Eine Auswahl der Arbeiten seiner Heimat werden in diesem Buch vorgestellt. Zudem war Albert Bartels ein leidenschaftlicher Fotograf. Unser Dank gilt Herrn Jörn Kludas, der uns Fotografien aus seinem Archiv zur Verfügung stellte.

Weiterhin ist erwähnenswert, dass Albert Bartels eine besondere Liebe zur Ur- und Frühgeschichtsforschung entwickelt hatte. Viele Male war er besonders in den Feldmarken von Tostedt, Todtshorn und Wüstenhöfen unterwegs, um dort auf den Feldern und umgebrochenen Wiesen die Werkzeuge und Keramiken der Steinzeitmenschen zu suchen oder Bodendenkmäler wie alte Wälle und Schanzen im Bild festzuhalten. Das ist ihm auch im überzeugenden Maße gelungen. Seine steinzeitlichen Funde, die bis in die heutige Zeit bewahrt werden konnten, haben uns in der Urgeschichtsforschung für unser engeres Gebiet ein großes Stück weiter gebracht. Aufgrund seiner Funde konnte unter anderem nachgewiesen werden, dass bereits vor 14000 Jahren in der Nacheiszeit Menschen auf der Jagd nach dem Ren unsere Gegend durchstreift haben müssen.

Durch den frühen Tod war es Albert Bartels nicht mehr möglich, die Früchte seines unermüdlichen Schaffens in einem Buch über Tostedt zusammenzufassen. Um die wichtigen Ergebnisse seiner Forschungsarbeiten nicht in Vergessenheit geraten zu lassen und einen weiteren wichtigen Baustein für eine zukünftig noch zu schreibende umfassendere Chronik von Tostedt zu liefern, haben wir uns entschlossen, alle Aufsätze sowie wichtige zusätzliche Hinweise und Einzelinformationen (die größtenteils noch nicht in Aufsätzen verwertet worden sind) unter »Notizensammlung« zu veröffentlichen bzw. sie teilweise den Aufsätzen zuzuordnen. Dieses dürfte auch im Sinne des Verfassers sein. 44 Jahre nach seinem Tode legen wir nun – das sicherlich unvollendete – Lebenswerk eines Mannes vor, der sich zeitlebens um die Erforschung seiner Heimat bemüht hat. Da wir nicht wissen, was die Lehrer der Tostedter Volksschule in ihrer Schulchronik alles niedergeschrieben haben – bereits 1935 wurde der Verlust dieses Buches bedauert – und Pastor Bentlage in der zweiten Hälfte der 20er Jahre des vorigen Jahrhunderts (in den Heimatblättern für den Kirchenkreis Hittfeld) versuchte, speziell die Geschichte der Kirchengemeinde zu Tostedt zu erarbeiten, ist demnach Albert Bartels der erste Tostedter Heimatforscher gewesen, der sich umfassender mit der Geschichte dieses Ortes beschäftigt hatte.

Wir möchten mit diesem Buch die Erinnerung an Albert Bartels, seine geschichtlichen Forschungen und sein künstlerisches Wirken bewahren.

Tostedt im Oktober 2009

Katrin Kludas
Klaus-R. Rose

Unser Großvater Albert Bartels – ein Heimatforscher und Künstler

Albert Bartels (1899 – 1965)

Unser Großvater Albert Bartels wurde am 5. April 1899 auf dem Grodenhins-Hof in Tostedt geboren. Damals waren die wirtschaftlichen Zeiten recht gut, somit auch für den Grodenhins-Hof und die Familie Bartels, deren Einnahmequelle und Ernährungsgrundlage das landwirtschaftliche Anwesen in der Buxtehuder Straße bildete. So war Albert und seinen vier Brüdern »eine gute Wiege« gegeben. Unser Großvater hatte zusätzlich Glück, denn besonders sein Vater und seine Großmutter weckten schon früh in ihm das Interesse an der Natur und Geschichte der Heimat. Jahre später schrieb Albert in seinen Erinnerungen: »Der Teich auf dem Hof interessierte mich, da viel Getier darin schwamm – Vater ließ mich gewähren und erklärte mir dann die Arten und wie die Larven und Wasserpflanzen in den kleinen Tümpel gekommen waren«. Natürlich musste er auch als Junge auf dem Hof mit anpacken, so wie es eben damals üblich war. Aber ihm blieb trotzdem ausreichend Zeit, um in Wald und Flur »rumzustromern« und Interessantes zu entdecken. Auch zeigten sich bereits als Kind seine künstlerischen und handwerklichen Neigungen, denn in jeder freien Minute malte, bastelte und schnitzte er.

Nach dem Besuch der Volksschule in Tostedt wollte unser Großvater eigentlich Maler werden, doch in der näheren Umgebung ließ sich eine entsprechende Lehrstelle nicht finden und seine Eltern wollten nicht, dass der junge Albert in die »große Stadt« Hamburg ging. So begann er im Jahr 1913 seine Lehrzeit in der Buchbinderei Matthies am Himmelsweg, die er erfolgreich mit der Gesellenprüfung zum Buchbinder beendete. Sein Lehrherr Buchbindermeister Matthies war auch als Fotograf bekannt, und dieses erzeugte in Albert ebenfalls das Interesse an der »Photographier-Kunst«.

Dunkle Wolken waren heraufgezogen – der Erste Weltkrieg warf seine Schatten. Drei seiner Brüder waren als Soldaten eingezogen worden und auch Albert musste sich melden. 1917 wurde er in Bahrenfeld zum Meldereiter ausgebildet und kam kurze Zeit später nach Frankreich, wo er den grausamen Stellungskrieg erlebte. Nach seiner Entlassung aus dem Heer im Jahr 1919 schrieb er in seinen Erinnerungen: »Mein Denken und Tun muss erstmal wieder versuchen, klaren Halt zu finden« – auch waren zwei seiner Brüder gefallen.

Nach diesen schrecklichen Kriegsjahren verließ unser Großvater seinen Heimatort Tostedt und arbeitete in den frühen 20er Jahren unter anderem in Bremerhaven, Rendsburg in Schleswig-Holstein und Hamburg-Altona als Buchbindergeselle. Während dieser Zeit entstanden, wie auch in den Jahren seiner Jugend, zahlreiche Aquarelle und Zeichnungen. Er nutzte in Hamburg-Altona seine Freizeit, um an der Staatlichen Schule für freie und angewandte Kunst einige Semester zu belegen. Ergo wurden seine künstlerischen Fähigkeiten immer besser – noch heute zeugen unzählige Ölgemälde, Aquarelle, Zeichnungen und Skizzen von seinem persönlichen Wunsch und Willen, schöne Dinge im Bild festzuhalten und zeigen seinen regen und wachsamen Geist.

In den Sommermonaten der Jahre 1925 und 1926 ging er »auf Wanderschaft«. Er bereiste die Ostseeküste in Mecklenburg, die süddeutschen Regionen und die Alpen, immer begleitet von seinem Zeichenstift und -block und natürlich seinem Notizheft – seinem, heute würden wir sagen, »Tagebuch«.

1925 legte Albert die Meisterprüfung im Buchbinderhandwerk mit Erfolg ab. Und endlich konnte er sich 1927 seinen Traum erfüllen: In der Bahnhofstraße in Tostedt eröffnete er sein Geschäft. »Papier-, Buch- und Schreibwarenhandlung« stand auf dem Firmenschild über der Eingangstür. »Geplant, gemacht und aufgetan den La-

Buch- und Schreibwarenhandlung von Buchbindermeister Albert Bartels in der Bahnhofstraße in Tostedt, 1929

den«, so hat unser Großvater sicherlich in seiner akribischen Art gedacht und gehandelt, aber »da fehlt doch noch etwas!« Natürlich, nämlich unsere Großmutter Käthe, denn die Zeiten in Hamburg-Altona können doch »an so' nem schnieken jungen Kierl« nicht spurlos vorbeigegangen sein. Und richtig, Albert hatte da schon seine Braut! Das »Mädchen«, die Tochter des Heizungsbauer- und Schlossermeisters Wilhelm Schröder, war bereits auserkoren, aber erstmal sollte die wirtschaftliche Basis für eine Familie in Tostedt aufgebaut werden.

Anfang 1930 konnte endlich die Hochzeit stattfinden, im Herbst kam unsere Tante Ursula zur Welt, unsere Mutter Irmgard wurde im Jahr 1935 geboren. Aufgrund familiärer Erzählungen sowie Briefen und Fotos lässt sich erkennen, dass es sich um schöne Jahre für die Familie gehandelt hat. Neben den geschäftlichen Erfordernissen konnte sich unser Großvater nun auch seinen heimatkundlichen und malerischen Interessen widmen. In dicken Mappen hat er seine Aufzeichnungen über viele Fundplätze der Vor- und Frühgeschichte, Ringwälle und Schanzen, Bienenzäune und Schafställe, Kirchen, Gebäude usw. verwahrt.

Alles wäre für die Familie so schön geblieben, wenn unser Großvater nicht in den Jahren 1939 bis 1945 wieder die Uniform anziehen und die Zeit des Zweiten Weltkrieges hätte mitmachen müssen. Die Kriegsjahre verschlugen ihn ab 1942 nach Finnland, weit oberhalb des Polarkreises. Aber auch diese schwere Zeit überstand er – 1943 schrieb er an seinen Freund, den Tostedter Arzt Dr. Pieper: »Ich bin froh mir aus meiner Knabenzeit einen Schatz erhalten zu haben, überall finde

Albert Bartels 1943 in Lappland

ich etwas im Wald, in der Tundra, auf dem Fels, das mir Freude macht und sei es noch so etwas Unscheinbares. Wenn ich dann nach dem Dienst unser Zelt betrete, dann lege ich mit der Waffe auch all das ab, was viele Kameraden nicht von sich lösen können, dann kommt bei mir der andere Mensch zu Tage. All dasjenige, was das Wort Krieg für einen Soldaten mit sich bringt, all dieses versuche ich abzulegen und dann werde ich mit vielem eher fertig«. Mit dieser Einstellung gelang es ihm die lange Dunkelheit der Polarnächte zu ertragen, auch das Malen der Nordlichter und Landschaften Lapplands half ihm. Betrachten wir seine Bilder und Fotografien aus dieser Zeit, zeigen sie uns die wirkliche Schönheit der Natur, die die Menschen leider im heutigen Alltagsleben sehr oft verdrängen oder nicht mehr erkennen.

Nach dem Zweiten Weltkrieg nahm Albert die Tätigkeit in seinem Geschäft wieder auf. In den 50er und 60er Jahren widmete er sich in seiner Freizeit vor allem der Heimatkunde und Archäologie. Mit seinem Freund Prof. Dr. Willi Wegewitz, der heute vielen als ehemaliger Direktor des Helms-Museums in Hamburg-Harburg in Erinnerung ist, unternahm er auch archäologische Ausgrabungen. Zudem verbrachte unser Großvater viele Stunden mit dem Heimatforscher Albert Huth, um sich mit der Vergangenheit Tostedts zu beschäftigen. Ebenso kamen gerne die Lehrer und Schüler der Tostedter Schulen mit geschichtlichen und naturkundlichen Fragen zu unserem Großvater, die er, hilfsbereit wie er war, ausführlich beantwortete. Die größte Ehre für Albert war wohl die Genehmigung seines Gestaltungsvorschlags für das jetzige Tostedter Gemeindewappen im Jahre 1949.

Viel zu früh, am 15. August 1965 verstarb unser Großvater Albert Bartels. Er hatte noch so viele Ideen und Pläne, so auch die Erstellung einer Tostedter Chronik.

Wir haben unseren Großvater Albert leider nicht persönlich kennen gelernt, sind aber sehr dankbar über sein Erbe, nämlich unserem Interesse an der Geschichte und Natur. Uns sind glücklicherweise seine unzähligen Aufzeichnungen zur Heimatkunde sowie seine Kunstwerke aus über fünf Jahrzehnten fleißiger Arbeit erhalten geblieben. Besonders dankbar sind wir aber, dass wir auch wie er Freude an den kleinen Dingen des Lebens empfinden und seine unerschütterliche Lebenszuversicht in uns weiterwirkt – frei nach Alberts Lebensmotto aus dem Kriegsjahr 1943: »Trotz allem den Blick frisch in die Zukunft«.

Katrin und Jörn Kludas

I. Aus Tostedts Vergangenheit

Die alte Feldsteinkirche auf der ehemaligen Thiestätte in Tostedt

Vom Oberlauf der Wümme und Este erstreckt sich ein weithin sichtbarer, flacher Höhenzug in nördlicher Richtung hinter Hollenstedt bis an den Staersbeck. Unter dem Namen »Todt« oder auch »Tot« ist er von altersher bekannt. Der größte Teil der in diesem Gebiet liegenden Ortschaften reichen auf Grund ihrer Namen und Anlage recht weit zurück. Vorgeschichtliche Funde bekunden die Anwesenheit des Menschen schon vor mehreren Jahrtausenden. Obgleich manche Hofstellen anfangs auch zerstreut auseinander lagen, kann man annehmen, dass dörfliche Bindungen schon um 600 n. Chr. entstanden waren. Die Rodungen weiter vorzutreiben und gleichzeitig notwendige Sicherungs- und Abwehrmaßnahmen durchzuführen war den einzelnen Dörfern nicht möglich. So schlossen sich die Bewohner des von natürlichen Grenzen umgebenen Todt-Gebietes frühzeitig zu einer Markgenossenschaft, der »Todtmark« zusammen. Diese umfasste die einst in grauer Vorzeit umfangreichen, dann durch Siedlungen aufgelockerten Waldungen dieser Landschaft mit der Benennung »Todtholz«.

Die West- und Südseite der alten Tostedter Kirche (abgebrochen 1881 / 82), Ölgemälde von Albert Bartels

Alljährlich traten alle an dieser Holzung Berechtigten mehrere Male in dem Mittelpunkt Tostedt zu einem Holzgericht oder Holting zusammen. Rechte und Pflichten aller Markgenossen kamen hierbei immer wieder zur Verhandlung, um sie durch fortlaufende mündliche Überlieferung lebendig zu erhalten.

Die ältesten Tostedter Hofstellen sind hufeisenförmig mehr oder weniger um den »Groden Wischhoff« angelegt. In dieses feuchte Wiesengelände ragt aus westlicher Richtung eine kleine Anhöhe hinein und auf dieser fanden die Zusammenkünfte statt. Es ist der Platz, auf dem sich heute die Kinder zwischen der alten Schule und der (ehemaligen) Sparkasse fröhlich tummeln. Der Name dieser früher »Täi« genannten Stätte ist jetzt fast ganz in Vergessenheit geraten (Thie, Tie, Täi, Thee usw. war früher die allgemeine Bezeichnung für einen Platz, auf dem alljährlich wiederkehrend Gerichte und Zusammenkünfte abgehalten wurden). Nur die östlich daran grenzende »Täi-Wisch« (Theewiese) ist noch bekannt, ebenso der daneben liegende »Täi-Diek« (Theeteich). Mehrere Quellen sprudelten früher am Rand der Wiese und des Platzes, sie gingen durch Erdarbeiten bis auf wenige verloren.

Das Vordringen des neuen Glaubens in unserer Gegend begann von Hollenstedt aus. Hier bildete sich das gleichnamige Archidiakonat. Weit hinauf reichte die Nordgrenze: Jork und Buxtehude gehörten dazu. Das Kirchspiel Tostedt umfasste den südlichen Teil. Es ist auffallend, dass sich das Tostedter Kirchspiel mit Ausnahme einiger nördlich gelegener Dörfer dem Gebiet der alten Todtmark anpasste. Bei der Auswahl der Kirchdörfer walteten besondere Rücksichten. Um die Bewohner mit dem neuen Glauben zu befreunden, fiel die Wahl der Kirchplätze oft auf Stätten, welche seit alter Zeit nach bisheriger Gewohnheit mit Ehrfurcht betreten wurden. Nach den damaligen Bestimmungen der Kirche sollten den Neubekehrten diese alten Weihestätten nicht genommen werden, sondern sie sollten auch weiterhin hier zusammenkommen können. Allerdings nun unter völlig neuen Gesichtspunkten. Als alte Weihestätte erfüllte auch der Tostedter Täi die erforderlichen Voraussetzungen für den Bau einer Kirche. Dies mag für Tostedt erklären, warum die Kirche nicht – wie sonst allgemein geschehen – im Ortsmittelpunkt gebaut wurde, sondern westlich jenseits der Töste. Die alten Vollmeierhöfe liegen aber ausnahmslos östlich des Baches.

Mit der Errichtung des Gotteshauses behielt der Täi nun auch weiter seine Bedeutung als Sammelstätte. Im 15. und 16. Jahrhundert fanden hier nachweislich die Holtinge statt. Der Platz für das noch im 17. Jahrhundert in Tostedt gehegte Landgericht ist hier ebenfalls zu suchen. Ob man hier nun auch die Urteile sprach, die dann an dem Galgen draußen beim »Olen Gericht« am Bötersheimer Weg vollstreckt wurden, ist heute nicht mehr genau festzustellen. Wenige Urkunden, die darüber Auskunft geben könnten, fristen in den Archiven ein nutzloses Dasein, doch der größte Teil verfiel im Lauf der langen Zeit irgendwo der Vernichtung. Zäh und beharrlich hielten die Todtleute an ihren alten Gewohnheiten fest. Als 1826 bei den Vorbereitungen zur Aufteilung der zur Todtholzung gehörigen Gemeinheitsreviere an Bruch-, Moor- und Heideflächen die betreffende Bekanntmachung

Die alte Feldsteinkirche, Nordseite

erfolgen sollte, ist zum Schluss angeordnet: »Das Exemplar ist auf dem Kirchhofe in Tostedt zwey Sonntage zu publicieren«. Somit war die amtliche Verfügung erst nach Veröffentlichung auf dem alten Täi-Platz als rechtskräftig zu betrachten. Auch weiterhin erfolgte das Ausrufen der Verordnungen auf dem Kirchhof. Sämtliche mit der ländlichen Gemeinschaft verbundenen Zusammenkünfte fanden früher ausschließlich hier statt. Was auch im Leben des Einzelnen besonders hervortrat, über diese Stätte hatte es Verbindung mit der gesamten daran teilnehmenden Dorfschaft.

Ein überlieferter Brauch der Tostedter bezeugt ebenfalls die besondere Wertschätzung ihres Täi-Platzes. Obgleich genügend Brunnen vorhanden waren, um die älteren Hofstellen reichlich mit gutem Wasser zu versorgen, war es vor 100 Jahren noch üblich, für die Bereitung besonderer Speisen Wasser aus dem am Täi befindlichen Soot zu holen.

Um die Verbundenheit der Einheimischen mit ihrem alten Versammlungsplatz zu festigen, ward ihnen die Sitte, hier fröhliche Feste zu feiern, auch weiterhin gestattet. Von dieser Erlaubnis machten die Todtleute auch ausgiebigen Gebrauch. Hierbei muss es besonders lebhaft und ausgelassen hergegangen sein. An diesen Festen gelangten nicht nur alte Freundschaften zur Auffrischung, sondern mancher aufgespeicherte Groll drängte zu handfester Entladung. Da an diesem Tage ländlicher Lebensfreude ausgiebiges Trinken üblich war, kam es bei solchen persönlichen Abrechnungen oft zu ernsthaften Auseinandersetzungen.

Für den Bau der alten Tostedter Kirche lieferte der Granit örtlich vorkommender Findlinge und Feldsteine das erforderliche Material. Die ungewöhnlich 1,50 Meter starken Mauern hatten eine dermaßen feste Verbindung, dass man 1881 / 1882 beim Abbruch manche Steine zerschlagen musste. Wie bei einem Gussmauerwerk waren die Hohlräume zwischen den Steinen mit Mörtel aus Muschelkalk ausgegossen. Bis in die Zeit des romanischen Stils reicht die Kirche zurück, schmale Rundbogen-Fenster und die Tür wiesen darauf hin. Lange diente der Bau als Gotteshaus, aber das schwere Bauwerk war auch in Notzeiten letzte Zufluchtsstätte. Jahrhunderte trotzte es den Kriegsgefahren, die auch die Todtmark nicht verschonten.

Die Möglichkeit, den Friedhof mit einem Fuhrwerk zu erreichen, bot einst nur die aus westlicher Richtung heranführende »Sothstraße«, damals die einzige gepflasterte Wegstrecke Tostedts, heute »Menkenstraße« genannt. Die neue Kirchenstraße, der jetzige »Himmelsweg«, wurde erst 1827 angelegt. Fußgänger kamen auch auf dem noch jetzt genutzten »Stegen«. Aus östlicher Richtung führte ein Steg durch den »Groden Wischhoff«. Bei Entwässerungsarbeiten stieß der Spaten neben dem Täi-Diek in 1,30 Meter Tiefe auf dessen Spuren. Roh gespaltene Eichenbohlen, bis 0,60 Meter breit und 2,25 Meter lang, liegen hier als Bohlensteg auf dem festen Untergrund. (Anmerkung: Ein ähnliches Eichenholzstück, welches während der Ausschachtungsarbeiten für das neue Jugendhaus geborgen wurde, wurde laut dendrochronologischer Jahresring-Untersuchung auf den Fällzeitpunkt des Baumes für das Jahr 1308 angesetzt.) Die jetzt zugeschüttete keilförmige Spitze dieses Teiches hieß die »Krützkuhl«, ein recht eigenartiger Name! Für die Bestattungen so vieler Generationen reichte der Kirchhof bald nicht mehr aus. Seine eingeengte Lage verhinderte eine räumliche Ausdehnung. Mehrmals mussten Bodenerhöhungen zur Beschaffung weiterer Plätze vorgenommen werden. So führte die anfangs erhöhte Türschwelle zuletzt einige Stufen in die Kirche hinab.

Reichlichen Platz beanspruchte die ursprünglich den Kirchhof umgebende Feldsteinmauer. Langjähriges Streiten führte 1771 zu dem Ergebnis, auch den letzten Teil der Mauer abzutragen und dafür ein Plankenwerk zu setzen. Verschiedene Anlieger konnten nun ihre ohnehin kleine Hofstelle etwas erweitern. Den östlichen Teil der Kirche bildete die in Backstein ausgeführte Erweiterung des Altarhauses. An der durch mächtige Pfeiler gestützten Westwand schloss sich der mit Holzschindeln gedeckte Glockenturm an. An der Innenseite dieser Wand befand sich noch ein 1,50 Meter starker und 0,50 Meter hoher Feldsteinsockel, in dessen Oberkante noch der Rest einer schmalen Nische erhalten war. Wahrscheinlich handelte es sich hierbei um den erhöhten Eingang zu einem ursprünglich festen Turm. Alte Tostedter, in deren Erinnerungen die alte Kirche und damit verbundene Erzählungen noch recht lebendig waren, berichteten von einem früheren Steinturm. Obgleich 1728 an dieser Seite ein neuer Glockenturm für 975 Thaler seinen Platz fand (1735 wurde für 52 Rthlr. 33 Mgr. eine Kirchenuhr im Glockenturm eingebaut), erfolgte wenige Jahre später (1740) das Zumauern der Westwand, »dort wo der Turm gestanden hat.« So ist auch erklärlich, warum die Heimbruchschen Männer, als sie 1555 von den Reitern des Herzogs angegriffen wurden, zuerst in die Kirche eindrangen. Nur von dort aus konnten sie den einzigen Eingang zum Turm erreichen, um die Sturmglocken zu ziehen. Schon 1820 zeigte das Balkenwerk des Glockenturmes dermaßen Verfallsspuren, dass ein Neubau erfolgen musste. Doch bei diesem hatte der Zimmermeister die Schallöcher viel zu hoch gesetzt, vergeblich quälten sich die Glockenklänge nach draußen. Einige Jahrzehnte später blieb nichts anderes übrig, als diesen Bau wieder abzubrechen und durch einen abseits stehenden Glockenstuhl zu ersetzen. Er war nur durch ein kleines Dach geschützt. So konnten sich die Glockentöne nun frei ausbreiten. Die kleine Betglocke hing nebenan am Balkenwerk.

An die nördliche Kirchenwand lehnte sich das Fachwerk der von Weyhe'schen Gruft an. 1743 wurde an der Südseite die Sakristei angebaut. So schlicht und einfach die Kirche äußerlich auch erscheinen mochte, umso lebendiger wirkte ihr Inneres. Zeitlich bedingte Formen verschiedener Jahrhunderte gaben dem Raum zwar kein einheitliches Gepräge, dafür aber begrüßte jeden Eintretenden eine herbe Buntheit, ehrliches Schaffen auswärtiger Meister und dörflicher Handwerker. Im spärlichen Dämmerlicht der schmalen Fenster traten oben am Tonnengewölbe Apostel und Engel mit Posaunen in verblassenden Farben hervor. Am Kreuzgewölbe des Altarhauses stiegen die dunkel hervortretenden Rippen in die Höhe. Zwischen reich beschnitzten Pfosten und Balken mit bunter Bemalung hingen an den Wänden verzierte Gedenktafeln. Während schlichtes Kopfsteinpflaster den Boden bedeckte, lagen in den Gängen übergroße Grabplatten mit ihren bis zur Unkenntlichkeit abgetretenen Schriften und Wappen. Solche auffallenden Platten hatten auch draußen neben der Tür ihren Platz gefunden. Manche dieser Bestattungen lagen schon solange im Innern, dass sie einstürzten. Und so musste 1744 das »gesunkene Pflaster und Gewölbe in der Kirche ebengemacht« werden. Andere, noch bestehende Grüfte sanken, beim Abbruch eingestoßen, zusammen.

Der jetzige Altar und das Taufbecken wurden aus der alten Kirche übernommen

Die drei Hauptschätze der Kirche bildeten das plastisch geschmückte Taufbecken aus dem Jahre 1423, die 1608 von Johann Wilken von

Weyhe gestiftete, mit Schnitzereien reich verzierte Kanzel, und der aus der Zeit um 1480 / 90 stammende Altar. Alle drei wurden glücklicherweise von der neuen Kirche übernommen. Obgleich das vielseitige Schnitzwerk des Altars hier 1880 in neuer Form zusammengefügt ist, lässt es doch auf einen ursprünglichen Altarschrein mit seitlichen Flügeln schließen. In der alten Kirche hingen dessen Stücke zum Teil unzusammenhängend an der Orgelwand, zuletzt mit einer alle Bemalung und Vergoldung verdeckenden Farbe überpinselt. Pastor Bockhorn, in dessen Amtszeit die Kirche neu gebaut wurde (Einweihungsfeier am 14. März 1880), bedauerte noch später, dass er von dem alten Altar »nur einzelne Stücke hinüberretten konnte«. Die beiden schweren, durch aufsteigende Löwen getragenen Bronzeleuchter sind heute nicht mehr vorhanden.

Obgleich seine Mauern noch fest standen, war das Bauwerk, besonders das hohe Dach, an vielen Stellen vom Alter zermürbt. Schon 1658 wurde darüber geklagt, dass »die Kirche zu Tostedte nicht allein alt und baufellig, sondern auch der Schaden an selbiger täglich so zunehme, dass van demselben nicht bey zeiten entgegen gangen würde, man sich daher eines genzlichen Niederfallen zuvermuthen habe«. Beim Abbruch brachten die Feldsteinmauern, zu Pflastersteinen für die Straße nach Wüstenhöfen zerschlagen, 66 Mark ein. Die Bohlen mit den darauf gemalten lebensgroßen Gestalten fanden als Zaun Verwendung. Hilflos standen sie um einen Teich – ein trostloser Anblick. In Ställen endeten gotisch geschmückte Holzwandungen und die Eichenbalken zerschnitt man, trotz ihrer in abwechselnden Formen tief herausgeschnittenen Verzierungen. Große Ziegelsteine im Klosterformat sind noch heute in den Wänden einiger älterer Gebäude in Tostedt zu finden. Mit Ausnahme der drei Hauptschätze gingen alle Teile der vielseitigen, mit mancherlei Zierart versehenen Innenausschmückung verloren. Dagegen blieben in der neuen Kirche die Wände leer. Bei dem Abbruch tätige Männer schilderten noch lange den überraschenden Kohle- und Knochenfund unter der Stätte des ersten Altars. In der Befürchtung, hier heidnische Spuren zu berühren, hätten sie die Fundstelle aus Angst schnell wieder zugeschüttet. Vielerlei Fragen stellt uns der so bedeutungsvolle Platz noch heute.

Anmerkung: Diese Niederschrift erhält ihr besonderes Gewicht dadurch, dass Bartels, wie er schrieb, noch mehrere Zeitzeugen befragen konnte.

Der alte »Sliekut« und die Sonnenfinsternis

Hell strahlte die Sonne vom blauen Himmel herab. Es war verlockend, mal ein Weilchen draußen zu sitzen und in das helle Flimmern hineinzublinzeln. An diesem sonnigen Frühlingstag – es war der 17. April 1912 – ereignete sich mittags etwas kaum vorstellbares. Obgleich sich kein Wölkchen blicken ließ, begann das blendende Tageslicht langsam zu verschwinden. Auf Höfen und Straßen standen Jung und Alt aufgeregt beieinander. Einige hielten ein mit Lampenruß geschwärztes Stück Glas vor ihre Augen und versuchten, hierdurch die Sonne betrachtend, die Ursache dieser eigenartigen Erscheinung zu ergründen. Ängstlich staunend sahen sie, wie ein unheimlicher Schatten über die Sonnenscheibe kroch. Es war das seltsame Schauspiel einer Sonnenfinsternis, das alle in seinen Bann zog. In anderthalb Stunden war es so dämmerig geworden, dass die Hühner ihr munteres Scharren einstellten und in den Stall liefen, um sich dort auf ihren Wiemen zu setzen, wie es sonst doch erst in den Abendstunden üblich war. In diesem eigenartigen Dämmern zog zwischen den hohen Eichen in dem alten Ortsteil von Tostedt, den man »Spanien« zu nennen pflegt, ein leichter blauer Schleier dahin. Manche dachten, das hinge wohl mit der Sonnenfinsternis zusammen. Als sich dann aber ein Brandgeruch bemerkbar machte, waren die Jungen nicht mehr zu halten. Über Zäune springend, liefen sie mit schnuppernd hochgehaltener Nase dem brenzligen Hauch entgegen, dessen Quelle sie auch schnell fanden.

Der »Sliekut« war es, ein jedem Tostedter bekanntes, schon etwas windschiefes Haus an der Dieckhofstraße. Aus den vielen, von mancher Spatzen- und Mäusege-

Blick auf den Sliekut im Jahre 1904, das Fachwerkgebäude links ist das heutige Haus Dieckhofstraße 3

17. April 1912 – der »Sliekut« konnte nicht mehr gerettet werden

neration mühsam in das bemooste Dach gepickten und gekratzten Löchern quoll überall der graue Rauch hervor. Ein Feuerhorn begann sein jammerndes Tuten, andere folgten. Kaum ertönten vom Kirchturm her dumpf die Sturmglocken, da kamen auch schon die ersten von der Tostedter Feuerwehr mit ihrer Spritze angerasselt. In den kleinen Teich auf dem angrenzenden »Goddens«-Hof, wo zahlreiche Enten und Gänse das Wasser so schön grün gefärbt hatten, klatschte der Saugkorb. Knackend zischte die Brühe aus dem Rohr in die prasselnde Glut. Als nach weiteren anderthalb Stunden die Sonne sich von ihrer Verdunkelung befreite, fielen ihre nun wieder hellen Strahlen auf einen rauchenden Trümmerhaufen. Die Möbel hatte man größtenteils herausholen können, ebenfalls die recht zahlreichen Schinken, Speckseiten und Würste. Sie lagen nun an der Hecke, zu einem stattlichen Haufen zusammengeworfen. Der »Sliekut« war mit seinen beiden offenen Feuerstellen als Rauchkate beliebt gewesen, und viele Tostedter hatten ihr Eingeschlachtetes dort zur schmackhaften Weiterentwicklung in den Wiemen gehängt. Noch am folgenden Tage lagen allerlei Speckseiten, Würste und Schinken als herrenloses Gut an der Hecke, denn durch die Eile der Rettung waren die Namenskarten von den Rauchwaren abgerissen worden und nun wussten manche Tostedter kaum, wie viel sie dort eigentlich in den Rauch gehängt hatten. Sogar eine Stubentür stand an einem Apfelbaum. Man sah ein kleines eingesetztes Fenster mit einem aufgemalten Reitersmann darin. Einige Kisten Bier wurden geholt und die ausgedörrten Kehlen konnten sich nun erfrischen. Mehrere Flaschen Branntwein machten die Runde. Sie wurden ein Weilchen hochgehoben, als sollte hierdurch noch einmal die Sonne betrachtet werden, diesmal mit einem noch größeren Misstrauen als zu Beginn der Finsternis. Man wurde sich einig in der Ansicht – und verschiedene »Weise« rühmten ihre bereits zur Mittagszeit geäußerte, nunmehr erfüllte Weissagung – die

Bierglasscheibe aus dem »Sliekut« (Aquarell von Albert Bartels)
Im kleinen Fenster der Stubentür in diesem Gebäude war eine bemalte Glasscheibe mit folgender Unterschrift eingesetzt:
Joachim Bostelman, Kauf und Handelsmann zu Töstädt 1791

Sonnenfinsternis hätte nur Unheil bedeutet.

Der dem Bosselmann-Hof gehörende »Sliekut« war schon lange an zwei Familien vermietet. Als die Eltern an diesem Tage nicht zu Hause waren, wollten die Kinder sich für das Betrachten der Sonne einige Glasscherben mit Ruß schwärzen. Dabei waren sie mit ihrem brennenden Licht dem Heu und Stroh auf dem Boden zu nahe gekommen und schon nahm das Unheil seinen Lauf.

Mit diesem im Jahre 1711 gebauten Hause ging wieder ein altes Stück Tostedt verloren. Auf seiner Diele hatten in den Jahrhunderten zahllose Paare ihre so lustigen »Bunten« getanzt. Wie viele Korbflaschen Branntwein dabei geleert wurden, kann man sich kaum vorstellen. In diesem Tostedter Haus hielten außer den Einwohnern auch viele Gäste aus der weiteren Umgegend Einkehr bei Frohsinn und Geselligkeit. Besonders am »Faslam« und beim »Tostedter Markt« waren hier beim Tanzen alle recht vergnügt. Aus der Stube hinter der Tür mit dem später eingesetzten Reitersmann drang oft bis in die späte Nacht das dumpfe Klopfen der Kartenspieler, aber noch mehr das Klappern der Würfel nach draußen. Die Spieler hatten sich einst gerade an dieser Stelle des alten Tostedts festgesetzt. Die Einsätze beim Spiel waren oft sehr hoch. So kam es, dass der Vogt dieser Sucht mit Nachdruck Einhalt gebieten musste. Daher hatte der Nachtwächter auch auf die Spielstätten seine Aufmerksamkeit zu richten. Klopfte er nun bei verdächtigem Geräusch von der Wegseite her an die Tür des »Sliekut«, dann schlichen die Spieler schnell auf der Rückseite zur anderen Tür hinaus. Begehrte er von der Hofseite Einlass, so dauerte es nur einen kurzen Augenblick – und durch die leise entriegelte, entgegengesetzte Tür huschten die Gestalten in die sie wie Geister verschluckende nächtliche Finsternis. Aus diesem Grunde hat das Gebäude den im Volksmund gebildeten Namen »Sliekut« gleich »Schleich raus« erhalten. Wurde es den Spielern im »Sliekut« oder anderen Tostedter Schankstätten zu brenzlig, so bot ihnen das außerhalb des Dorfes stehende Backhaus Unterschlupf. Es stand an der Triftstraße neben der später in einen Teich verwandelten Lehmgrube, aus der die Tostedter ihren Lehm für ihre Hauswände und Dielen holten. Hier ging die Spielerei vergnügt weiter, falls die Spieler im »Sliekut« durch den Nachtwächter aufgescheucht waren. Bis hierher reichte das eigentliche Hoheitsgebiet des nächtlichen Schnüfflers nicht. Von diesem Backhaus an der alten Viehtrift erhielt die Straße ihren schönen Namen »Bauerbackhausstraße«, der später leider der Benennung »Waldstraße« weichen musste.

Etwas Besonderes hatte der alte »Sliekut« noch aufzuweisen. An der einen Dielenseite befand sich neben dem Stall eine feste Tür, die in einen nur von einem winzigen Fenster schwach erleuchteten kleinen Raum führte. Neben der Tür hing noch lange ein unförmliches, altertümliches Schloss, und im Innern baumelte an dem dicken Hofständer ein mächtiger Eisenring zum Anschließen. Dieser Raum war einst das in Tostedt so gefürchtete »Lock«, wie man das Arrestlokal nannte. Ein pritschenartiges Brett war die ganze Ausstattung. Mit diesem »Lock« machten früher unentwegte Spieler und andere Übeltäter nähere Bekanntschaft. An die mühsame Arbeit des Ausbrechens dachte man damals kaum, obgleich die Wände nur aus dem mit Lehm beworfenen Flechtwerke bestanden. Musste jemand wegen einer schwerwiegenden Tat eingesperrt werden, dann sorgte der feste Eisenring für die nötige Sicherheit. Dass für diesen berüchtigten Raum der »Sliekut« den Platz hergeben musste, war auch kein Wunder. Auf dem benachbarten Freihof, später »Dat Kloster« genannt, war die Residenz des gefürchteten Amtsvogtes und auf der anderen Seite stand vor dem Zaun von »Goddens«-Hof ein greuliches Holz, der Schandpfahl. Jeden Tag kam hier auch im flotten Trab die Postkutsche vorbei. Nachdem sich Tostedt später eines Spritzenhauses erfreute, wartete das seltsame Lokal vergeblich auf Gäste. Um so sicherer fühlten sich hier nun die Mäuse.

Einst führte am »Sliekut« auch der Todtglüsinger Totenweg vorbei. Bis zum »Sliekut« fuhr der Wagen, von dem dann der Sarg auf die Schultern gehoben wurde. So trugen sie ihn auf einem schmalen Stegen durch den feuchten Wischhof zum Friedhof bei der alten, später abgebrochenen Feldsteinkirche. Auf der Rückkehr fand mancher nicht vorbei am »Sliekut«. An die später angelegte »Dieckhofstraße« dachte man noch nicht, und ihr anfänglicher Name »Burnfängerstraot« ist heute in Vergessenheit geraten.

»Dat Kloster«

Aus der Geschichte des ehemals ältesten Hauses in Tostedt

Im ältesten Teil Tostedts, den man hier »Spanien« zu nennen pflegt, steht abseits vom Verkehr ein Fachwerkhaus, das von seiner Umwelt fast vergessen ist. Wenn aber sein eigenartiger, ortsüblicher Name »dat Kloster« fällt, fragt man wohl, woher der kommen mag. Den wenigsten wird hier bekannt sein, dass diese zwischen »Bosselmanns« und dem Grodenhins-Hof eingeengte Hofstelle von älteren Nachbarn noch vor einem halben Jahrhundert »de Freehoff« (Freihof) genannt wurde. An dem zurückliegenden Gebäude, dessen Wände sichtbar die Last der Jahre zeigen, fallen die vielen Fenster auf, im westlichen Teil von Wein umrankt und mit hohem Oberlicht. Doch rechts von der Eingangstür lassen niedrige Fenster und Fachwerk, einst mit Lehmflechtwerk, jetzt mit kleinen und recht großen Ziegelsteinen im Klosterformat ausgefüllt, den viel älteren Teil des Hauses erkennen. Beim Eintritt durch die »Grode Dör« tauchen im Dämmerlicht der Diele Ständer und Balken von ungewöhnlicher Stärke auf. Schon längst ist die lehmbeschlagene Diele durch eine Wand von dem in einen Flur verwandelten ehemaligen Flett getrennt. Auf der nördlichen Dielenseite sind einige Stallungen erhalten, aber gegenüber befinden sich merkwürdigerweise nur Wohnräume. Neben ihren Eingangstüren standen vor gar nicht langer Zeit noch zwei Diggen. Die letzte dieser mit einem Rundbogen

Die alte Diele im »Kloster« mit den beiden Diggen (Feuerstellen), Federzeichnung von Albert Bartels

ummantelten Feuerstätten fiel mit ihrer aufklappbaren Schließtür vor einigen Jahren zusammen. Durch die Luken bemerkt man das schadhafte Dach, und deutlich hebt sich von dem kräftigen Ständerwerk die leichte, neuzeitliche Bauweise des Dachstuhles ab. Dieser wurde mit der Entfernung des ursprünglich bis auf Fenster und Grode Dör herabreichenden Strohdaches erhöht. Dem alten, vom Rauch geschwärzten Hauptgefüge aus hartem Eichholz sieht man kaum die Jahrhunderte an, die unter ihm in buntem Wechsel vergingen.

Im Dreißigjährigen Kriege wirkte auf diesem, damals so stattlichen Schillingshof, Simon Hilmers als Hausherr. Von Westen her fielen 1626 Tillys Reiter verschiedentlich ein, und im folgenden Jahre zogen Dänen hier durch. Andere Söldnertruppen folgten, und fast alle suchten sie in unersättlicher Gier unter Anwendung härtester Mittel Wertsachen zu erbeuten. 1626 überfielen Anhaltische Reiter bei ihren Raubzügen von Rotenburg her die Höfe in Vaerloh und trieben das gesamte Vieh fort. Zerschlagene Kisten und Truhen ließen sie in den Häusern zurück. Dabei konnten die Vaerloher noch froh sein, dass man ihnen hierbei nicht noch den Roten Hahn auf das Dach setzte. Im November des folgenden Jahres klagte der Harburger Herzog dem Landesherrn sein Leid. Innerhalb acht Wochen sei sein Land »dergestalt desoliert und verödet, dass leider an Vieh und anderen dienlichen Fährnis nichts übergeblieben«. Trostlos war die Zeit und der Tod so hungrig. Aus den Trümmern kroch hinter schwelendem Rauch das Elend hervor. Ob nun bei diesen Räubereien oder durch die hier wütende Pest im Jahre 1627 die Familie des Simon Hilmers ausgelöscht wurde, ist nicht mehr festzustellen. Verbrannt sind alle Tostedter Kirchenbücher jener Zeit, und die »Pestkuhlen« hinter dem Blocksberg schweigen.

Jedenfalls war 1630 der Hof, dessen »uffgemeldeter Besitzer abgestorben«, so sehr verwüstet, dass Herzog Wilhelm in Harburg diesen mit allen »Lendereyen, Wischen, Weyden, Driften, Holzungsgerechtigkeit, vndt allem zubehör vndt gerechtigkeit vnsern inzigen haußvogt Cordt Bredeholl, vns ihm denselben wiederumb zu verleihen vnd inzuthun« wegen seiner »getreuen dienste, die er vns bis hero geleistet vnd hinführer leisten will vndt soll«. Hierbei wurde ausdrücklich bemerkt, dass der Hof gleichzeitig von allen Pflichten und Abgaben befreit werde und als »ein Erbzinßguth geachtet vndt gehalten werden solle«. Nur die Burgfestung und Landfolge blieb von der Befreiung ausgeschlossen. Im gleichen Jahr baute Bredeholl das Wohnhaus wieder auf. Mit Eichenholz wurde nicht gespart. Als einem nunmehr an der Todtholzung berechtigten Interessenten stand es ihm kostenlos zu. Die unruhige Zeit drängte. Verzierungen, die sonst üblich waren, fanden keine Verwendung. Nur in dem ausgerundeten Holm über der großen Dielentür wurde ein Spruch eingeschnitten: »Ist Gott fuer Unß wer magck wider Unß sein«. Darüber kam als einzige Ausschmückung der Glücksstern. Am 24. September 1630 konnte Richtfest gefeiert werden, und bald stieg der Hof unter der festen Hand des Bredeholl wieder empor.

Ein neuer Amtsvogt, der Leutnant von Fingk hatte in Tostedt seinen Einzug gehalten. Er gefiel der Tochter des Bredeholl und 1663 übernahm er den schönen

Der Huthsche Freihof, »Dat Kloster« genannt, stand bis zu seinem Abriss 1974 in der Dieckhofstraße 4 / 6

Hof als Schwiegersohn. Munteres Leben zog nun in das Haus ein, der große Freihof und die Einkünfte als Herrscher über die größte Vogtei des Amtes Harburg boten reiche Mittel dazu. Wenn in damaliger Zeit höherer Besuch nach Tostedt kam, schwenkten Reiter und Wagen stets zum Freihof. Einen Gasthof für solche Gäste gab es hier noch nicht, und beim Amtsvogt wurden sie gut bewirtet. Küche und Keller boten das Beste. Zur schmackhaften Abwechslung hielten verschiedene zum Hof gehörende Fischteiche ihren Inhalt bereit. Selbst Brennerei und Brauerei wurden später betrieben. Dies war auch die Ursache, dass sich die Todtholzungsinteressenten 1703 höheren Orts über ihren Vogt beklagten. Durch die Abfälle der Brennerei und Brauerei war dieser in der Lage, eine große Zahl Schweine zu füttern, die er dann in den Wald treiben ließ, »wodurch die Mast übertrieben, auch die Schweine der übrigen Interessenten der Todthölzung Mastung weil sie nicht so gut in Futter großen theils abgebissen werden«. Ebenfalls war der Holzverbrauch des Vogtes durch verschiedene Bauten, »Brand-Weins Brennens, Stuten Backen und Brauens« über den ihm zustehenden Teil hinaus nach Meinung der Holzinteressenten reichlich groß. Auf dem Freihof herrschten Arbeit und Frohsinn, die Nachbarn auf dem Grodenhins-Hof wussten davon zu erzählen. An besonderen Abenden jauchzte die Klarinette lustig auf der weiten Diele. In keinem anderen Haus wurden so viele Gänsefedern zum Schreiben geschnitten. Oft musste sich der Herr von Fingk in den Sattel schwingen, denn die Wege waren weit und das Hoheitsgebiet der Vogtei Tostedt reichte von Todtshorn bis Ochtmannsbruch. Es umfasste zwischen Este und Wümme 25 Dörfer und 4 Einzelhöfe. Für Reitpferde war neben der großen Dielentür ein Vorstall angebaut, während der übrige zahlreiche Viehbestand in den anderen Gebäuden des Hofes Unterkunft fand. Ein besonderer Umstand trat nach dem großen Kriege noch spürbar in Erscheinung. Die im Westen angrenzenden Bistümer Bremen und Verden waren 1648 den Schweden zugesprochen worden. Hinter Vaerloh und jenseits der Wümme begann nun das »Ausland«, und die Tostedter Vogtei war somit »Grenzland« geworden. Durch die unwegsame Sumpf- und Bruchlandschaft der Wümme und Oste setzte hin und her ein schwunghafter Schmuggel ein. Unzähliges Vieh trieb man trotz des Verbotes heimlich durch die nasse Wildnis. Selbst über das unheimliche Hamm-Moor waren Übergänge bekannt, obgleich dort noch keine Gräben für die Entwässerung sorgten. Mancher beladene Wagen schwankte zur Winterzeit über die nahe Grenze ins Ausland. Wer sich hierbei fassen ließ, dem pfändeten die Untervögte Ladung und Gespann. Nebenbei fielen noch immer schwedische Reiter von drüben her plündernd in die Vogtei ein, besonders in der Zeit um 1675. Die Nachwirkung der rauen Zeit machte sich noch lange auf dem Todt bemerkbar.

Als dann der große Posthof am Sande gebaut war, blieb der Freihof noch länger als Amtssitz an nachfolgende Vögte verpachtet, jedoch ohne seine umfangreichen Ländereien. Zu dem Hof, der einerseits von einer Feldsteinmauer und im Nordwesten durch Graben und Hecke umgrenzt wurde, gehörte damals neben anderen Wirtschaftsgebäuden auch das jetzt umgebaute Haus an der Buxtehuder Straße Nr. 9. Bei dessen Errichtung ließ 1778 der damalige Vogt auf dem Setzbalken über der großen Dielentür eine sonst nicht übliche Inschrift anbringen: »Fürchte Gott, ehre den König, thue keinen Menschen Unrecht, so wirst du Zeitliches und Ewiges Wohl zu erwarten haben«. Damals führte die Buxtehuder Straße weiter westlich dicht an den Dielentüren von Bosselmanns, Grodenhins und Bischofs vorüber.

Als später ein anderer Vogt auf den Freihof als Amtssitz verzichtete und sich anderswo in Tostedt eine Hofstelle wählte, wurde es auf dem ehemaligen Amtssitz recht still. Weitere Familien lösten einander ab, ledige Töchter der Familie Huth lebten zurückgezogen in dem großen Haus, alleinstehende Witwen und Witwer folgten. Genügend Wohnräume und Feuerstätten ermöglichten ihnen, in ihrer eigenen, stillen Welt für sich zu leben. Und das war wohl auch die Ursache, das Haus künftig »Kloster« zu nennen. Obgleich es verschiedene bauliche Veränderungen über sich ergehen lassen musste, hat es doch einiges aus seiner alten Zeit bewahrt. Da steht noch der letzte riesige Hülsenbaum, der an den einst so schmuckhaften Garten erinnert, wo noch vor einigen Jahrzehnten gepflegte Blumenbeete wie ein farbiger Schimmer der bunten, verblassten Vergangenheit aufleuchteten. Sichtbar nagte die Zeit an dem Gebäude. Im Innern bröckelt der Lehmbewurf von den Flechtwerkwänden und nur die Wohnraumnot unserer Gegenwart verhindert hier das endgültige Verlöschen des Herdfeuers in dem ältesten Hause Tostedts.

Anmerkung: Im Jahre 1974 wurde der Freihof abgebrochen. Heute stehen auf dem Grundstück Dieckhofstraße 4 und 6 zwei Einfamilienhäuser.

Poststation Tostedt

Bei den vielseitigen Handelsgeschäften des zum Drosten und Generalpostmeister der Braunschweig-Lüneburgischen Calenberg-Göttingschen Länder emporgestiegenen Günstlings und Italieners Francesco Maria Capellini, genannt Stechinelli, verkaufte dieser 1682 sein Postlehen an den Grafen Franz-Ernst von Platen. Um den Postbetrieb zu verbessern, vollendete der neue Generalpostmeister seinen schon länger erwogenen Plan, die Änderung der Reitpostlinie Hamburg-Amsterdam. Nach Vereinbarung mit dem Magistrat in Amsterdam veranlasste er, dass die bisher über Stade-Bremen führende Reitpost von 1704 an über Tostedt ging und von hier aus über Visselhövede, Rethem, Nienburg, Wildeshausen weiterführte, ohne Bremen damit zu verbinden. Die alte Fahrpost hielt anfangs noch an ihrem alten Kurs über Buxtehude, Zeven, Bremen fest. Mit Errichtung der neuen »Hannoverschen Fahrpost« wurde diese bisherige Linie vom 1. Mai 1743 an auch über Tostedt geleitet und von hier aus weiter nach Rotenburg und Bremen geführt.

Für Tostedt, als neue Poststation, war dieses Ereignis von großer Bedeutung. Nun war der Ort auch durch Fahrpost nach beiden Richtungen hin verbunden und außer Briefpost-Beförderungen konnten hier jetzt auch Reisende ein- und aussteigen. Als Posthalter in Tostedt führte Huth ein rundes Siegel, in dessen Mitte das hannoversche Wappenpferd dahinsprengte, umgeben von der Inschrift »Hannoverische Posttation Tostedt«. Nebenbei sei bemerkt, dass in dem Wort Poststation ein s fehlte. Ein weiteres Siegel mit einem Posthorn in der Mitte und Inschrift: »K. Hannov. Relais Tostedt«, es war ebenfalls rund, kam dann noch später hinzu.

Zweimal wöchentlich erklang jetzt beiderseits vor dem Ort das Posthorn und munter trabten die Pferde vor dem Postwagen auf dem damals noch ungepflasterten, sandigen Postweg in Tostedt hinein. Aus Harburger Richtung her führte der Weg, die »Große Chaussee« (Napoleonstraße) wurde erst 1811 begonnen, etwa zehn bis zwanzig Meter neben der späteren Straße entlang. Durch den heutigen Goddens (Cohrs) Obstgarten, auf der Dieckhofstraße wirbelte der Staub neben dem späteren Gasthof »Zum Deutschen Haus« und dann entlang des alten Vollhofes Meierhof. Über den kleinen Platz, wo einst bei dem 1912 abgebrannten »Sliekut« der Tostedter Schandpfahl stand, ging es weiter die Eichhofstraße entlang bis zum Sande, wo vor dem Posthof Huth die Pferde zum Gespannwechsel bereitstanden. Neben den neuen Fahrgästen fanden sich auch einige Tostedter ein. War es doch stets ein Ereignis im stillen dörflichen Leben hierbei etwas Neues zu sehen und zu hören. Oft war besonders der von Rotenburg kommende nach Harburg fahrende Postwagen so stark besetzt, dass die Tostedter Fahrgäste keinen Platz fanden. So mussten sie sich

Die Postkutsche im Jahre 1958 vor dem Huthschen Anwesen auf dem Weg zur Brüsseler Weltausstellung, im Vordergrund Albert Huth sen. Mit der eigentlichen Postherrlichkeit war es aber bereits 1874 mit dem Bau der Eisenbahn vorbei.

mit einer Sitzgelegenheit oben auf dem Verdeck begnügen. Nach wenigen Minuten Aufenthalt ging es mit frischen Pferden schnell zum Ort hinaus auf der sandigen Poststraße nach Rotenburg hin. Die jetzige Bremer Straße und Unter den Linden war früher weder hoch aufgeschüttet noch gepflastert. Sie führte ganz niedrig an den Höfen entlang, wie es noch heute an den bedeutend tiefer liegenden Gärten und Höfen neben der Straße erkenntlich ist. Nach dem Neubau der großen Heeresstraße 1811 bis 1815 waren an dessen Seiten entlang zuerst Pappel gepflanzt worden, die dann später mächtig hoch, aus weiter Ferne sichtbar emporragten. In der guten, alten Zeit war das Reisen oft recht unangenehm, besonders bei Regenwetter und dann erst zur Winterszeit, wenn der Frost die tief ausgefahrenen Wagenspuren in einer rauen Kruste erhärten ließ. Hierauf holperte der ungefederte Wagen entlang, denn die Federung der Achsen gelangte erst später als besondere Erfindung zur Anwendung. Mancher hin und her geschüttelte Reisende wird recht froh gewesen sein, wenn er das marternde Gefährt wieder verlassen konnte.

Eine damalige Postreise beschreibt Johann Heinrich Campe in seinem Reisebrief vom Juli 1785: »Abends um 7 Uhr ging es mit der Post nach Bremen weiter. Wir saßen auf der mittleren Bank des Wagens, allen Wetter preisgegeben, denn es war ohne Verdeck. Vor uns und hinten saßen Damen und Herren, alte und junge, gut in Decken gehüllt und mit Schnaps versehen, lachten und prahlten wie hundert Hopfenpflücker, und wenn in aller geschwätzigen Lustigkeit einmal eine Pause eintrat, stimmten sie gemeinsam ein Lied an: Ach, Du lieber Augustin! Ihre Lustigkeit war nicht von feiner Art, aber sie erheitere uns, regte unsere Aufmerksamkeit an und gab den Gedanken Beschäftigung. Du lieber Himmel, welche Plage wäre es gewesen, wenn wir statt dieser gesunden Menschen einen Kammerdiener und eine Zofe als Reisebegleiter gehabt hätten! Wir reisten die ganze Nacht und den ganzen Tag durch eine Gegend, so flach, dass kein Gegenstand verborgen blieb. Nichts war zu sehen als kalte, grüne Blöße, und es hatte noch seine Schwierigkeit, dass wir etwa zwischen 9 und 10 Uhr am nächsten Abend in Bremen ankamen.«

Lebhafter Betrieb herrschte auf dem Tostedter Posthof. Bereits 1788 war hier folgende Urkunde eingetroffen: »Wir Georg der Dritte, von Gottes Gnaden König von Großbritannien, Frankreich und Irland, Beschützer des Glaubens, Herzog zu Braunschweig und Lüneburg, des heiligen Römischen Reichs, Erz-, Schatzmeister und Churfürst pp urkunden und bekennen hiermit, dass wir in Gnaden beschlossen haben, dem Posthalter Johann Friedrich Huth zu Tostedt, das Prädikat Unsers Postverwalters beizulegen, thun solches auch dergestalt und also, dass derselbe besagten Prädikats sich zu erfreuen, und von Jedermann für unseren Postverwalter geachtet werden soll. Hannover den 26. April 1788. Im Auftrag seiner Königs- und Auserwählten Ad mandatum Regis et Electoris« gez. Unterschrift.

Seiner Aufgabe entsprechend hatte der Postverwalter seinen Hof gerüstet. Wo heute Stallungen sind, stand früher die große Wagenhalle und hielt eine Anzahl Fahrzeuge bereit zum Einsatz. Der Fahrgäste entsprechend wurde die Hauptpost von Wagen – »Beipost« genannt – begleitet. Die Zahl der ankommenden Post- und Beiposten meldete der Postillion vor dem Nähern der Station durch verschiedenartige Posthornsignale, um hierdurch die notwendigen Gespanne zum schnellen Pferdewechsel sowie neu einzusetzende Beiwagen zur Bereitstellung anzufordern. So fuhren in den Tagen des Bremer Freimarktes bis zwölf Wagen. Es wird ein recht buntes Bild gewesen sein, wenn solch lange Kolonne zum Ort lustig hinaustrabte. In den Stallungen standen oft 28 bis 30 Pferde bereit, um ausgeruht nachfolgende Gespanne abzulösen. Noch heute steht in der Postschmiede der schwere Ambossfuß aus Granit und an der Wand die Schlafbutze. Nebenan war die Postillionstube, auf deren Tisch stets eine Bibel lag. Meierei und Mühle, selbst eine eigene Brennerei trugen ihren Anteil zur Versorgung der Gäste und des Personals bei.

Eine Reisebeschreibung der Matta Montgomery Silfverstolpe aus Upsala im Jahre 1825 lässt ein Bild der damaligen Zeit entstehen: »Bis Harburg ging es zu Schiff und dann weiter mit der Extrapost, eine lächerliche Equipage. Auf einem langen schmalen Holsteiner Wagen, mit unbequemen Bänken darauf, führte der Weg über schlechte und holperige Chausseen. Man fuhr neben dem Wege her in Sand und Kraut bis zur Poststation Tostedt. Der Postillion im roten Rock, gelben Lederhosen, schwarzgelben Gürtel und auf den Armen gelbe und schwarze Ringel mit »Georg Rex« schwarz in gelb. Er ritt auf einem der zwei großen Pferde vor dem Wagen und ein drittes lief soweit voraus, dass es gar nicht mehr zu dem Gespann zu gehören schien. Bei jedem Wohnhaus stieß der Postillion in sein Horn und machte zwei bis dreimal auf dem Wege Rast, um sich selbst mit einem Schnaps und seine Pferde mit weichem Brot, Wasser und Heu zu erquicken.«

Hannoversche Postillione um 1820

Im Laufe der Zeit erforderte der Verkehr wegen seiner zunehmenden Stärke eine öftere Verbindung. Inzwischen war die »Große Chaussee« in einigen Teilstrecken fertig gestellt, wenn auch nur teilweise gepflastert. Ab 1815 fuhr hier wöchentlich viermal die vierspännige Post hindurch. Seit 1838 verkehrte außerdem die bisherige Reitpost für Briefe nunmehr täglich durch Tostedt. Für eilige Depeschen wurde noch nebenbei sofort nach deren Ankunft ein frisches Pferd auf der Station gesattelt, welches dann im schnellsten Tempo zur nächsten Station eilte. Die große Straße war schon fertig gepflastert und nun rollte seit 1854 täglich die Schnellpost von Harburg nach Bremen und ebenfalls entgegengesetzt. Die 6 Meilen lange Entfernung von Harburg nach Tostedt fuhr diese übliche Post nur 6 Stunden, von Tostedt bis Rotenburg, 3 Meilen, auch 6 Stunden. Dann bis Ottersberg 2 Meilen in 3 Stunden und die letzte Strecke bis Bremen 3 Meilen in 6 Stunden. Gegenüber der üblichen Post legte die Schnellpost die gesamte Strecke ziemlich in flottem Trab zurück und diese Fahrt dauerte bei viermaligem Pferdewechsel nur etwa 12 Stunden. Die Postillione mussten schon recht feste Burschen sein, um bei jedem Wetter die Zeit einzuhalten, sowie auch die unterwegs auftretenden Schwierigkeiten schnellstens zu überwinden. Bei Verspätung musste über deren Ursache genauer Bericht erfolgen.

Der Aufenthalt auf den Poststationen war recht kurz. In Harburg und Tostedt je 5 Minuten, in Rotenburg 20 und in Ottersberg wieder 5 Minuten. Gespannwechsel, Abgabe und Übernahme der Postsachen, sowie Aus- und Einsteigen der Fahrgäste hatte in dieser kurzen Zeit zu erfolgen. Der Fahrpreis für eine Person in der ersten Klasse betrug einschließlich 50 Pfund Gepäck 2 Thaler und 12 Groschen und für die zweite Klasse 2 Thaler. Wie die Post in diesem Jahren beschaffen war, darüber berichtet ein damaliger Zeitgenosse 1854 folgendes: »Die Schnellpostwagen waren massige Ungetüme auf Rädern. Das Mittelstück bildete eine breite geschlossene Postchaise mit sechs gepolsterten und bequem ausgesessenen Plätzen erster Klasse. Für zwei gleichwertige Plätze gab der überdachte seitlich geschützte, sonst offene Vorbau neben dem Postillionsitz Raum, während hinten im Umnibus mit minder bequemen hölzernen Bänken für Reisende zweiter Klasse angebracht war. Aber diese, auf dem Verdeck mit Reisegepäck und Frachtstücken hochbeladenen Kolosse legten, mit Vieren (Pferden) vom Bock gefahren, bei viermaligem Pferdewechsel unterwegs, so ziemlich die ganze Strecke, die nennenswerte Terrainschwierigkeiten nicht bot, im flotten Trab zurück.«

Das Posthorn wurde immer noch tüchtig gebraucht und es wurde in den Anordnungen öfter darauf hingewiesen, dass die Postillione die Fähigkeit gut beherrschen müssten. Die Uniform war jetzt von dunkelgrüner Farbe und der Kragen rot. Um auf der Straße ungehindert schnell entlang zu traben, fuhr die Post nun zur Nachtzeit. Jetzt war der Weg von anderen Fahrzeugen am wenigsten befahren. In Harburg begann die Fahrt um 8 Uhr abends, um am folgenden Morgen um 6 Uhr in Bremen einzutreffen. Die sechsmalige Reitpost der Woche, ohne Sonntagsverkehr, ritt des Abends 11 bis 11 ½ Uhr aus Harburg los und war am folgenden Morgen 8 Uhr in Bremen.

(№ 140.)

Aufgabe-Schein

über

eine Post-Anweisung № 60 des Annahmebuchs.

Königlich Hannoversche Post-Verwaltung

Dieser Schein ist nur auf 6 Monate gültig.

Unterzeichnetes Postbüreau hat heute zur Auszahlung

an Herrn C. Tiedemann

in Harburg

baar in Empfang genommen:

4 Thaler

den 24ten Juni 1866

Königl. Hannov. Postbüreau.

Huth.

NB. Die Wiederauszahlung baar eingezahlter Beträge am Bestimmungsorte geschieht in der Regel sofort, bei etwaigem Mangel an dazu erforderlichen Geldmitteln aber nach Heranziehung derselben aus einer andern Post-Casse, jedoch spätestens acht Tage nach der Präsentation der Anweisung. Die Präsentation der Post-Anweisung behuf Erhebung des Geldbetrages bei der Postanstalt des Bestimmungsortes muß innerhalb 14 Tagen vom Tage der Aushändigung der Post-Anweisung an den Adressaten, bei poste restante Post-Anweisungen vom Tage der Ankunft am Bestimmungsorte an gerechnet, erfolgen.

Ein bemerkenswertes Dokument: Am 19. Juni 1866 war der größere Teil des Königreiches Hannover bereits in den Händen der einmarschierenden preußischen Armee. Am 24. Juni 1866, drei Tage vor der entscheidenden Schlacht bei Langensalza, quittiert Posthalter Huth noch als königlich-hannoverscher Postbediensteter den Empfang von 4 Thalern zur Weiterleitung an Herrn Tiedemann in Harburg.

Pünktlich und regelmäßig verkehrte die Post all die Jahre hindurch, im Sommerstaub und bei winterlicher Kälte bis ein bedeutungsvolles Ereignis hier an ihren Grundfesten rüttelte. Die Eisenbahn von Hamburg nach Bremen begann ihren Bau. Die verbesserte Ausstattung der Wagen war auch ein Versuch, um die Reisenden anfangs von der Bahn fernzuhalten. Aber es nutzte nicht mehr viel. Und dann wurde die Schnellpost von der am 1. Juni 1874 eröffneten Hamburg-Bremer Eisenbahn abgelöst. In Tostedt war es hierdurch etwas stiller geworden und abseits des Ortes rollte die neue Eisenbahn dahin.

Der Düvelshöpen erzählt uns seine Geschichte

Wenn nun an den Schützenfesttagen die Julisonne auf den windgeschützten Festplatz herabstrahlt, werden viele Gäste im Schatten der Buchen und Eichen des angrenzenden »Düvelshöpen« vor der Hitze Schutz suchen. Und während frohe Klänge aus der Festhalle weit in den abendlichen dichten Wald hallen, fühlt sich manches Tänzerpaar unter seinem dunklen Blätterdach glücklich geborgen. Wer den Tostedter Düvelshöpen durchwandert, wird leicht bemerken, dass der Boden keine ebene Fläche bildet. Besonders bei dem nach Quellen führenden Weg fällt auf, dass dieser wellenförmig in stetem Auf und Ab durch den Wald dahinführt. Diese nur acht bis zwölf Meter breiten Wellen bedecken das ganze Gelände des heutigen Düvelshöpen. Ihre Spuren beginnen schon in der Nähe des Schießstandes, werden von der Verlängerung der Schützenstraße durchschnitten, ziehen in flachem Bogen durch den Wald und seine kleinen Wiesen, um sich auf der anderen Seite der Triftstraße in den Weiden zu verlieren. In dem »Kleinen Düvelshöpen« tauchen bei der »Eckernwurth« aus anderer Richtung kommende Rücken auf. Sie stoßen aneinander bei einer recht eigenartig geformten, im Laufe der Zeit stark verwaschenen Wallanlage, die heute fast zerstört ist. Die vielen Wellenrücken waren einst – schon vor über tausend Jahren – gute Ackerstücke früherer Tostedter. Ihre Anlage reicht wahrscheinlich bis in die sächsische Zeit zurück, als diese Ackerform – Langstreifenflur genannt – schon gebräuchlich war. Durch dauerndes Zusammenpflügen nach der Mitte hin, unterstützt durch Plaggendüngung, bildeten sich langsam diese gewölbten Ackerstücke, heute »Hochäcker« genannt. In solcher Langstreifenflur beackerte jeder Bauer, der Größe seines Hofes entsprechend, mehrere Stücke. Sie waren von der Schmalseite aus betretbar und konnten nur in der Länge vergrößert werden. Hier konnten Ackerstücke mit ungewöhnlichen Längen bis 1100 Meter festgestellt werden.

Bis zum Ausgang des Mittelalters herrschte hier ein bedeutend günstigeres Klima mit warmen Sommern und verhältnismäßig milden Wintern. Um 1500 machte sich ein Klimasturz recht ungünstig bemerkbar. Höhere Niederschläge verursachten ein starkes Ansteigen des Grundwassers und erschwerten den Ackerbau mit den recht einfachen Holzgeräten auf dem lehmigen Untergrund dermaßen, dass die ganzen Ackerflächen aufgegeben werden mussten. Der Wald nahm sie nun wieder in seinen Besitz. So kam es, dass uns dieses Hochackergebiet erhalten blieb. Bei der Verkoppelung benutzte man diese Hochäcker, besonders in der Nähe des Schützenplatzes, um die neuen Grundstücksgrenzen deren Richtung anzupassen. Auch die in den Wald hineinführenden Fahrwege ziehen auf alten Ackerrücken entlang.

Bis vor 200 Jahren reichte der Düvelshöpen bis dicht an den Dorfrand des alten Tostedt. Er begann an der Bremer Straße, wo nun alles bebaut ist und erstreckte sich von der jetzigen Schützenstraße bis über den Quellner Weg. Kleine Waldstücke pflegte man früher auch mit »Hop« zu bezeichnen. Für nasse und sumpfige Flächen

»Der Düvelshöpen lässt schön grüßen!«

waren »Dup« und »Düp« recht alte Bezeichnungen. Und so nannte man die durch Moor und Bruch aufgelockerten Waldbestände bei Tostedt einfach »De Düpels Höpen«, wie es in alten Schriften festgehalten und beurkundet wurde. Daraus wurde dann im Laufe der Zeit der »Düvelshöpen«. An seinem früheren, jetzt schon lange in Weiden und Gärten verwandelten Standort blieben nur die an Wald erinnernde »Smettbrook«, »Ohnhorst« und »Toberbusch« haften. Die »Düvelshöpen« waren früher ein Teil der umfangreichen Todtholzungen, das Gebiet der zeitlich sehr weit zurückreichenden Todtmark, mit dem alten Gerichtsort Tostedt in ihrer Mitte. Um die schon frühzeitig um sich greifende Zerstörung dieser Waldung zu unterbinden, legte man in dem großen Tostedter Vertrag von 1595 besondere Bestimmungen für die Schonung der Baumbestände fest. Als diese Forderungen später nicht mehr genügend Beachtung fanden, versuchte man das Interesse der Dorfschaften durch Teilung der Holzung wieder zu beleben. Hierbei erhielten 1761 Tostedt, Wistedt, Wüstenhöfen, Vaerloh und Quellen ihren Anteil am Düvelshöpen und einige andere Waldteile zugesprochen. Da die Holzverwüstungen trotzdem noch weiter fortgesetzt wurden, versuchte man 1798 in einem »Forstkulturplan« durch Anordnungen und Berechnungen einen zweckmäßigen Forstbetrieb anzubahnen. Während Holzbestände verschiedener anderer Dörfer rücksichtslos abgeholzt wurden, gelangten wieder andere später zur Aufteilung an ihre einzelnen Interessenten. Über den Düvelshöpen hielt eine alte, besondere Klausel schützend ihre Hand und er blieb glücklicherweise – jedenfalls bis heute – noch in seinem jüngeren Bestand erhalten.

Im Düvelshöpen schoss man auf den »Papagoien«

Schon lange vor der Gründung des Tostedter Schützenvereins war die Schießfreudigkeit hier altes Brauchtum. Bereits um 1700 richtete man die schweren Vorderlader auf einen Holzvogel, der so bunt bemalt war, dass man ihn den »Papagoien« nannte. Ein Eichheister (junge Eiche) an dem alten Weg nach Otter trug ihn an seiner Spitze, welche in alten Schriften den Namen »Gohlen« führte. Sein Platz ist am Ausgang der jetzigen Straße »Auf der Bünte« zu suchen, wo auf der Grodenhinsschen Weide noch vor 50 Jahren das Wasser munter über die restliche Feldsteingrundmauer eines recht alten »Soot« (Brunnen) sprudelte. Weithin bekannt war schon damals dieses Tostedter »Papagoienschießen«. Aus großem Umkreis kamen die Männer herbei, wertvolle Silberpreise (Schalen und Löffel), aber auch das frohe Treiben lockten zu sehr. Würden die alten Urkunden gründlicher erfasst, als es bisher geschehen ist, könnte man das Vogelschießen in dem Vogteiort Tostedt bis in eine noch weiter zurückliegende Zeit aufspüren. Einer Zeit, in der das Schießen nicht dem Vergnügen, sondern der Vorbereitung auf eine bitterernste Notwendigkeit diente. Schon in der gefährlichen Zeit des Dreißigjährigen Krieges erließ der Landesherr eine Verordnung, wonach sich die durch umherstreifende Kriegsvölker hart geplagten Bewohner der Dörfer gegenseitig bewaffnet zu Hilfe kommen sollten. Um die Männer für die Verteidigung der Heimat vorzubereiten, waren Schießübungen erforderlich. Dazu veranstaltete man in den nachfolgenden ruhigeren Zeiten die jährlichen Vogelschießen. Später wieder unterband der Landesherr zeitweilig das Vogelschießen: Das »übermäßige Gesöff«, die Schlägereien und der Unfug mit den Gewehren während der übrigen Jahreszeit gaben in manchen Gegenden den Anlass dazu. Doch in den Zwischenzeiten ballerten die Töster lustig weiter.

Das Wappen der Gemeinde Tostedt

In einem (verkürzten) Zeitungsbericht der »Hamburger Allgemeine« aus dem Jahr 1949 war folgendes über die Geschichte des Tostedter Wappens zu lesen:

»Als der Ort vor etwa 50 Jahren ein Wappen suchte, machte man es sich sehr bequem. Man griff auf eine Erzählung von J. J. Kelp zurück, der 1720 in Ramelsloh verstorben war. Dieser hatte die Namen des Kreises Harburg nach dem äußeren Gleichklang mit der römischen Geschichte in Verbindung gebracht. Danach fand die Schlacht 9 n. Chr. zwischen Armin und Varus nicht im Teutoburger Wald statt, sondern bei Vahrendorf vor Harburg. Der Gaugraf Armin der Cherusker hatte zuvor die germanischen Volksstämme zwischen Elbe und Weser zum Freiheitskampf aufgerufen. In dieser Schlacht wurden bekanntlich die Römer vernichtend geschlagen. Jesteburg sei früher die Burg des Segest, seines Schwiegervaters, gewesen. Und Kelp meinte, »dass Kirchdorff Tostädt gleichsam Dotstädt und die Todtholzung daher ohne Zweifell den nahmen bekommen, dass der tapffere held Arminius von seinen feinden und mißgönnern meuchelmörderischerweise darumbs umbs leben gebracht«. Hier in Tostedt also – seinerzeit Ort einer alten germanischen Kultstätte im Düvelshöpen – soll Armin durch Meuchelmord, den sein Schwiegervater Segest angestiftet haben soll, ums Leben gekommen sein. In dem Hünengrab bei Steinbeck sei Armin dann begraben worden. Dieses Hünengrab ist nun aber schon in der Steinzeit errichtet worden, also mindestens 5000 Jahre alt. Armins Tod erfolgte aber erst im Jahre 21 n. Chr. Und so entstand die Gestalt des Wappens: ein Totenkopf mit zwei gekreuzten Knochen, umgeben von drei Dolchen. An beiden Seiten des Wappens zwei bärtige starke Männer, nackt bis auf das Laubgewinde um die Hüften. Auf dem Kopf einen Kranz, jeder dieser Männer mit einer großen Keule bewaffnet. Früher trug das Wappen noch folgende blutrünstige Inschrift: »Tostedt Ort des Todes – Meuchelmordes«. Als man diese Unterschrift wegließ, erhielt das Wappen noch einen Ritterhelm, geschmückt mit zwei Flügeln. Dieses herausgeputzte Wappen war bis zuletzt auf der Titelseite der »Tostedter Zeitung« das entsprechende Erkennungssymbol.

Als um 1936 verschiedene Gemeinden im Landkreis Harburg Sehnsucht nach einem neuen Wappen hatten, wollte man dem Tostedter Wappen einen Löwen hinzufügen, eben wegen der Zugehörigkeit zum Landkreis Harburg. Auch drei Türme aus dem Wappen eines ansässigen Grundherrn wurden empfohlen und nicht zuletzt auch Partei-Symbole. Aber die Einwohner waren ablehnend, denn inzwischen hatte man sich eingehender mit der Vergangenheit seines Heimatortes beschäftigt und viele Anhaltspunkte für naheliegendere Wappenteile gefunden. Dank der Aufklärung von Albert Bartels erfuhr man, dass der heutige Name nichts mit Totenstätte

Ein weiterer Wappenentwurf von Albert Bartels aus dem Jahre 1949

oder ähnlichem zu tun hat. Die erste Silbe »tot« soll aus dem germanischen »tout« abzuleiten sein, was so viel bedeutet wie hervorragen / erhöht. Somit wäre also Tostedt die erhöhte, nämlich auf einem Höhenrücken liegende Stätte.

Damals in den dreißiger Jahren ist es dann wohl über entsprechende Überlegungen zum künftigen Tostedter Wappen nicht hinausgekommen. Der Zweite Weltkrieg verhinderte dann weitere Vorhaben. Der Entwurf eines eigenen Wappens wurde aber bereits vom Gemeinderat in der zweiten Hälfte des Jahres 1948 wieder aufgenommen. Die Bürger wurden aufgefordert, bis zum 31. Januar 1949 Vorschläge für ein neues Tostedter Wappen bei der Gemeindeverwaltung einzureichen. Der Entwurf von Albert Bartels wurde dann mit großer Mehrheit angenommen. Er hat dafür eine Prämie von 50,- DM erhalten. Dann ging alles recht fix – am 2. August 1949 wurde es vom Niedersächsischen Minister des Innern genehmigt.

Das angenommene Wappen von Bartels spricht für sich selbst: Im Mittelpunkt steht auf der Todthöhe eine knorrige Eiche mit goldenen Eicheln (Ertrag des Schaffens). Es soll Tostedt als Hauptort der Todtholzungs-Markgenossenschaft symbolisieren. Zur Todtholzung gehörten ursprünglich 25 Dörfer und 4 Einzelhöfe, allesamt auf dem Höhenrücken des Todt gelegen. Diese Genossenschaft bestand bis 1838. Sie wurde aufgelöst einmal, weil große Flächen des Waldes verwüstet (abgeholzt) waren, zum anderen weil die Generalteilungen zwischen den einzelnen Dörfern des Todt eine Grenzauseinandersetzung nötig werden ließen. Deshalb knüpft die oben im Schild dargestellte Axt an die Todtholzung an. Früher war es den Bewohnern erlaubt, in diesem Wald ihr Bauholz zu schlagen. Dagegen weist das ebenfalls abgebildete Schwert darauf hin, dass früher in Tostedt ein Gericht bestand, welches über Leben und Tod zu entscheiden hatte.«

Die steinzeitlichen Fundplätze im nordwestlichen Teil der Todtshorner Gemarkung

– In memoriam Albert Bartels –

Albert und Heinrich Bartels 1932 an der Tilly-Buche bei Todtshorn

Bevor wir uns den eigentlichen Sammelplätzen zuwenden, wollen wir zunächst einen Blick in den geologischen Aufbau dieser Landschaft werfen:

Die steinzeitlichen Fundplätze in der Gemarkung Todtshorn liegen aufgereiht an der Nahtstelle zwischen dem Wümmesander und dem nach Süden auslaufenden Höhenzug des Todtrückens. Im Verlauf der Straße von Otter nach Todtshorn stößt man auf den Freudenthalsweg, der von Klein Todtshorn kommt und dann abknickend dem Anstieg zum Jiltsberg, von vielen Todtshorner Berg genannt, folgt. Diesen Weg soll der Heimatschriftsteller Friedrich Freudenthal während seiner Tätigkeit in Welle häufig genommen haben, um von der Tilly-Buche und der nahegelegenen Spitze des Todtshorner Berges die Weite des Wümmesanders zu überblicken. Etwa dort, wo die Straße von Otter auf den Freudenthalsweg trifft, beginnt die Kette der Siedlungsplätze und zieht sich zwei Kilometer in südliche Richtung.

Der Wümmesander entstand, als das Drenthe-Stadium der Saale-Eiszeit sein Maximum bereits weit überschritten hatte, also in der vorletzten Eiszeit vor 200 000 Jahren. Es war die letzte Vergletscherung im Raum Tostedt. Nach und nach hatte sich der eiszeitliche Gletscher aufgrund einer nicht gerade langsamen Erwärmung des Klimas bereits aus Holland und großen Teilen Nordwestdeutschlands zurückgezogen. Nur gelegentlich reichte die Kraft, das heißt kurzzeitig verstärkter Eisnachschub, zu kleinen zwischenzeitlichen Gletschervorstößen. Die Gletscherwand stand nahe der heutigen Ortschaft Niederhaverbeck. Schmelzwasserströme auf dem Eis versickerten in Gletscherspalten, flossen unter dem Eis hindurch weiter und ergossen sich durch ein riesiges Gletschertor in der Nähe des Wümmeberges in die Ebene. Dabei rissen sie große Mengen an Sand mit, die sie in einer trichterförmigen Vorspülung bis zur Weser hin ablagerten. Steine und gröbere Kiese blieben dabei dicht hinter dem Gletschertor liegen. Schwebstoffe fanden den Weg bis in die Nordsee. Das aus dem Gletscher herausströmende Wasser brachte jedoch nicht nur Sand, sondern spülte auch vorhandene Geländestrukturen bis auf wenige Reste, zum Beispiel den Osterberg bei Fintel, fort. Zurück blieb eine eingeebnete Landschaft bis hinüber zum Salzberg bei Großenwede und bis hinab zur Weser. Diese auffällig flache Landschaft weist nur geringes Gefälle auf. Hochanstehendes Grundwasser sorgte bereits früh für eine verbreitete Bildung von Feuchtbereichen und Niedermooren. Der höher gelegene Todtrücken besteht oberflächennah in seinem südlichen Teil zunächst aus sehr kalkhaltig-lehmiger Grundmoräne, die dann ganz im Süden mehr und mehr in sandiges Lockergestein übergeht.

Der unterschiedlichen Art der Böden entsprechend war dann der Pflanzenwuchs nach der letzten Eiszeit, die Weichseleiszeit genannt wurde und deren Eismassen die Elbe nicht mehr überschreiten konnten, vielfältig. Die Artenvielfalt der Pflanzen bereitete ihrerseits zahlreichen Tierarten einen Lebensraum. So bot die Wümmeniederung dem Elch, einem großen Beutetier für den mittelsteinzeitlichen Jäger, aber auch dem Biber angemessene Standorte. Eine wichtige Basis für die Ernährung mittelsteinzeitlicher Menschen war die Haselnuss. Als natürliche Konserve in der eigenen Schale bot sie den Menschen die Möglichkeit, nahrhafte Wintervorräte anzulegen. Die Kalkmergelböden des Todtrückens waren und sind auch heute noch günstige Standorte für Haselsträucher. Unsere Aufsammlungen bei Todtshorn erbrachten ausschließlich Oberflächenfunde aus nur schwer verwitterndem Material, hauptsächlich aus Feuerstein. So konnten dort keine Vorkommen von Haselnussabfällen nachgewiesen werden, wie es an anderen mittelsteinzeitlichen Siedlungsplätzen, an denen gegraben wurde, möglich war. An solchen Grabungsplätzen fand man manchmal unter Lehm, Ton oder Moor, also unter Luftabschluss, was vor dem Zersetzen bewahrte, unter anderem Haselnussschalen, aber auch andere organische Materialien wie Holz, Knochen und Zähne. Die aus den Hängen des Todtrückens austretenden Quellen spendeten Wasser zum Trinken sowie zum Spülen und Reinigen der Felle. Man siedelte gern in der Nähe von Wasser. Den Fundplätzen bei

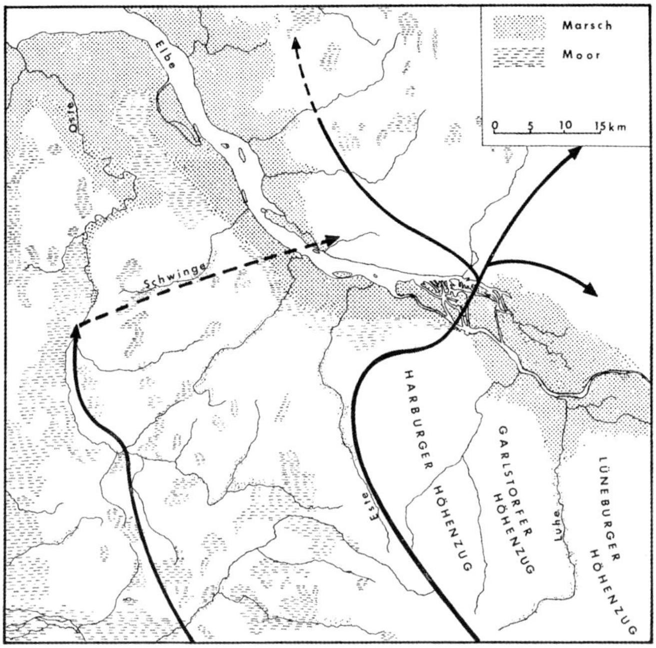

Wanderwege der Rentiere in der Nacheiszeit vor 14 000 Jahren (nach Gernot Tromnau, Das Jungpaläolithikum im Kreis Harburg)

Todtshorn können noch heute mit einiger Sicherheit die entsprechenden Quellbereiche und auch Bäche zugeordnet werden.

Dort, wo die höhergelegenen Ackerfluren der Feldmarken von Todtshorn, Klein Todtshorn, Hassel und Otter in den Bereich der oberen Wümmeniederung übergehen, ist über einen längeren Zeitraum hinweg die Anwesenheit der Steinzeitleute nachzuweisen. An ganz bestimmten Plätzen, an einer von der Landschaft her vorgegebenen sichelförmigen Linie finden sich hier die Rastplätze dieser Menschen, die unsere Vorfahren gewesen sein können. Dass man gerade hier die Spuren ihrer Anwesenheit findet, ist nicht überraschend. Es liegt darin begründet, dass hier die ersten Menschen der Nacheiszeit, die als Jäger und Sammler lebten, trockenen Boden zum Rasten vorfanden. Ebenfalls musste in der Nähe Wasser vorhanden sein, und die Lage musste einigermaßen vor eisigen Winden schützen.

Die ersten Menschen, die für unser Gebiet nachweisbar sind, waren gegen Ende der Altsteinzeit die Rentierjäger der Hamburger Kultur und danach in einer zwischenzeitlichen Wärmeperiode (Alleröd-Interstadial) Angehörige der Federmesserleute (Bromme-Kultur). Nach einem erneuten Kälteeinbruch wurde unser Gebiet wieder von Rentierjägern (Ahrensburger Kultur) aufgesucht. Anschließend war unser Gebiet regelmäßig durch Jäger und Sammler der Mittelsteinzeit (Mesolithikum) besetzt. Ihre Spuren sind uns bis heute durch ihre Werkzeuge aus Feuerstein erhalten geblieben. Am Rande der großen Wümmeniederung zu Füßen des 78 Meter hohen Todtshorner Berges schlugen sie ihre Behausungen auf und durchstreiften das Gebiet nach jagdbarem Wild. Es muss wohl sehr tierreich zu jener Zeit gewesen sein, denn allein im Bereich der Todtshorner Feldmark sind uns neun Schlag- bzw. Rastplätze bekannt. Während die Rentierjäger in der nacheiszeitlichen Tundra vor 12000 Jahren v. Chr. unser Gebiet auf der Jagd nach Ren und Wildpferd wohl nur sporadisch durchstreiften (sicherlich auch die Federmesserleute), besteht kein Zweifel, dass die Mittelsteinzeitmenschen (9000 bis 4000 v. Chr.) hier über längere Zeit in ihren aus Holzstangen errichteten Hütten oder Zelten verweilten. Durch die inzwischen eingetretenen veränderten klimatischen Verhältnisse hatte sich ein Wechsel in der Pflanzenwelt vollzogen. Während in der Nacheiszeit höchstens Birken und Kiefern in dem rauen Klima Fuß fassen konnten, war in der Mittelsteinzeit der tiefgefrorene Boden vollends aufgetaut und bot auch Eichen, Erlen und Hasel in der kontinentalgeprägten Witterung (kalte Winter, warme Sommer) gute Aufwuchsbedingungen. Mit dieser Änderung der Vegetation vollzog sich ein Wechsel in der Tierwelt. Elch, Rothirsch, Wisent, Wildschwein, Reh und andere Säugetierarten sowie viele neue Vogelarten zogen in das teilweise nun bewaldete Gebiet ein und gewährten den Menschen bessere Überlebensmöglichkeiten. Auch die dieses Gebiet durchströmende Wümme mit ihren Nebenflüssen bot ihnen günstige Gelegenheit zum Fischfang. Neben der Jagd ernährten sich ihre Bewohner außerdem von gesammelten Früchten, Beeren, Pilzen und Wurzeln.

Dass diese hier beschriebenen Vegetationsstrukturen tatsächlich auch für unser Gebiet zutreffen, macht eine pollenanalytische Untersuchung deutlich, die Anfang der 80er Jahre des vorigen Jahrhunderts für das nur wenige tausend Meter entfernte Gebiet des Königsmoores durch das Niedersächsische Landesamt für Bodenforschung in Bremen durchgeführt wurde. Durch mehrere Bohrungen hat man hier den Untergrund bis zu einer Tiefe von 3,60 Meter untersucht. Das Ergebnis dieser Analyse ist insoweit interessant, als man nachweisen konnte, dass im Spätglazial (subarktische Zeit um 8500 v. Chr.), also zur Zeit des ersten Auftretens der Mittelsteinzeitleute, hier bei uns Tundren-Verhältnisse herrschten. Die Bewaldung dürfte durchweg licht gewesen sein bzw. sich auf die günstigsten Standorte beschränkt haben. Wie die hohen Frequenzen von Birkenpollen zeigen, muss es sich um Birkenwälder gehandelt haben. Die Kiefer hat zwar nicht gefehlt, doch kann sie nur eine untergeordnete Bedeutung gehabt haben. In den folgenden Jahrhunderten mit Erhöhung der Durchschnittstemperaturen belegen die Proben einen Rückgang der Birke und eine Zunahme der Kiefer. In der Zeit um 6700 v. Chr. begann bei uns intensives Moorwachstum. 700 Jahre später tauchen in der Profilanalyse auch nun verstärkt Pollenkörner von Eiche, Erle und Hasel auf. Einige Zeit später (um 5500 v. Chr.) sind erstmalig Linde und Ulme nachweisbar. Nicht mehr in der Mittelsteinzeit, sondern erst in der anschließenden Jungsteinzeit wandert als Letzte die Buche bei uns ein.

Schauen wir uns die einzelnen Fundplätze einmal an:

Albert Bartels war der Erste, der bereits vor dem Zweiten Weltkrieg eine systematische Begehung der Feldmarken unternahm. Da er damals den steinzeitlichen Artefakten und Forschungen viel Interesse entgegenbrachte, war er nicht nur in der Tostedter Feldmark unterwegs, sondern auch in den umliegenden Gemarkungen aktiv (Heidenau, Todtglüsingen und vor allen Dingen in Wüstenhöfen – der zweitwichtigsten Fundstelle in unserem Gebiet – und natürlich schwerpunktmäßig in der Todtshorner Gemarkung). Unbestritten ist er der Entdecker der Todtshorner Rastplätze. Nach Aussage eines interessierten dort ansässigen Landwirts waren früher im Dorf diese Plätze nicht bekannt gewesen.

Fundplatz 20 Todtshorn

Diese Fundstelle ist die größte und mit weitem Abstand die bedeutendste. Sie liegt in unmittelbarer Nähe des sogenannten »Moorgartens«, einem historischen Wall- und Grabenkomplex, dessen Bedeutung bis zum heutigen Tage noch nicht geklärt werden konnte. Dieser Fundplatz reicht bis in die jüngere Altsteinzeit zurück. Hier fand Bartels eine seltene (vollständige) Kerbspitze der Rentierjäger der nacheiszeitlichen Weichselkaltzeit, die er jedoch damals als solche (noch) nicht erkannte. Sie diente den Jägern als Pfeilspitze für die Bejagung hauptsächlich von Rentieren (neben Wildpferden) und war deshalb auch von imposanter Größe (siehe Zeichnung Abb. Nr. 1). Möglicherweise gehören zwei seiner weiteren Funde wie ein Klingenkratzer und eine Endretusche an einer Klinge ebenfalls in diese Zeitstellung (Abb. Nr. 2 und 3). Während der Nacheiszeit waren die wandernden Rentiere oftmals durch eine Naturbarriere genötigt, bestimmte Wechsel einzuhalten. So war während der Späteiszeit das breite Elbtal für die riesigen Rentierherden ein großes Hindernis.

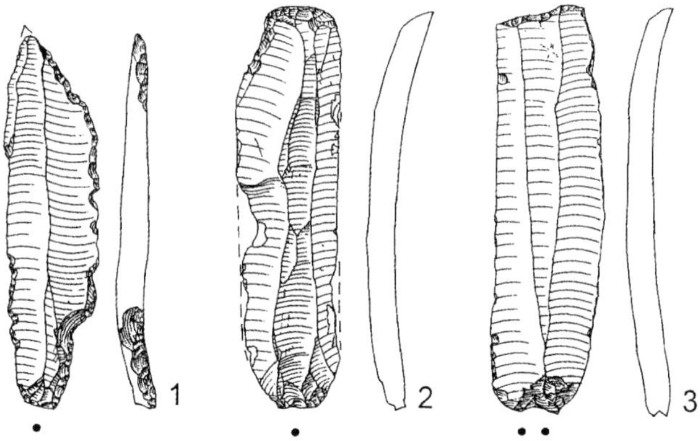

Abb. 1: Kerbspitze, Abb. 2: Klingenkratzer, Abb. 3: Endretusche an einer Klinge (Hamburger Kultur), Fundplatz 20 Todtshorn

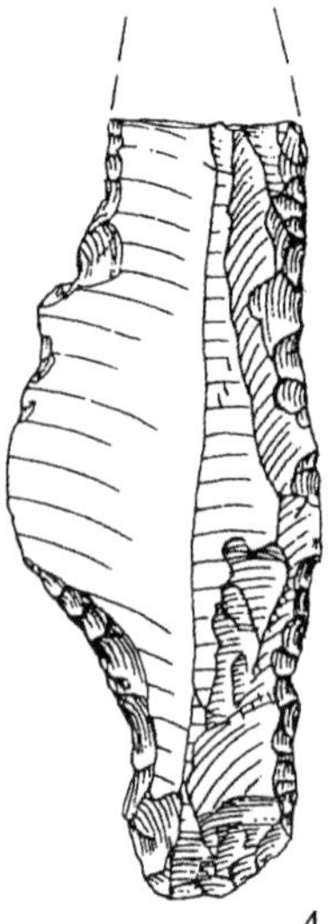

4

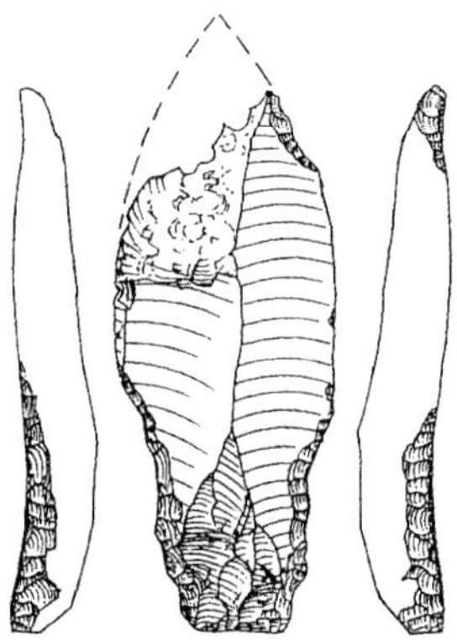

5

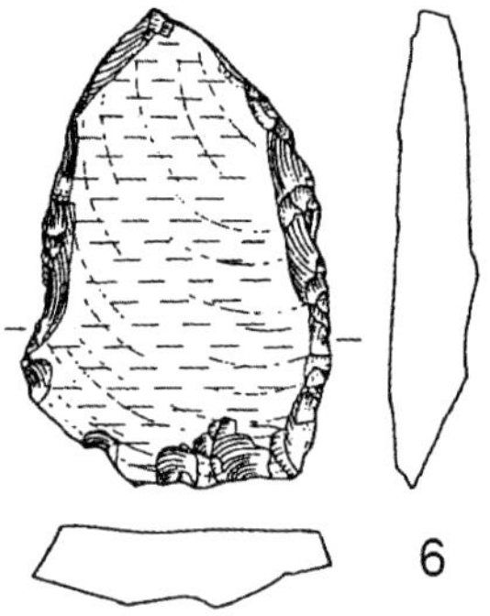

6

Abb. 4: Fragment einer Bromme-(Lyngby) Spitze, Fundplatz 20 Todtshorn (früher 62)

Abb. 5: Abgebrochene Bromme-Spitze, Hassel (Fundplatz Kampen 42)

Abb. 6: Scheibenbeil (M 1 : 2), Fundplatz 20 Todtshorn

Um die wenigen günstigen Stellen zur Überquerung der Elbe zu erreichen (wo die Geestränder bis unmittelbar an das Elbtal stießen und keine unpassierbaren Steilufer zur Ausbildung kamen), formierte sich der Frühjahrs-Wanderweg der Tiere bereits im weiten Hinterland zu einer immer enger ziehenden Herde. Alle Tiere strebten einer der wenigen Übergangsstellen im Raum Harburg zu, um nordostwärts ziehend die moosbestandenen Tundrenflächen der allmählich abtauenden Eis- und Schneefelder zu erreichen (s. Abbildung »Wanderwege« S. 45). Im Herbst zogen sie wieder über die Elbe zurück, um in den südwärts gelegenen wärmeren Gebieten die harte Winterzeit überstehen zu können. Diese Gelegenheit haben die Rentierjäger ausgenutzt, um die sich bereits bei uns verdichtende Herde zu bejagen. Es ist deshalb ersichtlich, dass in unserer Gegend, wenn auch sehr selten, entsprechende charakteristische Pfeilspitzen gefunden werden können.

Mit diesen spätjungpaläolithischen Funden reißen die Nachweise über die Anwesenheit der Menschen auf dieser Stelle aber nicht ab. Pries fand bei einer Begehung im Jahre 2005 überraschend auf diesem Feld eine Bromme-(Lyngby) Spitze (Abb. Nr. 4) der späten Altsteinzeit, von der die Spitze allerdings abgebrochen war. Es ist somit überhaupt der dritte Fund eines solchen Gerätes im Landkreis Harburg. In mehreren Fällen war beobachtet worden, dass Bromme-Spitzen zusammen mit Federmessern auftreten. Man nimmt an, dass der Bromme-Kreis seinen Ursprung aus dem westeuropäischen Federmesser-Kreis genommen hatte und über das einstige Nordseefestland kommend eine eigene Kultur im südskandinavischen Raum, besonders in Dänemark, bilden konnte. Diese Bromme-Spitze war nicht die erste ihrer

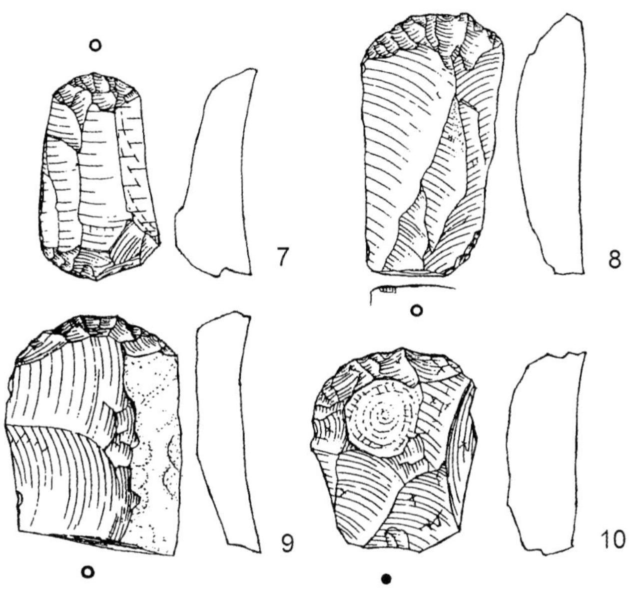

Abb. 7: Doppelkratzer
Abb. 8 – 10: Klingen- und Abschlagkratzer, Fundplatz 20 Todtshorn

Art. Bereits Bartels hatte eine abgebrochene Bromme-Spitze (Abb. Nr. 5), nicht weit von dieser Stelle im Feldmarkteil der kleinen Siedlung Hassel, gefunden.

Mit den seinerzeit reichhaltigen Funden von Bartels und den zeitlich anschließenden Begehungen durch Graff (Welle) sowie den Funden von Pries und Rose (ab 2000) nebst weiteren Interessierten sind gerade auf diesem Feldstück viele wertvolle mittelsteinzeitliche Funde gemacht worden. An erster Stelle steht hier, neben Klingen mit Randretuschen, Teil- und Endretuschen, ein Scheibenbeil (gefunden von Jörn Kludas, Abb. Nr. 6), das diesen Platz recht charakteristisch als eine mesolithische Fundstelle kennzeichnet. Diese kleinen Beile sind übrigens die bislang ältesten im Norden. In der Regel dürften diese Geräte in einem Zwischenfutter aus Geweih oder Knochen gesteckt haben. Solche Geräte wurden vermutlich zur Holzbearbeitung verwendet – vielleicht auch als Waffen. Dagegen sind hier wenige Mikrolithen (Abb. Nr. 13 – 18) gefunden worden, was vielleicht nur einer Fundlücke zugeschrieben werden könnte. Die Mikrolithen sind aus Klingen hergestellte, kleine trapezförmige oder dreieckige Feuersteineinsätze, die mit Pech in die Spitze oder an die Seite von Speeren und Pfeilen geklebt wurden. Mit diesen Pfeilen waren die Jäger in der Lage, selbst einen Auerochsen zu töten. Auffallend ist die hohe Anzahl der immer auf der Oberfläche gefundenen Klingenkratzer und besonders der Abschlagkratzer. Es wurden hier von uns bis heute allein 39 Stück gefunden (Abb. 7 – 10 und 19).

Fundplatz 69 Todtshorn

Dieser Platz, der erst vor drei Jahren von Pries entdeckt wurde, gehört ebenfalls zweifelsfrei in die Mittelsteinzeit. Es konnten ein Kernbeil (durch Bianca Marquardt, Abb. Nr. 11) und ein vollständiges Scheibenbeil (durch Pries) sowie kürz-

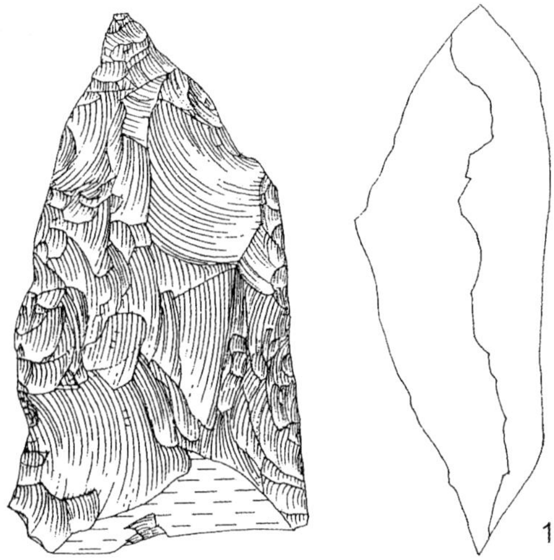

Abb. 11: Kernbeil, Fundplatz 69 Todtshorn

lich ein weiteres, allerdings an der Schneide abgebrochenes Exemplar gefunden werden. Besonders auffällig ist bei diesem Fundplatz wieder das reichhaltige Inventar von Kratzern. Es wurden bislang 29 Exemplare aufgesammelt, sonderbarerweise alles Abschlagkratzer. Bis heute liegt nur ein Mikrolith vor, wobei es sich um ein craqueliertes (im Feuer gelegenes) Fragment handelt.

Fundplatz 25 Todtshorn

Dieser Sammelplatz, der etwa auf halber Höhe zwischen den beiden einen Kilometer entfernt liegenden Fundstellen 20 und 69 liegt, unterscheidet sich von diesen durch die reichhaltige Anzahl der aufgelesenen Mikrolithen. Bereits Bartels hat hier kleine Dreiecke, spitze Endretuschen und einfache Spitzen gefunden. Neuerdings konnte durch einen Sammler eine Lanzettspitze gefunden werden. Hiermit kann festgestellt werden, dass auch dieser Platz als mittelsteinzeitliche Fundstelle hinreichend gekennzeichnet ist.

Bemerkenswert bleibt, dass bislang auf allen beschriebenen Plätzen keine Querschneider gefunden werden konnten. Querschneider, auch Pfeilschneiden genannt, von viereckiger Form, datieren in der Regel in ein spätes Mesolithikum. Gerade dieser Gerätetyp ist aber für die Datierung und kulturelle Einordnung ausschlaggebend. Es können somit für unsere Fundplätze bei Todtshorn zwei Feststellungen getroffen werden: Durch die Oberflächenfunde konnten die Fundstellen als Vorposten des nördlichen Kern- und Scheibenbeilkreises der Stufe Duvensee (ein Fundplatz westlich von Ratzeburg / Schleswig-Holstein) bestimmt werden. Des Weiteren konnte erkannt werden, dass unsere Mittelsteinzeitleute überwiegend einfache Spitzen und unter den geometrischen Mikrolithformen Dreiecke verwendeten. Da Trapeze äußerst selten sind (wir kennen nur ein einzelnes Exemplar von Todtshorn Fundplatz 20), ist davon auszugehen, dass die Menschen um 7000 bis 6000 v. Chr. hier gelebt und gejagt haben müssen. Für ganz frühe Mittelsteinzeitler gibt es keine sicheren Belege. Allgemein gehören unsere Waldjäger in das Boreal.

Von den weiteren Fundplätzen 3, 57, 64, 67 und 68 liegen vereinzelte steinzeitliche Funde in Form von einem Kernbeil, Mikrolithen sowie Kratzern und Klingen vor. Fundplatz 3 ragt aus dieser Gruppe durch reichhaltigeres Fundmaterial heraus. Hier wurden durch Bartels nicht nur eine Anzahl Kratzer (7 Exemplare) gefunden,

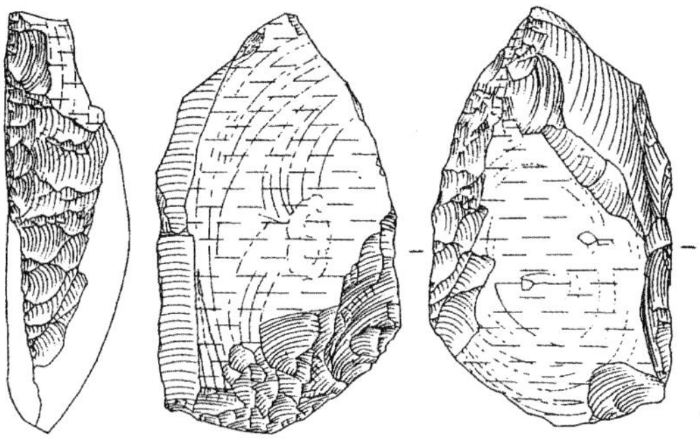

12

Abb. 12: Kernbeil, Fundplatz 20 Todtshorn

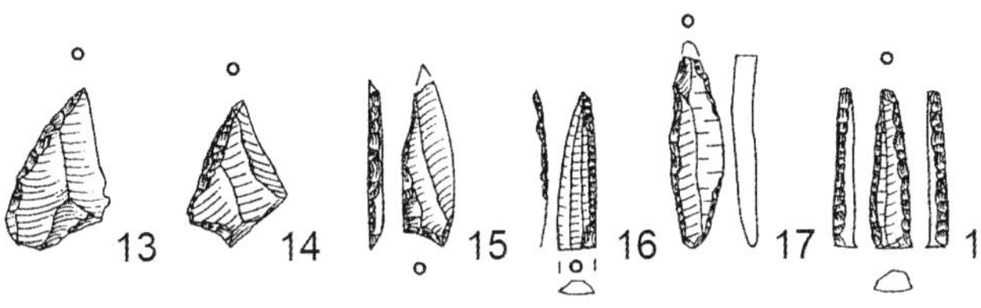

13 14 15 16 17 18

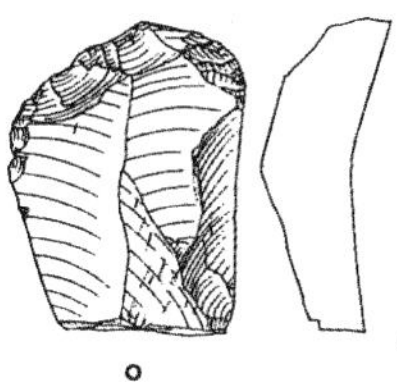

19

Abb. 13 – 18: Mikrolithen, Abb. 17: Lanzettenspitze, Fundplatz 20 Todtshorn

Abb. 19: Kratzer, Fundplatz 20 Todtshorn

(Alle Zeichnungen: Klaus Breest, Maßstab 1:1)

sondern die Zusammensetzung der Fundgegenstände weist auch Doppelkratzer, Bohrer, eine Lanzettspitze und partiell retuschierte Klingen aus. Dieser Sammelplatz ist heute aber verlorengegangen, da der betreffende Hügel (»Hügel im Moor«) zur besseren landwirtschaftlichen Nutzung in den letzten Jahrzehnten abgetragen wurde. Fast von allen Fundstellen liegt eine mehr oder weniger große Anzahl von Kernsteinen vor. Neben größeren Kernen sind kleine Restkerne vorhanden. Außerdem sind vom Fundplatz 20 linsenförmige Geräte bekannt (oftmals als Schildkerne bezeichnet). Im Fundinventar befinden sich außerdem zwei Schlagsteine. Dass diese Gebiete am Rande der Ackerflächen im Übergang zu den heutigen Weideflächen ebenfalls von Jungsteinzeitmenschen genutzt wurden, ist bereits erwähnt worden. Östlich des Fundplatzes 25 wurden von Bartels das Fragment eines Dolches und ein neolithischer Bohrer gefunden und auf Fundplatz 64 sind seinerzeit ebenfalls durch ihn drei neolithische Pfeilspitzen geborgen worden.

Anmerkung: Wir Tostedter Sammler danken Herrn Klaus Breest, Berlin, für seine uns allseits zukommende fachliche Beratung und für seine Arbeit bei der Anfertigung der aussagekräftigen Zeichnungen.

Peter Pries und Klaus-R. Rose

II. Gerichtsbarkeit in der Vogtei »uppe dem Todt«

Eine vergangene Richtstätte

Wer auf der Buxtehuder Straße aus Tostedt hinausgeht und dann von den letzten hohen Linden rechts dem Bötersheimer Weg folgt, der wird wohl kaum die Busch- und Baumgruppe kurz vor der Kreuzung des Weges von Todtglüsingen nach Dohren übersehen. Aus der weiten Ackerfläche ragen Birken und einige Eichen empor. Hinter diesem grünen Versteck führt ein kleiner von Weiden- und Erlengestrüpp umgebener Teich ein verborgenes Dasein. Wenn an warmen Sommertagen manchmal das übermütige Lärmen planschender Kinder von diesem Buschwerk herüberschallt, kann man sich kaum vorstellen, dass diese Gegend einst, wenn die Dämmerung sich herabsenkte, ängstlich gemieden wurde. Selbst wer hier tagelang auf dem Felde gearbeitet hatte, war kaum zu bewegen, in der Dunkelheit zu diesem Ort zu gehen. Die Begründung für diese Abneigung war kurz und allen verständlich: »Dor speukt dat!« Man braucht nun heute nicht zu denken, eine düstere Gegend vorzufinden. Im Gegenteil: Weit schweift der Blick von dieser freien Fläche über die Felder in die sich weitende Landschaft, bleibt flüchtig an Dörfern und Waldstücken hängen, um sich zuletzt an den Höhen in der Ferne zu verlieren.

Vielleicht wird die Furcht vor diesem Ort etwas begreiflicher, wenn wir hören, dass dieses Flurstück auch heute noch »Up'n Gericht« genannt wird. Wahrscheinlich standen auch die benachbarten Flurstücke »Söben Heister« und »Plogisenland« mit dem »Up'n Gericht« irgendwie in Verbindung. Das Flurstück »Söben Heister« (Siebenheisterkoppel) war ein länglicher Hügel, dessen Kuppe im vorigen Jahrhundert beim Ausgraben der Stümpfe von sieben einstmals umfangreichen Eichen abgetragen worden war. Hier »Up'n Gericht« ist der Platz, an dem früher ein mächtiger Eichenpfahl stand, dessen Querbalken durch starke Eisenwinkel besonders befestigt war: der Tostedter Galgen! Er diente nicht nur dazu, eine Gerichtsbarkeit zu bekunden, sondern er hatte einst seine ihm bestimmte Aufgabe zu erfüllen.

Vor Jahrhunderten, besonders in und nach unruhigen Kriegszeiten, war es mit der allgemeinen Sicherheit schlecht bestellt. Rohe Taten erforderten, um die Ordnung einigermaßen wiederherzustellen, harte Maßnahmen. Auch in Tostedt, dem alten Gerichts- und Holtingsort der Todtmark, wurde noch bis in das 18. Jahrhundert hinein ein eigenes Landgericht gehalten. So wurde auch 1746 beim letzten der Übeltäter verfahren, dem man hier einst den Strick um den Hals legte, weil ihn die Männer vom Todt in der Todtshorner Gegend beim Pferdestehlen erwischt hatten. Auf Pferdediebstahl stand damals die Höchststrafe, denn ein Pferd, das wertvollste

Tier, ließ sich nach damaliger Auffassung eben nur auf diese Art und Weise schützen. Selbst der Totschlag eines Menschen konnte um 1600 im Lüneburgischen mit einer Geldstrafe von damals 30 Thalern gesühnt werden. Nur bei Meuchelmord oder besonders roher Tat kam noch das Ausweisen aus dem Herzogtum dazu.

War aber ein Todesurteil einmal gesprochen, kam es auch schnell zur Vollstreckung. Bei einem solchen Ereignis waren alle Männer dabei, denn sie hatten ohne Ausnahme dem Aufgebot zum Gericht Folge zu leisten. Am »Beutscher Wech« (Bötersheimer Weg) fanden sich aber auch Frauen und Kinder zum Gericht ein. Man betrachtete das Geschehen als eine öffentliche Vorstellung. Durch harte Arbeit, Krieg und Seuchen waren die Menschen in ihrer ganzen Lebensart damals viel härter als heute. Für den Tostedter Vogt war es eine kostspielige Angelegenheit; er musste hierbei tief in den Säckel greifen. Der von auswärts herbeigeholte Scharfrichter (meist aus Buxtehude oder Stade) hatte eine gepfefferte »Taxordnung«. Nach dieser konnte er 1698 folgende Beträge fordern: »Für einen hängen 10 Rthl. Für einen wieder vom Galgen herunternehmen 4 Rthl. Für einen todten Körper in die Erde graben 3 Rthl.«

Nach der Vollstreckung ließ man den Gerichteten zur abschreckenden Mahnung noch einige Zeit hängen. Und jeder machte dann vorsichtshalber einen großen Bogen um die Gerichtsstätte. Kam aber trotzdem jemand hier am Kreuzweg vorbei, wenn die umliegenden Dörfer in der Dämmerung versunken lagen, und er sah das hohe Gerüst mit seiner schaurigen Last, die in dem matten Licht noch unheimlicher als sonst erschien, so eilte er hastig vorüber. Doch das Grauen, das sich ihm hier in dem Nacken festkrallte, ließ sich nicht so leicht abschütteln. Und so war es kein Wunder, dass beim Erzählen am abendlichen Herdfeuer, wenn das trübe Licht des Trankküsels alle Schatten unruhig hin und her flackern ließ, Wirklichkeit und Trugbild ineinander flossen und so manch unheimliches Erlebnis an dem gefürchteten Ort die Runde machte. Nirgends in der ganzen Gegend gab es eine Stelle, die mehr von Geheimnissen umwittert war als »Up'n Gericht«! Bis in die Zubereitung unglaubhafter Heilmittel reichten die Spuren dieser Stätte des Grauens. Bei der Aufstellung eines Galgens war man vor Jahrhunderten besonders darauf bedacht, ihn an einem von allen Seiten sichtbaren Platz zu errichten. Vor allem musste er in der Nähe verkehrsreicher Wege liegen, so wie es bei Tostedt der Fall war. Und der hier vorbeiführende Weg war sicher bedeutsam genug, sonst hätte man eher den bei Tostedt liegenden Blocksberg oder den noch höheren Buchhorstberg (Bockhorstberg) gewählt, die damals beide noch mit Heide bedeckt waren. Hier führte einst der Hollenstedter Weg vorbei. Etwas weiter westlich zog sich zwischen Tostedt und Dohren der alte, einst bedeutende »Todtweg« entlang.

Bei einem Richtplatz standen oft, wie manche Beispiele zeigen, drei oder sieben Bäume. Waren es in südlicher gelegenen Landschaften Linden, so hatten die Todtleute sieben Eichen gepflanzt. Noch jetzt trägt der neben dem »Gericht« gelegene Acker den Namen »Söben Heister Koppel«. Bei der Urbarmachung dieser Flur war es 1882 eine harte Arbeit, die riesigen Stümpfe der großen Eichen zu beseitigen,

Der Tostedter Schandpfahl stand nicht weit vom »Sliekut« (links im Hintergrund) entfernt, Federzeichnung von Albert Bartels

die einst auf einem länglichen Hügel emporragten. Sieben Bäume stehen wohl in Beziehung zu der Zahl der Urteiler – drei mussten es wenigstens sein, meistens waren es sieben. Wie lange das unheimliche Gerüst hier gestanden hat, ist nicht genau zu sagen. Dicht vor Bötersheim gab es übrigens noch einen zweiten Galgen, der aber nicht gebraucht wurde, sondern dort nur zum Zeichen einer eigenen Gerichtsbarkeit stand. Auch der große Eisenwinkel, der zur besseren Festigkeit an dem Tostedter Balkenwerk angebracht war, hat nach der endgültigen Beseitigung noch lange der Vernichtung getrotzt und auf einem Tostedter Hof gelegen. Keiner wagte das Eisen zu verwenden, obwohl das Material damals doch immerhin viel wertvoller war als heute. Solches Eisen bringt kein Glück, sagte man sich.

Der Tostedter Schandpfahl und Aburteilung weiterer Straftaten

Es kommt heute öfter vor, dass jemand seinem Herzen durch kräftige Worte Erleichterung zu verschaffen sucht, wenn ihm die vielerlei Abgaben und Unkosten drücken, die mit Haus und Hof, Geschäft und Hausstand verbunden sind. Dabei kommen nur wenige auf den Gedanken, dass das damalige Leben auch von mancherlei Geldausgaben und Unannehmlichkeiten begleitet war. Es ist erstaunlich, welche Vorkommnisse einst außer Verbrechen als Anlass herausgesucht wurden, um die chronische Ebbe in der landesherrlichen Kasse zu überwinden. Auch in der früheren Vogtei Tostedt gab es in der Zeit von 1715 bis 1745 auf diesem Raum seltsame Überraschungen. Für den Tostedter Vogt bestand die Vorschrift: Wenn nicht besondere Umstände es veranlassen, wird den Untertanen keine Leibesstrafe angesetzt, so lange sie Geldstrafen erlegen können. Wenn sie aber ganz unvermögend sind, wird ihnen, dem Befinden nach, Arbeit oder Gefängnisstrafe auferlegt. Weiterhin heißt es in den alten Landgericht-Bestimmungen: »Wenn die Delicta groß und von Consequenz sind, werden die Mannspersonen mit Sackpfeife oder dem Halseisen, die Frauenspersonen aber mit der Fiddel auf eine oder mehrere Stunden bestraft«. Bei der Sackpfeife handelt es sich um einen aus Heidschnuckenfellen zusammengenähten Sack, deren Wolle nach innen gewendet war. In diesen musste der Verurteilte hineinsteigen, und der Sack wurde nun so am Pranger zusammengeschnürt, dass nur der Kopf herausragte. In der sommerlichen Hitze von Fliegen und Mücken umschwärmt so dazustehen, war eine Qual. Das Halseisen bestand aus zwei Eisenbügeln, die dem Mann um den Hals gelegt und dann verschlossen wurden. Das Eisen war so mit einer Kette am Pranger befestigt, dass die Strafe nur stehend verbüßt werden konnte. Übrigens nannten die Tostedter ihren Pranger früher »Schandpoal!« Bei beiden Strafen war der Delinquent jeglichem Spott und Schabernack hilflos ausgesetzt. Jeder durfte ihm ungestraft verhöhnende Schmähworte ins Gesicht sagen oder ihn mit faulem Obst, Eiern und anderem Unrat bewerfen. Solche rauen Sitten wurden früher als gang und gäbe hingenommen. Mit Herausnahme aus dem Sack oder Halseisen galt die Strafe als verbüßt.

Die bei Frauen verwendete Fiddel oder Schandgeige bestand aus einem der Länge nach geteilten, geigenförmigen Brett mit einer größeren Öffnung, die den Hals umschloss und zwei kleineren für die Handgelenke. Das Brett wurde ebenfalls verschlossen. Auch eine Doppelfiddel gab es für zwei Frauen. Sie wurden darin so eingeschlossen, dass sie sich gegenseitig ansehen mussten. Diese Fiddel hat bei Frauen mit bösen Zungen niemals ihre Wirkung verfehlt. Alle drei Strafarten konnten auch mit Geld gebüßt werden, indem für jede verhängte Stunde zwei Thaler auf den Tisch des Vogtes gelegt werden mussten.

Wer denkt heute wohl daran, wenn er gemütlich auf der Straße geht und seiner Tabakspfeife blaue Wolken entlockt, dass dieses unschuldige Vergnügen damals ein

Die Diele des »Sliekut« mit Blick in das Arrestlokal »Dat Lock«, Federzeichnung von Albert Bartels

Anlass war, seinen Geldbeutel zu erleichtern. Aber 1719 kostete dieser Spaß, sofern die Pfeife nicht mit einer Kapsel versehen war, immerhin einen ganzen Thaler. Bei diesem Punkt ist noch eine sonderbare Bemerkung angefügt: »Denunciant bekommt überher noch einen Thaler«. Wer boshaft genug war, konnte damals durch Denunzierung solcher »Smöker« seinen Taglohn verbessern. Heute kommt uns dieser Strafanlass lächerlich vor. Damals lagen die Verhältnisse doch anders. Alle Gebäude in den Dörfern hatten nur Strohdächer oder sie waren mit Reet oder Heide gedeckt. Die an den Wegen oder zwischen den Höfen stehenden Zäune waren der übliche »Eekenboltentun« aus kreuzweise eingeschlagenen Eichenpfählen oder Bohlen. Auf diese war als Erhöhung noch eine dicke Lage Heide in die Gabelung gepackt. In trockener Jahreszeit genügte ein kleiner Funke aus der offenen Tabakspfeife und die Heide auf dem Zaun brannte wie eine riesige Zündschnur. Dabei konnte das Feuer leicht auf die Dächer oder angrenzenden Gebäude überspringen. Bei der Verkoppelung wurde besonders darauf hingewiesen, künftig nur lebende Hecken oder Steinmauern zu errichten, so wie es nach dem großen Brand in Avensen (Heidenau) befohlen wurde. Dort sind die Höfe heute noch von den brandsicheren Steinmauern umgeben.

Sobald jemand seinen Hund ohne umgebundenen Knüppel auf der Dorfstraße laufen ließ, hatte er 18 Groschen zu entrichten. Lief der Hund außerhalb herum, dann erhöhte sich der Betrag auf einen Thaler. Von Mai bis Juli mussten Hunde angebunden sein. Tauben durfte niemand halten, andernfalls er für jedes Paar mit einem Thaler büßen musste. Hatte das Vieh auf des Nachbarn Acker, Garten oder Wiese Schaden angerichtet, waren folgende Beträge vorgesehen: für ein Pferd 20, eine Kuh 18, ein Füllen 10, ebenfalls für eine Sau 10, ein Rind oder ein Kalb 9, ein Schwein 8, ein Ferkel 4, ein Schaf 2, ein Lamm oder eine Gans 1 Groschen.

Ließ jemand sein Korn auf einer anderen als der ihm vorgeschriebenen Mühle mahlen, kostete jeder Himpten 1 Thaler und das Korn ging ihm außerdem auch noch verloren. Wer ohne Genehmigung auf seinem Hofe Bäume schlug, gab für einen Eichenstamm 2 Thaler, für einen Buchenstamm 1 Thaler. Hatte der Bauer von seinem Gutsherrn auf seinem Hofe einen Baum freibekommen und er meldete dies nicht dem Tostedter Vogt, bevor er den Baum fällte, sollte er mit 24 Stunden Gefängnis bestraft werden. Beim Holzschlagen in der allgemeinen Holzung ohne vorausgegangene Anweisung durfte der Holzknecht 1798 für eine Eiche oder Buche 16 Groschen Pfandgeld fordern und für eine Tracht Weichholz 8 Groschen. Vor Sonnenaufgang und nach Sonnenuntergang sowie an Sonn- und Festtagen das Doppelte, ebenfalls sobald der Stamm mit der Säge geschnitten wurde. Hatte ein Höfner es vergessen oder unterlassen, die vorgeschriebene Anzahl junger Bäume auf seinem Hof nachzupflanzen, dann war wieder ein Thaler fällig. Geld war einst auf den Höfen wenig zu finden, und mancher versuchte darum es sich durch Holzverkauf zu beschaffen. Sobald es die Holzdiebe dann heimlich außer Landes fahren wollten und dabei ertappt wurden, zahlten sie für jedes Fuder 1 Thaler Strafe. Außerdem wurde das Holz beschlagnahmt. Das »Ausland« begann für die Tostedter Vogtei damals schon hinter der Wümme.

Um der Streitsucht Einhalt zu gebieten, waren für sogenannte Trockene Schlägereien (wobei kein Blut floss) 1 Thaler angesetzt. Wer den Streit begonnen hatte, wurde mit den doppelten Brüchen bestraft. Blutrünstige Schlägerei erforderte dem Befinden nach immerhin 4 bis 5 Thaler. Wer dem Amtsbefehl nicht gehorchte oder schimpfliche Worte gab oder sein eigener Richter war, für den waren zwischen 2 bis 4 Thaler vorgesehen. In einem Visitationsbericht wurde 1669 von dem Tostedter Kirchspiel folgende Bemerkung aufgeführt: »Soll vordem ein üppig Volk gewesen und mit Messer hart aufeinander gegangen sein, worüber mancher ums Leben gekommen. Ist ihnen aber das Messerzücken bei 10 ß (Schilling) Strafe verboten«. Es war jedoch, nach den damaligen Aufzeichnungen, in der weiteren Umgegend nicht besser bestellt.

Mancher wird denken, die Schädlingsbekämpfung sei eine Errungenschaft unserer Zeit, doch so etwas gab es früher auch schon. Bereits 1773 war jedem Höfner auferlegt, jährlich eine bestimmte Zahl von Krähen-, Elstern- oder Spatzenköpfen abzuliefern. Wer diese Anzahl nicht erbrachte, musste für jeden fehlenden Krähen- oder Elsternkopf 1 Groschen zahlen. Ein Spatzenkopf wurde mit 4 Pfennig bewertet. Es konnte aber ein Krähen- oder Elsternkopf für vier Spatzen gebracht werden oder umgekehrt. Vogelfangen ist nicht jedermanns Sache. Köpfe sollten geliefert werden, und so glaubte man es durch Schießen zu erreichen, wodurch dann leicht wieder Schadenfeuer oder Unglück entstanden. Einen Tostedter Hauswirt traf es recht hart, als er sich 1792 bei einem Schuss nach Sperlingen schwer am Haupte verwundet hatte, indem das Gewehr gesprungen war. »Der Bregen soll mehrenteil aus der Hirnschale gewesen sein«, so lautet der Bericht. Das Schießen mit den alten verrosteten Vorderladern war damals nicht ungefährlich. Außerdem war es im Dorfe bei 2 Thalern verboten und die Donnerbüchse verfiel bei unerlaubtem Gebrauch der Einziehung.

Eine aus weit zurückliegender Zeit stammende Vorschrift befasste sich mit dem Einzäunen der Höfe, Kämpen und Wiesen. Wer dies nicht befolgte, konnte ebenfalls 2 Thaler aus seinem Bettstroh hervorholen.

In der guten alten Zeit bestand für jeden Bauern die Verpflichtung, alle strafwürdigen Vorfälle, die sich auf seinem Hof ereigneten, zu melden. Bei einem Verschweigen solcher Taten oder deren versäumter Meldung sollte dem Bauern die hierfür vorgesehene Strafe in doppelter Höhe aufgebürdet werden. Handelte es sich um sogenannte »Hurenbrüche« (Unzuchtfälle), dann machte man den Bauern, der so etwas nicht meldete, für die Zahlung der vollen Strafe verantwortlich, als wäre er selbst der Täter gewesen. Die Hurenbrüche waren damals schon an sich ein eigenes Kapitel. Es kam damals genau wie auch heute vor, dass ein Kind vor der Hochzeit geboren wurde. Dann musste der dazugehörige illegitime Vater – auch Stuprator genannt – dieses mit 10 harten Thalern, und das Mädchen – die Stuprade – mit 5 Thalern büßen! Heirateten jedoch die beiden, so gab jeder nur die Hälfte. In gewissen Fällen durfte der Tostedter Vogt auch Gnade vor Recht ergehen lassen, denn diesem Punkte war noch ausdrücklich hinzugefügt, dass die beiden, dem Befinden nach, auch noch weniger zu geben brauchten.

Wie in anderen Gegenden, so haben auch hier die Männer sich einen »Tüchtigen hinter ihre Binde gegossen«, wie oft auch mehr, als sie vertragen konnten. Irgendwelche Anlässe bot das ländliche Leben ja öfter. Für diesen Fall – des Guten zuviel getan zu haben – wurde eine Verordnung vom Jahre 1736 wirksam, welche besagte: »Dass die durch den Branntwein gezogene Trunkenheit ernstnachdrücklich geahndet und diejenigen, denen solche zu Schulden kommt, von der Gerichts-Obrigkeit mit dreytägigem Gefängniß zu Wasser und Brodt bestraft werden sollen. Da sich auch öfters von dem Trink- und Branntwein übernommene Leute auf dem Lande ungebührlich zeigen, auch wohl niederfallen und nicht mehr Macht über sich haben«, so heißt es weiter, »so befehlen wir hiermit ernstlich, solche sofort aufheben zu lassen und zu der oben erwähnten Strafe ziehen sollen«. Wer sich dann nicht besserte, sollte zu Karren-, Zucht- oder Spinnhausstrafen verurteilt werden. Diese Verordnung musste jährlich offen von der Kirchenkanzel verlesen werden. Der Tostedter Vogt, auf dessen Hof Brennerei und Brauerei betrieben wurden, wird wohl öfter in eine Zwickmühle geraten sein: Auf der einen Seite wollte er das gewünschte Nass herstellen und liefern und andererseits musste er den übermäßigen Genuss verbieten.

Boshafte Betrügereien und Übervorteilungen wurden mehr am Leibe als mit Geld bestraft. In den alten Strafverfügungen sind folgende Beispiele genannt: Eine Frau hatte die Magd einer anderen gestoßen und gescholten: 2 Tage Arbeit. Eine Frau beschuldigte die Nachbarin fälschlich der Hurerei: 24 Stunden Gefängnis. Ein Mann wurde in der Eichenbesamung mit seinen 30 Schafen getroffen: 4 Tage Arbeit. Ein anderer wurde ertappt, als er eine »pollsore« Buche und zwei Eichen ohne Anweisung holte: 4 Tage Arbeit. Für die Entwendung eines Buchen-Heisters: 6 Groschen. Ohne Anweisung eine Rute Moor gestochen: 1 Thaler. Jemand hatte vor dem Zehntzug mit sechs Kühen auf seiner Koppel gehütet: 1 Thaler. Einen Häusling genommen, ohne dem Vogt zu melden: 1 Thaler. Anbauen ohne Amtsgenehmigung: 2 Thaler. Bei diesen Fällen konnte derjenige, der einen Thaler Strafe sparen wollte, diesen auch durch 24 Stunden Gefängnis absitzen.

Die Geldbeträge erscheinen uns in der heutigen Zeit als recht niedrig und harmlos. Hierbei ist aber zu bedenken, dass das Geld vor Jahrhunderten viel mehr wert war.

Das waren nun einige Streifzüge durch vergangene Zeiten, in denen das Recht dem weit größeren Unrecht gegenüberstand. Wie verschieden waren die Versuche, dem oftmals stark in den Vordergrund drängenden Eigennutz Einhalt zu gebieten und dem Gemeinnutz einigermaßen Geltung zu verschaffen. Über mancherlei lächelt der heutige Mensch. Wer aber die damaligen Verhältnisse in Betracht zieht, wird vieles von dem früheren ländlichen Gerichtswesen verstehen.

III. Tostedt im Kriegsgeschehen

Unsere Gegend in den Wirren des Dreißigjährigen Krieges (1618 – 1648)

In den deutschen Landen wirbelte seit Jahren die große Unruhe alles durcheinander. Das niederelbische Gebiet blieb zunächst noch verschont. Dann tauchten unbekannte bunte Uniformen als Vorboten auf und drohend näherte sich mit den durchziehenden fremden Truppen eine finstere Zeit. Drückende Einquartierungen begannen und 1625 waren in vielen Dörfern schon harte Spuren zu sehen. Das Herr des Oberbefehlshabers der katholischen Liga-Truppen, des Grafen Johann Tilly, rückte näher. Im Oktober 1626 lagen einige seiner Truppen unter dem Befehl des Grafen von Anhalt in und um Rotenburg. Plündernd durchstreiften seine Reiter die Umgebung, auch in die Ämter Harburg und Moisburg ritten sie, viele geraubte Pferde nahmen sie mit und trieben noch über 500 Kopf Rindvieh hinweg. In den Häusern zerschlugen sie hierbei Kisten und Kasten. Aus Vaerloh hatten die Anhaltinischen Reiter das ganze Vieh mitgenommen. Herzog Wilhelm in Harburg erklärte seinem Lüneburger Vetter, dass die vielen Einquartierungen des letzten Winters die Bevölkerung erschöpft hätten und doch kämen täglich neue Truppen zu Fuß und zu Pferd, deren Einquartierungen die Plünderungen vermehrten. Dann zogen aus dem Bremer Gebiet Truppen hier hindurch und brandschatzten 1627 im Amt Winsen. Tillys Horden näherten sich vom Amt Winsen und besetzten im November 1627 die Stadt Buxtehude. In manchem Dorfe loderten die Flammen. Der Harburger Herzog Wilhelm klagte in diesem Monat dem Herzog Christian von Lüneburg innerhalb acht Wochen sei sein Land »dergestalt desoliert (verwüstet) und verödet, dass leider an Vieh, Korn und anderen dieslichen Fährnis nichts übergeblieben.« Dabei sollte das Harburger Land wöchentlich 783 Thaler Kontribution für die Kaiserlichen (Tilly) aufbringen. Nach der hier damals üblichen Lübecker Währung war 1 Thaler gleich 32 Schilling oder 2 Mark, eine Mark hatte den Wert von 16 Schilling und 1 Schilling hatte 6 bis 9 Pfennige. Die Höhe der zu zahlenden Kontribution ist erheblich, wenn man bedenkt, dass seinerzeit ein Hammel 14 Schilling und eine Kuh oder ein Ochse 8 bis 9 Mark kostete. Ein Paar Stiefel erforderten 7 Mark und ein Tischlergeselle verdiente täglich 4 Schilling. Im Amt Winsen waren 1628 schon 52 Höfner, 28 Kötner und 32 Brinksitzer abgebrannt. Die Soldaten kamen damals nicht allein. In ihrem Tross folgten ihre Frauen und auch leichte Geschöpfe. Tatern und allerlei recht- und lichtscheues Gesindel bildeten die Nachhut, um auf eigene Faust auf Raubzug zu ziehen. Überall lauerten Mordbrenner und andere fragwürdige Gestalten auf ihre Opfer. Gar schwer war es für den Bauern ein kleines Stück Feld zu bestellen. Oft unter Gefahr für seine eigene Sicherheit oder seines Wagens und Ge-

Die »Tilly-Buche« auf dem Todtshorner Berg,
Federzeichnung von Albert Bartels

spanns, sofern ihm überhaupt noch Pferde und Zugochsen geblieben waren. Wenn es ihm gelang die Saat in den Acker zu bringen, so war diese keineswegs gesichert: Durchziehende Reiter weideten ihre Pferde zu gern in dem grünen Korn. Was danach nicht abgefressen oder zertreten war, schnitten sich andere Fremdlinge ab, und wenn der Bauer Glück hatte, konnte er wohl wenige Himpten für sich retten.

Bei dem Nahen der Horden mussten die Bewohner der Ortschaften in die Wälder oder Brüche flüchten, um nur das Leben zu sichern. Zu oft verübten die Fremdlinge an Männern, Frauen und Mädchen viehische Grausamkeiten, um auch hierdurch die Herausgabe der versteckten Habe zu erzwingen. Nach ihrer Rückkehr fanden die Geflüchteten oft rauchende Trümmer vor oder leere Stallungen – wenn glücklicherweise der Rote Hahn nicht auf das Dach gesetzt worden war. Fortgetrieben oder geschlachtet wurde das Vieh. In den Häusern hatten die nach Geld und anderen Wertsachen suchenden Moradeure den Hausrat zerschlagen, das selbstgewebte Leinen mitgenommen und den Rest des Kornes, welches sie nicht mitschleppen konnten, verschüttet. Längst waren die Schafställe in der Heide leer. Mancher der so hart mitgenommenen Bauern, und dieses war die größte Zahl, konnte seinem Zehnten und sonstigen auf dem Hof lastenden Pflichten nicht nachkommen. Korn und Vieh musste er sich für die Weiterführung seines Betriebes borgen, das Geld zum Wiederaufbau des Hauses leihen. Mancher sah sich gezwungen im Frühjahr oder auch sogar schon zur Weihnachtszeit mit einem Sack umherzuziehen, um ein wenig Brotkorn zu erbitten. Viele Familien lebten von Eichelbrot. Kartoffeln waren damals noch nicht bekannt. Die in den 10 oder 15 Jahren schuldig gebliebenen Abgaben wurden ihm trotz des Elends keineswegs von den hinter sicheren Mauern wohnenden Grundherren erlassen, sondern wuchsen fortlaufend zu größeren Summen heran.

In dieser traurigen Zeit hielt dazu noch ein dunklerer Feind seinen Einzug. Neben allem Elend und der Armut schwang der Schwarze Tod seine grausige Geißel. Auf manchem Hof hatte die Pest gehaust, in viele Familien griff diese furchtbare Seuche hart hinein. Bauer und Bäuerin fielen ihr zum Opfer, die Kinder suchten bei Verwandten Schutz oder flüchteten in die Wildnis, und oft raffte sie ganze Familien hinweg. Vergeblich waren die gutgemeinten und in der Verzweifelung oft seltsamen Versuche der Pestabwehr ausgefallen. In Soltau hatte die Pest 1626 über 500 Opfer und in Buxtehude 1628 gleich 700 Leben gefordert. Bis 1628 wütete sie auch hier in der Gegend. Wieweit die »Pestkuhlen« zwischen Tostedt und Wüstenhöfen damals benutzt worden waren, darüber gibt es keine Nachricht.

Der Abtrag der Hofschulden hatte manches Jahr sauren Schweißes gekostet. Dazu war ein Ende der furchtbaren Zeit nicht vorauszusehen und unerträglich blieben die übel hausenden Einquartierungen. Diese Umstände zwangen manchen Bauern, oft trieb ihn auch die Verzweifelung, wenn seine Angehörigen ermordet oder von der Pest genommen, zu dem bitteren Entschluss, den von seinen Vorfahren übernommenen Hof aufzugeben, um anderswo eine leere Kötnerstelle zu übernehmen. Mancher Bauernsohn wollte den väterlichen Hof nicht übernehmen und stattdessen lieber irgendwo in den Knechtdienst treten. Unkraut überwucherte nun den Acker und die nicht bewohnten Gebäude brachen verfallend zusammen. So wurden viele Höfe wüst und später tauchten dort andere Familiennamen auf.

In diesen Wirren starb 1642 in Harburg der 78jährige Herzog Wilhelm ohne Erben. 1638 hatte er der ihrer kirchlichen Geräte beraubten Tostedter Kirche noch einen neuen Kelch geschenkt. Des Herzogs Tod brachte für das Amt Harburg eine bedeutende Änderung mit: Es fiel einschließlich der Vogtei Tostedt wieder an das Lüneburger Herzoghaus zurück. Der regierende Herzog wohnte nun wieder fortan in Celle. In Harburg übte der Oberhauptmann als herzoglicher Vertreter die landesherrliche Gewalt aus.

Dann zogen 1644 wieder die Schweden hindurch und nahmen unter dem Grafen Königsmarck die Stiftlande Bremen und Verden in Besitz. Von hier aus konnten die Söldner ungehindert ihre Raubzüge bis in das Lüneburger Land ausdehnen. Dreimal waren die Schweden 1645 im Harburger Gebiet. Stadt und Land hatten monatlich 320 Thaler Kontribution zu zahlen und gleichzeitig Kornlieferungen und doppelten Viehschatz aufzubringen. Schwer drückten solche Forderungen auf die Bewohner des ohnehin ausgesogenen Landes. Endlich kam es 1648 in Münster zu einem Vertrag. Hierbei fielen die Bistümer Verden und Bremen als Herzogtümer an die Krone Schwedens. Somit grenzte das Todtgebiet im Westen und Süden an eine Schwedische Provinz. Zögernd verbreitete sich die Kunde, dass nun das Morden und Brennen dieses sinnlosen Krieges vorbei sein sollte. Nach vorsichtigen Berechnungen wurde in diesen 30 Jahren in Deutschland über die Hälfte der Bevölkerung ausgerottet, in einigen Teilen sogar bis zu Dreiviertel der früheren Zahl. Nicht die Schlachten, sondern unmenschliche Mordgier forderte dieses ungeheuerliche Opfer. Wie viele Werte gingen außerdem noch an Sach- und Kulturgütern verloren? Wenige Urkunden blieben erhalten, die hierüber berichten. Alles verbrannte. Es gab auf dem Todt ebenso wenig wie anderswo kaum einen Ort, den diese Zeit verschonte. Viele Generationen hindurch dauerte es, bis diese tiefen Wunden in der Bevölkerung wieder vernarbten. Manche versuchten danach einiges noch nachzuholen, um wenigstens etwas Daseinsfreude zu erhaschen. Aber die verrohten Sitten waren noch längst nicht überwunden, hatten doch viele mit eigenen Fäusten zur Selbsthilfe greifen müssen. Ein Visitationsbericht über das Tostedter Kirchspiel berichtet noch 1669, dass das Messer bei den Tostedtern recht locker saß.

Tostedt am Rande des Siebenjährigen Krieges (1756 – 1763)

Im Januar 1756 kam es im Londoner Westminster zu einem Vertrage, in welchem König Georg II. von England, der auch gleichzeitig Regent von Hannover war, und Preußenkönig Friedrich II. sich gegenseitig den Schutz ihrer deutschen Länder zusagten. Auf der anderen Seite verbündete sich die Erzherzogin von Österreich, Königin von Ungarn und Böhmen, Maria Theresia, mit dem französischen König Ludwig XV. Man nannte die beiden Abkommen beschönigend »Verteidigungsbündnis«, was Preußen aber im Spätsommer 1756 nicht hinderte, ins verfeindete Kursachsen und Böhmen einzufallen. Damit wurde der Siebenjährige Krieg ausgelöst und somit auch die hannoverschen Lande in das Kriegsgeschehen verwickelt.

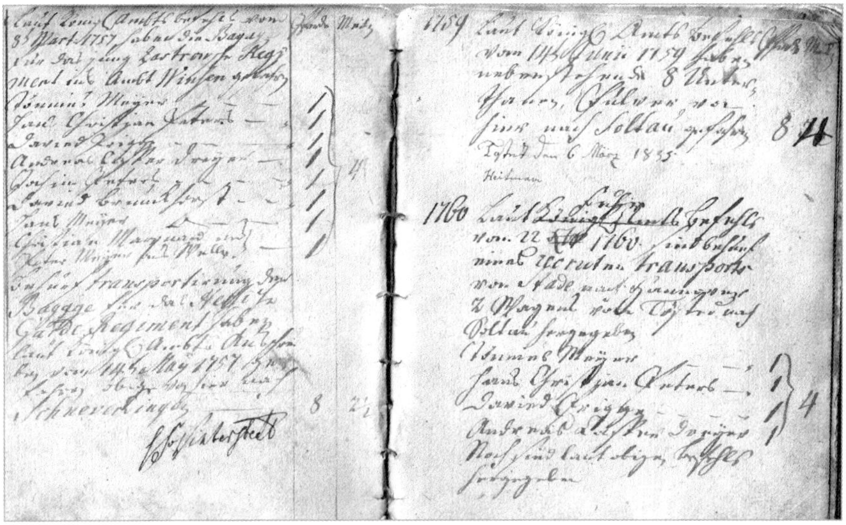

Seiten aus dem Anschreibebuch des Tostedter Untervogtes Heitmann aus den Jahren 1757 bis 1760

Am 26. Juli 1757 wurde die verhängnisvolle Schlacht von Hastenbeck bei Hameln geschlagen. Die unter dem Oberbefehl des Herzogs Wilhelm August von Cumberland vereinigten hannoverschen, braunschweigischen, hessischen, Bückeburger und Gothaer Truppen mussten ihren, nach erbittertem Hin und Her, rühmlich erstrittenen Sieg fahren lassen und, widerwillig gehorchend, weserabwärts über Aller und Oste nach Bremervörde und Stade zurückmarschieren. Die Welfenlande einschließlich des ganzen Fürstentums Lüneburg, wurden den Franzosen preisgegeben. Die Städte Münden, Göttingen, Hameln, Hannover, Braunschweig und Wolfenbüttel ergaben sich ohne Schwertstreich. Die Übereinkunft von Zeven, durch Marschall Richelieu unterzeichnet, sah die Auflösung des Cumberländischen Heeres vor, indem die hannoverschen Truppen zu einem Teile im Stadeschen verbleiben, zum anderen in das Herzogtum Lauenburg überführt werden sollten. Die Verbündeten verpflichteten sich in ihre Heimat zurückzukehren. Die Konvention von Zeven (8. September 1757) wurde von König Georg II. und seiner englischen Regierung nicht anerkannt. Der Herzog von Cumberland, der so schmählich versagt hatte, musste den Oberbefehl niederlegen. An seiner Stelle übernahm, im Einklang mit dem Wunsche Friedrich des Großen, der kriegserprobte Herzog Ferdinand von Braunschweig das Kommando. Als er am 23. November 1757 in Stade eingetroffen war, wurde der Waffenstillstand mit den Franzosen aufgekündigt und die verbündeten Truppen, unterstützt durch preußische Kavallerie, rückten nach Süden vor. Zur Belagerung des Schlosses Harburg blieb ein Heeresteil zurück. Bereits vor Weihnachten zogen die verbündeten hannoverschen und preußischen Truppen unter ihrem Heerführer Herzog Ferdinand in Lüneburg ein. Kampflos hatten die Franzosen die Stadt verlassen. Der Herzog schlug sein Hauptquartier in Lüneburg auf. Kaum war die Winterkälte vorüber (1758), als er den Kampf gegen die Franzosen wieder unverzüglich aufnahm. Die Eindringlinge mussten schließlich Celle, Braunschweig, Wolfenbüttel, Hannover und Hameln preisgeben. Minden musste sich ergeben und bald waren auch vor dem nachdrängenden Verbündeten Friesland und Westfalen geräumt. Am Vorabend des Johannistages 1758 wurde die für die Verbündeten siegreiche Schlacht bei Krefeld geschlagen. Den Sieg durch einen Einmarsch nach Frankreich auszubauen, vereitelte das Vordringen der französischen Südarmee aus dem Maingebiet. Ein letztes Mal drohte die französische Besatzung nach dem Tode Georgs II. im Oktober 1760, als dessen Nachfolger das Bündnis mit Preußen aufgegeben hatte. Der Feldzug des Jahres 1762 spielte sich vorwiegend in den südhannoverschen und hessischen Gebieten ab. Im November wurde endlich Frieden mit Frankreich geschlossen – die fremden Truppen verließen das Land, der Kampf war vorüber.

Besondere Belastungen für Tostedt brachten die während der kriegerischen Auseinandersetzung von 1756 bis 1758 oftmals durchziehenden Truppen mit sich. Im August 1756 waren die Franzosen bis Rotenburg vorgerückt und richteten dort ihr Lager ein. Nicht etwa wegen der Verteidigung des dortigen Schlosses, sondern dadurch dass der Herzog von Cumberland auf seinem Rückzug alle Brücken hatte abbrechen lassen. Infolgedessen kam es zwangsläufig zu einer Überbelegung des »Lagers Rotenburg« und zu schweren Kriegslasten für den Flecken und für die umliegenden Ortschaften. Diese Kriegsmaßnahme hätte für Scheeßel noch ein schlimmes Nachspiel haben können. Der Kommandant der französischen Truppen in Rotenburg hatte aus unbekannten Gründen den Abbruch der beiden Veersebrücken bei Veerse und bei Veersebrück den Einwohnern von Scheeßel zur Last gelegt. Zur Strafe sollte die soeben fertig gestellte Kirche zu Scheeßel niedergebrannt und das Dorf geplündert werden. Die Einwände der Scheeßeler, dass nicht sie, sondern die Tostedter die Brücken abgeworfen hätten, haben die Franzosen nicht gelten lassen. Die vom Amt Rotenburg in letzter Stunde unternommenen Schritte haben die Franzosen von der Ausführung ihres Vorhabens gerade noch abhalten können.

Vereinbarungsgemäß hatten sich die hannoverschen Truppen bis Bremervörde zurückgezogen. Durch Tostedt zogen die Franzosen und dann weiter, um Harburg von September bis November zu besetzen. Weiterhin musste im März 1757 laut Königlichem Amtsbefehl die »Bagage« für das Zastrowsche Regiment von Einwohnern aus dem hiesigen Ort mit ihren Pferden von Tostedt in das Amt Winsen gefahren werden und wenige Wochen später verlangten die Verbündeten des Hessischen Garde-Regiments gleiche Fahrten nach Schneverdingen. Nach Soltau war 1759 von Tostedt aus Pulver zu transportieren und 1760 mussten Rekruten, die von Stade auf dem Weg nach Hannover waren, mit zwei Wagen bis Soltau gefahren werden.

Somit ist die Bevölkerung von Tostedt nicht unberührt von den kriegerischen Auseinandersetzungen geblieben. Dieses beweisen außerdem Gedächtnisreden, die der seinerzeitige Pastor Heinrich Schmid für mehrere gefallene Soldaten aus Tostedt und Umgebung gehalten hatte. So wurde Tönjes Detjen aus Schillingsbostel, der im Hardenbergschen Regiment diente, als auch Michel Meyer aus Wistedt, der in der Schlacht bei Sangershausen fiel sowie den im Krankenhaus verstorbenen Kriegern Heinrich Klintwort aus Tostedt und Joachim Heitmann aus Welle in Predigten gedacht.

Tostedt in der Franzosenzeit (1807 – 1813)

Als Kaiser Napoleon seinem Bruder Jérome im Jahre 1807 die Regierungsgewalt über das Königreich Westfalen übertrug, wurde damit fast das gesamte Hannoverland einverleibt. Für Zwecke der Verwaltung wurde nach französischem Muster das Land in Departements eingeteilt, und diese wurden wiederum unterteilt in Arrondissements, Kantone und Mairien. Jedoch wurden bereits 1810 die drei nördlichen Departements Oberems mit der Hauptstadt Osnabrück, Wesermündungen (Bremen) und Elbmündungen (Hamburg) wieder zum Kaiserreich Frankreich geschlagen (die sogenannten Hanseatischen Departements), um die französische Kontinentalsperre gegen England wirksamer zu machen. Das Departement der Elbmündungen war eingeteilt in die Arrondissements Stade, Lübeck, Hamburg und Lüneburg. Zum Arrondissement Lüneburg gehörten unter anderem die Kantone Buxtehude, Harburg, Hittfeld, Garlstorf, Lüneburg, Bardowick, Winsen, Pattensen, aber auch Moisburg und Tostedt, letzteres mit damals 6269 Einwohnern. Dem Kanton Tostedt, bestehend aus den Mairien Tostedt, Lauenbrück und Hollenstedt, gehörte auch die Umgegend von Scheeßel mit Fintel, Wester- und Ostervesede, Lauenbrück und Schneverdingen an. Die Grenze zum Königreich Westfalen verlief übrigens über Lüneburg, Walsrode, Nienburg und Minden der Ems zu, wobei alle diese genannten Städte zum französischen Kaiserreich zählten.

Am 14. Juni 1807 entschied die Schlacht bei der ostpreußischen Stadt Friedland zunächst über das weitere Schicksal der russischen Armee. Die Marschälle Mortier und Ney, wenige Monate zuvor die Eroberer von Hamburg und Magdeburg, zerschlugen den Kern der russischen Armee. Der kurz darauf, am 7. Juli 1807 in Tilsit zwischen Napoleon und Zar Alexander II. auf einem Floß inmitten der Memel besiegelte Frieden betraf verschiedene Teile Europas, nicht zuletzt aber Norddeutschland.

1807 begannen fremde Truppen über den Todt zu ziehen. Franzosen und Soldaten aus den von ihnen besetzten Ländern kamen hier hindurch. Im August 1807 war ein Transport von 43 holländischen Soldaten wegen »Dessertation und andere Verbrechen« in der Tostedter Kirche eingesperrt. Infolge Wassertrinkens nach dem Marsch bei ungewöhnlicher Hitze von Harburg her, starb hier der Wachhabende.

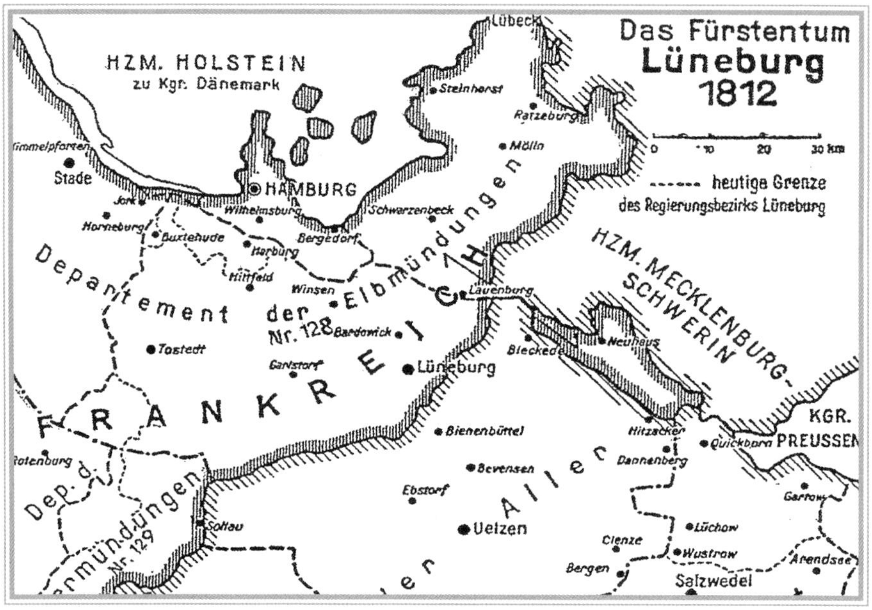

Die Karte von 1812 zeigt, dass der heutige Landkreis Harburg im napoleonischen Kaiserreich Frankreich lag

Weitere holländische Infanterie fand sich im Februar 1809 ein. Zwischendurch kamen wieder oft Franzosen, die bei ihren Einquartierungen drückende Forderungen stellten, die manchen Einheimischen durch ihre Härte zur verzweifelten Selbsthilfe greifen ließen. In der Bruchwildnis hinter Wistedt fand man in den folgenden Jahren verschiedene tote französische Soldaten. In der Duppschmiede, die damals bei der Kirche lag, wo jetzt die Turnhalle steht, verursachten die Franzosen durch Unvorsichtigkeit, angeblich beim Eierkuchenbacken, einen Brand. Ein scharfer Nordostwind trieb die Funken von einem Strohdach zum anderen und so brannte am 14. März 1811 der westliche Teil Tostedts nieder. In der Nähe des jetzigen Kleinbahn-Wiegehauses befand sich eine Reitbahn der Franzosen. In der ganzen Umgebung streiften sie umher, auch war ihnen die alte Burg an der Este bei Hollenstedt bekannt und sie staunten hier nur einen leeren, recht alten Wall vorzufinden.

Ihren großzügigen Plan, Wesel mit Hamburg durch eine Straße über Bremen zu verbinden, begannen die Franzosen Anfang April 1811 zu verwirklichen. Sie sollte – so die Planung – überall mindestens 14 Meter breit, mit Backsteinen gepflastert und von Bäumen gesäumt sein. Ausschlaggebend für Napoleon war, dass die Chaussee als Heerstraße bereits ab 1812 großangelegten Transporten dienen könne. Darüber hinaus war angedacht, die neufranzösischen Reichsteile an die Zentren von Politik und Wirtschaft anzubinden. In wenigen Tagen sollte man von Paris über Lüttich, Maastricht, Venlo, Wesel, Münster, Osnabrück, Diepholz, Bremen, Rotenburg /

Siegel des Maire der Municipalität Tostedt und des Kaiserlichen Notars (1812), Zeichnung von Albert Bartels

Wümme nach Harburg und Hamburg und darüber hinaus durch das dänische Holstein über Oldesloe in die Stadt Lübeck gelangen können. Die Baukosten für dieses gigantische Projekt wurden mit knapp 10 Mio. Francs veranschlagt. Sofern die Besatzer mit ihren kärglichen Entgelten nicht genug Tagelöhner für den Straßenbau anwerben konnten, griffen sie hilfsweise auf das mittelalterliche Institut der Fronarbeit zurück. So entstand auch auf dem Arbeitsmarkt ein Gemisch aus Niedrigpreis und Requisition. Auf diese Weise wurde der Bau der Chaussee Wesel-Hamburg vorangetrieben.

Ursprünglich sollte diese Straße von Bremen, Sottrum über Tostedt gehen ohne Rotenburg zu berühren. Aber dann folgten sie doch der alten Poststraße Rotenburg-Tostedt-Harburg. An verschiedenen Abschnitten begann der Bau. Alle noch irgendwie arbeitsfähigen Einwohner der von dieser neuen Straße durchschnittenen Gebiete mussten bei dieser Zwangsarbeit helfen. Jung und Alt, Männer und Frauen und auch teilweise Kinder waren von früh bis spät damit beschäftigt, ungeheure Sandmassen für hohe Dämme durch sumpfige Niederungen zusammen zu bringen. Alle Gespanne der Umgebung schirrte man vor ihre Wagen. In der Heide suchte man die Steine zusammen und riesige Findlingssteine alter Hünengräber wurden zerschlagen, um das Pflaster so breit anzulegen, dass darauf mehrere Truppen ungehindert nebeneinander marschieren und fahren konnten. Schaufeln und Schiebkarren, sogar Futtermollen und andere Geräte waren mitzubringen, um den Bau zu beschleunigen. Die hoch aufgeschüttete Straße lässt auch in der Nähe Tostedts erkennen, welche Riesenarbeit hier damals unter dem härtesten Druck von der Bevölkerung schnell geleistet werden musste. Durch Tostedt selbst ging die bisherige Poststraße von der Bremer Straße, Unter den Linden, über den Sande, Eichhofstraße, den kurzen Weg am alten Meierhof entlang bis zur Dieckhofstraße, um dann von der Kreuzung Buxtehuder Straße in Richtung Kakenstorf zu verlaufen, wo die

Napoleon in den Ruinen von Moskau (1812)

Felder noch am »Alten Harburger Weg« genannt werden. Mit Fertigstellung der »Großen Chaussee« hatte sich dieser weitsichtige Plan erfüllt und unbeschwert konnten sich die Truppen schnell bewegen. Viel drückenden Schweiß hatte die schwere Fronarbeit gekostet, aber sie kam auch der ganzen Gegend zugute. Auf dem früher dahin schlängelnden sandigen Postweg konnten nun die Fahrzeuge leichter auf dem gradlinigen Pflaster dahinrollen. Wenn auch der Harburg-Bremer Verlauf der Heerstraße weitgehend fertig gestellt werden konnte, blieben doch andere Teile der Chaussee in der Napoleonzeit unvollendet liegen.

Nachdem Moskau brannte und Napoleon in dieser Stadt für sein Heer keine Bleibe und Vorräte mehr finden konnte, trat er noch Ende November 1812 den verlustreichen Rückzug an. In den Schneefeldern Russlands verließ Napoleon am 5. Dezember sein unglückliches Heer, wenige Tage nachdem er mit den Resten desselben in hartem Ringen mit der feindlichen Macht den Übergang über den Fluss Beresina und damit die Möglichkeit weiteren Rückzugs erkämpft hatte. In Paris angelangt, hieß es für den Feldherrn nun vordringlich die Rheinbundstaaten im Zaume zu halten, denn hier und dort regten sich bereits Gedanken des Abfalls. Viele Rheinbundstaaten zögerten denn auch, ihre Truppenteile zu ergänzen oder ihm neue finanzielle Mittel zur Verfügung zu stellen. So ist es nicht verwunderlich, dass sich im Frühjahr 1813 als erste Mecklenburg und Anhalt auf die Seite der verbündeten Russen und Preußen stellten. Weitere Verstärkungen ließ er nach Norddeutschland heranmarschieren. Letztlich standen Anfang des Jahres 1813 einschließlich der deutschen und italienischen Soldaten Truppen in einer Stärke von 226000 Mann mit 457 Geschützen an der Weser, Saale und Elbe.

In Hamburg war es bereits am 24. Februar 1813 zu einem vielbeachteten Aufstand gegen die französischen Okkupanten gekommen. Dieses hatte der Kosakenoberst Karl-Friedrich von Tettenborn ausgenutzt, um mit seiner Streitmacht Hamburg zu besetzen. Der aus dem badischen stammende Kavallerieoffizier war in russische Dienste getreten und war daraufhin Führer einer aus Kosaken bestehenden Truppe geworden. An der Spitze seines Streifkorps war er den eigentlichen russischen und preußischen Armeen weit vorausgeeilt.

Nach dem Eintreffen der Nachricht, dass Tettenborn und seine Kosaken das geräumte Hamburg besetzt hatten, verließ am 18. März 1813 Fürst Reuß mit der französischen Besatzung überraschend die Stadt Lüneburg auf der Straße nach Bremen. Der nun folgende allgemeine Freudenausbruch von Jung und Alt ist verständlich. Nach zehnjähriger Besatzungszeit ist Lüneburg wieder feindfrei geworden. Der über die Elbe gekommene französische General Morand wollte sich über Winsen nach Lüneburg wenden, aber in der Befürchtung, dass auch dort die Russen bereits eingezogen seien, folgte er dem Fürsten Reuß nach Tostedt. Von hier aus bedrohte er Harburg und Lüneburg, die voll Freude die französischen Adler abgerissen und ihre heimische Behörde wieder eingesetzt hatten. Der Landsturm aus Harburg und der Lüneburger Heide hatte sich nach Harburg zurückgezogen. Durch Kosaken verstärkt, ging er später wieder vor in Richtung Bremen, wurde jedoch am 31. März bei Tostedt zurückgeworfen. In Tostedt selbst hatten sich etwa 500 Franzosen mit etlichen Geschützen bereit gemacht.

Der Kosakenoberst Karl-Friedrich Freiherr von Tettenborn dürfte mit seiner russischen Kosakengruppe im Jahre 1813 in Tostedt gewesen sein

Nach ihrem Rückzug von der Elbe konzentrierten sich die französischen Truppen bei Bremen. Um die Verbindung mit der französischen Hauptmasse wieder herzustellen, erhielt der General Morand von Generalmajor Berthier den Befehl, sich mit seinen Truppenteilen nach Lüneburg zu begeben und die Stadt erneut zu besetzen. Am 26. März brach Morand mit seiner Streitmacht von rund 2500 Mann von Bremen auf und erreichte über Rotenburg (26. März) Tostedt am 27. März 1813. Wegen der Nähe des Feindes wagte er vorläufig nicht, weiter vorzugehen, und bezog in Tostedt Stellung. Der Divisionsgeneral Carra Saint-Cyr, der unter allen Umständen für die Ausführung des an Morand erteilten Befehls eintrat, schickte nun Ende März den noch in Bremen stehenden Teil des 152. Regiments, zwei Bataillone mit Kanonen unter Major Palis zur Unterstützung und Aufrechterhaltung der Verbindung zwischen Bremen und den Teilen der Truppen Morands nach Tostedt. Morand erreichte in Tostedt die Nachricht vom Vormarsch der Truppen des General Victor aus der Magdeburger Gegend auf Lüneburg, um dann dort mit ihm zusammen zu arbeiten. Über die Stärke des vor ihm stehenden Gegners konnte er kein klares Bild gewinnen. Für größere Erkundigungsritte fehlte es ihm an Kavallerie. Deshalb ließ er sich von den durch die feindselige Bevölkerung verbreiteten falschen Nachrichten beirren, die von einer gefahrdrohenden russischen Truppenmacht an der Unterelbe sprachen. Die Unklarheit über die Russen, die seine Truppe zusammen mit den

Freiwilligen und dem Landsturm besonders in den Flanken beunruhigte, ließen ihn einen Angriff auf den Gegner wagen, der ihm doch in Wirklichkeit weit unterlegen war. Hinzu kam noch das Misstrauen, das er seinem sächsischen Truppenteil gegenüber hegte. Durch List war es gelungen, einen Aufruf Tettenborns unter Morands Truppen zu verbreiten, welcher die unter französischem Adler stehenden Sachsen aufforderte, sich der Sache der deutschen Befreier anzuschließen. Später, Mitte April, ergriff in der Nähe Rotenburgs eine ganze sächsische Kompanie geschlossen die Fahnenflucht und nahm unter ihren alten Führern der Hanseatischen Brigade sogleich wieder den Kampf gegen ihre ehemaligen Verbündeten auf.

Als sich die Kunde verbreitete, dass die Franzosen von Tostedt aus Ende März 1813 wieder zur Elbe zurück wollten, forderte der russische Offizier Loffan die Einwohner auf, sich zu bewaffnen. In seinem Aufruf verkündete Loffan ausdrücklich, dass kein Anlass zur Beunruhigung vorläge. Die Werbung der Freiwilligen übertrug der russische Befehlshaber Tettenborn dem früheren hannoverschen Oberstleutnant von Estorff. Er sollte ein Regiment Husaren und ein Regiment Jäger zu Fuß organisieren. Tag und Nacht sollten die Handwerker aus Stadt und Land arbeiten, um die notwendigen Ausrüstungsgegenstände für die Truppe herzustellen. In zehn Tagen mussten die Freiwilligen zum Marsch nach Harburg bereit sein, wo sie genügend Gewehre in Empfang nehmen sollten. Schon nach zwei Tagen veränderte sich die Lage ungünstig. Das Vordringen der Franzosen bedrohte die Sammelpunkte der Freiwilligen vor Harburg. Tettenborn trieb zur Eile an. Von Estorff sollte in einem Eilmarsch durch das vom Feinde bedrohte Land ziehen und unterwegs überall die Kirchenglocken läuten lassen, damit die Bauern aus allen Dörfern unter den Fahnen eines Landsturmaufgebotes sich sammeln konnten. Die Ortschaften an den Straßen der Franzosen zwischen Bremen und Harburg sollten von den Bewohnern geräumt, die Habseligkeiten vergraben werden. Der russische Oberst wollte so die Verpflegung der feindlichen Truppen erschweren. Bei Apensen nahe Buxtehude sammelte sich dann der Landsturm, verstärkt mit Lüneburger Freiwilligen. Es muss ein seltsamer Anblick gewesen sein, all die Bauern, Handwerker und was sonst noch einigermaßen fest auf den Beinen stehen konnte, kamen in ihrer alltäglichen Kleidung mit den seltsamsten Waffen gerüstet hier zusammen. Gewehre wurden mitgeführt, mit denen nur wenige schießen konnten. Sensen, Forken, Piken und was dem Einzelnen sonst an Geräten brauchbar erschien, packten die Fäuste der Männer von Marsch und Geest. Etwa 10 000 Mann sollen es gewesen sein, die sich dann in Richtung Tostedt vorwärts bewegten. Reiter sprengten nach Hollenstedt voraus und als diese meldeten, dass vom Feind nichts zu sehen sei, erschien es dem tapferen Heer ratsamer, ihre Schritte wieder rückwärts zu machen. Der »anstrengende« Marsch hatte die Kehlen trocken und hungrig gemacht. Ein hinreichender Grund sich gründlich zu stärken. So über Moisburg zurückziehend, erreichten sie bald wieder ihre heimatlichen Dörfer. Dieses muss trotz der ernsten Zeit wohl ein seltsamer Kriegszug gewesen sein.

Kosaken rüsten sich zum Angriff

Ende März 1813 war der erneute Vormarsch der Franzosen nicht aufzuhalten. Zu dieser Zeit befanden sich starke Truppenkontingente unter dem Befehl des französischen Generals Morand in Tostedt. Durch den Landsturm verstärkt, gingen die Kosaken zwar wieder vor in Richtung Bremen, wurden jedoch am 31. März bei Tostedt zurückgeworfen. Am 1. April 1813 war die Stadt Lüneburg erneut in französische Hände gefallen. Bei den Schießereien in der Stadt wurden 23 Menschen getötet. Plünderungen blieben nicht aus. Doch am folgenden Tag mussten sich die Franzosen geschlagen geben und kamen in Gefangenschaft. Insgesamt ergaben sich 974 Franzosen und 1766 mit ihnen verbündete Sachsen. Die Verluste waren hoch. Man zählte an diesem 2. April 130 Tote und mehr als 200 Verwundete. Unter ihnen befand sich auch der französische General Morand. Seine Verwundungen waren letztlich so schwer, dass er einige Tage später daran verstarb. Bei diesen Kampfhandlungen zeichnete sich die junge Lüneburgerin Johanna Stegen wegen ihres gezeigten Mutes aus. In der entscheidenden Phase des Angriffs hatte sie preußische Soldaten in vorderster Kampflinie mit fehlenden Patronen versorgt.

Damit hatte sich wieder das Blatt gegen die französischen Okkupanten gewendet. Ab April blieben die Meldungen von den vorrückenden und den in Tostedt gebliebenen französischen Truppen aus, weil die auf der Straße Hamburg-Bremen schwärmenden Kosaken alle Kuriere abfingen. Doch die Franzosen gaben sich nicht geschlagen. Am 25. April 1813 setzte Marschall Davout sein Heer von Bremen aus in Bewegung nach Rotenburg, welches wegen seiner freundlichen Aufnahme der

Russen gründlich geplündert wurde. Beim Einzug in Rotenburg hatte die »Avant-Garde« Davouts unter dem Prinzen Reuß 1200 bis 1500 Kosaken, die einige Kanonen mit sich führten, Richtung Tostedt zurückgetrieben. Hier kam es am 29. April 1813 erneut zu einem Gefecht mit den Franzosen, wobei der Feind empfindliche Verluste hinnehmen musste. Doch der Druck der Franzosen war zu stark. Noch am gleichen Tag erschienen sie vor Harburg. Eine russische Abteilung, welche von Tostedt nach Stade abgedrängt wurde, konnte von dort aus zu Schiff nach Hamburg zurückkehren. Ende April / Anfang Mai 1813 war das ganze Elbufer wieder in französischen Händen – Harburg und Hamburg wieder von den französischen Truppen besetzt. Ebenso wurde Lüneburg am 30. April von Davouts Truppen, die von Tostedt herangerückt waren, eingenommen. Nach diesem Rückschlag für die deutschen Freiheitskämpfer vereinbarte man einen vierwöchigen Waffenstillstand.

Endgültig ging die französische Vorherrschaft über Norddeutschland verloren, als sie am 16. September 1813 die Schlacht bei Göhrde verloren geben mussten. 2000 Franzosen wurden gefangengenommen. Nach und nach mussten sie die besetzten Städte räumen (Bremen am 26. Oktober 1813). Nach der am 19. Oktober für Napoleon verlorenen Völkerschlacht bei Leipzig hatte sich am 25. Oktober 1813 der Ring der alliierten Streitkräfte um Harburg-Hamburg so gut wie geschlossen. Aber erst am 31. Mai 1814 erfolgte der Abzug der Franzosen aus Harburg-Hamburg, was einige Tage später von der Bevölkerung mit einer großen Friedensfeier begangen wurde. Die Okkupanten wurden auch langsam vom platten Lande und aus den Dörfern vertrieben. Bereits im September 1813 bezogen die Kosaken in Tostedt Quartier. Sie hausten hier nicht viel weniger als die Franzosen. An ihren Lanzen hatten sie scharfe Haken, mit denen sie von ihren Pferden herab die Schafe packten. Östlich der Buxtehuder Straße war damals ein Eichengehölz, die »Worth«, gelegen. Hier lagen die Kosaken neben ihrem Lagerfeuer und suchten sich die Läuse ab, während über den Flammen die geraubten Braten prasselten. In bunten Folgen hatten vielerlei Truppen ihren Weg durch Tostedt genommen.

Etwa 120 000 Mann sind bei diesen Hin- und Herbewegungen hier hindurchgezogen und schwer waren die Belastungen, welche sie für die Bevölkerung mitbrachten. Noch härter traf es die Soldaten, die aus der neuen »Hanseatischen Mark« in Napoleons Grande Armee gepresst wurden. Aus Norddeutschland wurden allein 80 000 Soldaten gegen Russland in Marsch gesetzt. Nur wenige sahen ihre befreite Heimat wieder.

Albert Bartels und Klaus-R. Rose (Überarbeitung und Ergänzungen)

Unsere Orte im Ersten Weltkrieg (1914 – 1918)

1. Ausbruch des Krieges

Am 28. Juni 1914 wurden in Sarajewo, der bosnischen Hauptstadt, der österreichische Thronfolger Erzherzog Franz Ferdinand und seine Gemahlin ermordet. Die Erregung in Österreich, welches mit Deutschland verbündet war, und auch im übrigen Ausland war ungeheuer. Da die Ergebnisse der ersten Untersuchungen darauf schließen ließen, dass die serbische Regierung mit im Spiele war, wurden Serbien von Österreich Bedingungen gestellt. Als Serbien dieses Ultimatum in Hinblick auf die erwartete russische Hilfe nur teilweise annahm, erklärte Österreich Serbien den Krieg. Am 1. August 1914 erfolgte auch die deutsche Mobilmachung. Da Russland und Frankreich miteinander verbündet waren, wurde nicht nur der russische Zar Gegner der verbündeten Deutschen und Österreicher, sondern auch der alte Gegner von 1870 / 71. Mit einem Schlag setzte die Kriegsfackel ganz Europa in Brand.

Der Todtglüsinger Lehrer Diedrich Friedrich Heinrich Kuhrs (ab 1883 zunächst als Hilfslehrer eingestellt) hat eine Kriegschronik für diese Zeit verfasst und die Ereignisse der folgenden vier Jahre in einer Kladde niedergeschrieben. Diese liegt zum überwiegenden Teil der folgenden Niederschrift zugrunde. Er schreibt zum Kriegsausbruch:

Die Gewitter, welche schon lange den politischen Horizont getrübt hatten, sollten am 1. August 1914 abends 6 Uhr zur Entladung kommen. Schon am Tage vorher waren Gerüchte über Mobilmachung im Umlaufe, doch immer noch nichts Genaues. Am genannten Tage, es war Sonnabendabend, erschallte mit einmal das Feuersignal, das durch Hörnerblasen angekündigt wurde. In den Kirchorten läuteten die Glocken. Ein Schreck befiel alle Ortseingesessenen. Harmlose glaubten, eine Feuersbrunst sei ausgebrochen. Mitten im Dorfe, auf dem Schulplatze waren viele Neugierige, nichtsahnende Leute zusammengeströmt, die Mobilmachungsordre wurde verlesen und aufmerksam lauschte man dem Vorlesenden. Als man den Sinn der Ankündigung erfasst hatte, ging man ernstgestimmt, teils mit Tränen in den Augen und bangen Herzens nach Hause. Wehrpflichtige Jünglinge besprachen noch die Kriegslage, teils trübe, teils mutig von Kampfeslust erfüllte Gesichter konnte man unter den Versammelten wahrnehmen.

Im Allgemeinen ruhte in den nächsten Tagen die Arbeit. Eine gewisse Unlust machte sich im ganzen Dorfe unter der Einwohnerschaft bemerkbar. Nur die nötigsten Arbeiten wurden verrichtet. Mit Bangen dachten die ausziehenden Kriegsteilnehmer an den Tag des Abschiedes von Eltern und Geschwistern, von Weib und Kind. Einer der ersten Ausziehenden war Hermann Tangermann, der es für seine Pflicht hielt, dem Lehrer und seiner Familie die Hand zum Abschiedsgruß zu reichen. Alle Gefühle in sich unterdrückend zog er, scheinbar fröhlich gestimmt, die Straße zur Bahn. Mit den besten Wünschen für eine glückliche, baldige Heimkehr wurde er mit dem stillen Wunsche »Gott schütze Dich« von der Lehrerfamilie entlassen. Nach einjährigem Kampfe kommt er als Kriegsinvalide mit lahmen Arm zurück. Fast jeden Abend erschienen im Lehrerhause Kriegseinberufene, um von ihrem Lehrer und seiner Familie Abschied zu nehmen. Ca. 45 junge, wehrfähige Leute wurden bis zum Herbst des Jahres eingezogen. Während zu Anfang nur Reservisten und danach geübte Landwehr- und Landsturmleute eingezogen wurden, blieben auch nachher die unausgebildeten Einwohner bis zum Alter von 45 Jahren nicht verschont. Mit schwerem Herzen musste der Ackerbauer seine Scholle verlassen und in den Heeresdienst eintreten. Der letzte von den Dienstpflichtigen war der Halbhöfner Wilhelm Busch. In den ersten Tagen des Januar 1917 verließ auch er unseren Ort.

Zur Situation in den ersten Kriegswochen weiß Kuhrs zu berichten: *Der Eisenbahnverkehr war in den ersten Tagen nach der Mobilmachung immer überfüllt. Kranke verließen schleunigst die Bäder. Alle Schmerzen vergessend fuhren sie der Heimat zu. Ausflügler unterbrachen ihre Reise, Geschäftsreisende wurden nach ihrem Ausgangsort zurückgerufen. Aber nur einige Tage wurde der Verkehr freigegeben, dann wurde nur Militär und was damit im Zusammenhang stand, befördert. Beladene Güterwagen wurden einfach entladen und erreichten ihren Bestimmungsort nicht. Der Raum für Güter auf dem Bahnhof lag bis oben hin voll und die Waren warteten der Beförderung. Die leeren Wagen wurden der Militärverwaltung zur Verfügung gestellt. Der Bahnhof war bald wagenleer. Der Reiseverkehr war aufgehoben. Militärzüge rollten in kurzen Zwischenräumen (¼ bis ½ Stunde) auf den Schienen entlang dem Westen zu. Helle Begeisterung herrschte unter den Kriegern. Mit Kreide bemalte Bahnwagen deuteten auf die Siegeszuversicht unserer jugendlichen Soldaten hin. Inschriften wie »Wilhelm II. Kaiser von Europa«, »jeder Schuß ein Ruß«, »zum Pariser Schützenfest«, »zum Pariser Abtanzball« etc. waren viel zu lesen. Auch Strohpuppen, die Franzosen oder Russen darstellen sollten, waren in und an den Wagen aufgehängt und wurden zum Gaudium des Publikums verprügelt. Man war allgemein der Ansicht, der Krieg würde nur ein »kurzer Spaziergang nach Paris sein« und Weihnachten wäre man wieder zu Hause. – Für anhaltende Militärzüge wurden auf Wunsch der Verwaltung Kübel mit frischem Wasser hingestellt, von den Bewohnern von hier und aus Tostedt eingekochter Beerensaft gespendet. Späterhin reichte man den Kriegern am Bahnhof frischen Kaffee mit Brötchen, bot ihnen Zigaretten, Zigarren, Schokolade, Obst, Blumen, belegte Butterbrote und dergleichen an. Mehrere Einwohner, die ein sehr warmes Herz für die Krieger zeigten, trugen mit einem Tragholz große Körbe voll Esswaren zum Bahnhofe und händigten sie den Kriegern aus. Den größten Humor zeigten die Marinesoldaten. In den Wagen war es ihnen zu eng. Sie standen und saßen bei der Fahrt über den Bahnhof auf Trittbrettern, auf den Plattformen und oben auf den Bahnwagen, vergnügt eine Zigarre oder Zigarette rauchend.*

Auch der junge Tostedter Albert Bartels konnte das unruhige Treiben am Bahnhof beobachten und hat seine Eindrücke in seinem Tagebuch festgehalten: *Tag für Tag rollten Anfang August 1914 die Züge voller Soldaten am Tostedter Bahnhof vorbei. Einige davon hielten mitunter kurz an. Dann wurden den Soldaten Butterbrote gereicht, die in großen Wäschekörben zur Bahn getragen wurden, sowie Blumen über Blumen. Vater sagte, die Blumen sollten die Leute für die heimkehrenden Truppen spenden, jetzt noch nicht. Von den vielen Liebesgaben hatten die Soldaten alle genügend. So flog manches Butterbrot schon bei der Brücke auf den Bahndamm und die Blumen dienten den Pferden als Futter.*

2. Die Folgen des Krieges in der Anfangszeit

Alle unsere Sorge im Hinblick auf die große Zahl unserer Feinde ist der Freude gewichen, seit die Heldentaten der Unseren bekannt wurden, berichtet Chronist Kuhrs. *Als die Franzosen am 17. bis 20. August aus Lothringen vertrieben wurden, und am 9. Oktober Antwerpen fiel, da flatterten die Fahnen ob der ungeahnten Erfolge unserer tapferen Krieger. Helle Vaterlandslieder erklangen in der Schule und auf der Straße.* Doch nicht immer war man hinsichtlich der Kriegslage so wohlgemut wie in den ersten Wochen. Im Herbst 1914 erschien die Lage an der Ostfront für die Deutschen sehr bedrohlich. Ende November 1914 mussten ostpreußische Flüchtlinge aufgenommen werden. Die Kriegsmaßnahmen im Osten machten eine Räumung großer Teile von Ostpreußen (14 Kreise) notwendig. Die Bewohner wurden nach Mittel- und Norddeutschland gebracht. Den Familien wurden leerstehende Wohnungen zugewiesen, die von der Gemeinde oder Nachbarn mit Möbeln und Haushaltsgegenständen ausgestattet wurden. Von den Einwohnern erhielten sie Feuerung, Brot, Kartoffeln, Fleisch und sonstige notwendige Esswaren. Sie waren froh, jetzt ruhig und sicher leben zu können. Einige erzählten von dem vielen Ungemach, das ihnen von den Russen zugefügt worden sei. Fast alle hatten ihr gesamtes Hab und Gut verloren. Doch der Aufenthalt der ostpreußischen Flüchtlinge sollte nicht allzu lange dauern. Bald war die Gefahr ausgestanden. Mit den Niederlagen der Russen bei Tannenberg und an den Masurischen Seen, bei denen sie etwa 200 000 Mann an Toten und Gefangenen verloren, wurde Ostpreußen wieder frei. Im April 1915 reisten die meisten Flüchtlinge wieder ab.

Marine-Opfertag 1916

Die Gefechte im Westen verliefen nicht so erfolgreich. Schwer waren die Kämpfe an Frankreichs Grenzen und Ströme von Blut flossen hüben und drüben. Gleicher Mut und gleiche Tapferkeit beseelten die Angreifer und Verteidiger. Was die Deutschen von Februar bis Mai 1916 erobert hatten, ging im Oktober 1916 wieder verloren. Ebenso vergeblich waren die Versuche der Gegner, die deutsche Abwehrfront zum Einsturz zu bringen. Mit Unmassen von Munition überschütteten sie die deutschen Stellungen an der Somme und bei Verdun. Aber die deutschen Soldaten harrten in den zerwühlten, zerrissenen Schützengräben aus und wehrten die Angreifer unter hohen Verlusten ab. Aufgrund dieser schweren Kämpfe sowohl im Osten als auch im Westen, war es nur eine Frage der Zeit, bis die ersten Toten und Verwundeten auch in unseren Dörfern zu beklagen waren. Der erste aktive Soldat aus unserem Kirchspiel, der an der Ostfront fiel, war der vierunddreißigjährige Wistedter Gustav Böttcher. Er wurde seit dem 17. August 1914 vermisst. Weitere Todesmeldungen folgten noch im August des gleichen Jahres: Der Todtglüsinger Haussohn Hermann Schlaphof starb am 27. August 1914. Bereits einen Tag später fiel der erste aus Tostedt stammende Soldat W. Brockmann und am 29. August Hermann Poppe aus Wistedt. Die drei zuletzt genannten Soldaten mussten im Osten in der großen Schlacht gegen die Russen bei Tannenberg ihr Leben lassen. In Dohren hieß der erste Gefallene übrigens Wilhelm Aldag (30. Oktober 1914). Bereits in diesem ersten Kriegsjahr blieben siebzehn Tostedter, vier Todtglüsinger und je drei aus Wistedt sowie Dohren im Felde.

Wie sah es derweil in der Heimat aus? Dazu weiß wieder Lehrer Kuhrs einiges zu berichten:

Im Frühjahr 1915 setzte auch der Personen- und Güterverkehr auf der Bahn wieder ein. Doch fuhren die wenigen Personenzüge sehr langsam. Auch kam es vor, dass plötzlich Personenzüge ausfielen und die Fahrgäste den Weg zu Fuß antreten mussten. Die Fahrzeit nach Hamburg dauerte bisweilen bis zu vier Stunden. Schnellzüge verkehrten überhaupt nicht. Bald wurden Militärtransporter immer weniger, steigerten sich natürlich, wenn Truppenverschiebungen stattfanden. Bald fuhren auch nach langer Unterbrechung wieder Schnellzüge über unseren Bahnhof. Wirklich etwas ganz Neues. Erstaunlich blieb die wiedereingekehrte Schnelligkeit, mit der mancher gar nicht mehr gerechnet hatte. Als der Kampf ein Jahr gedauert hatte, stellten sich auch die ersten Urlauber ein. Die abgespannten Soldaten, die nun ein Jahr lang dem Kampf beigewohnt und im stärksten Feuer der Feinde standgehalten hatten, bedurften der Erholung für einige Wochen. Damit sie recht schnell den Weg von und zur Front zurücklegen konnten, wurden Urlauberzüge eingerichtet, welche die Krieger rasch beförderten. Bei der großen Zahl der Urlauber trat natürlich eine Überfüllung der Züge ein. Die Sitzgelegenheiten reichten nicht aus und mancher verwundete Soldat musste viele Stunden stehend im Bahnwagen verbringen. Doch der Gedanke an die Heimat half dem Heimkehrenden auch dieses kleine Übel zu ertragen.

Der Postverkehr erlitt sofort nach Beginn des Krieges eine Einschränkung. Wegen des unregelmäßigen Eisenbahnverkehrs reisten Briefe, Pakete und Zeitungen sehr lange. Siegesnachrichten wurden in erster Zeit durch Telegrafen und Telefon überbracht und an der Post durch Aushang bekannt gegeben. Feldpostkarten und -briefe wurden bald wegen der Portofreiheit viel benutzt und bereiteten den Postämtern viel Arbeit. Zu Anfang wurden die Postbeamten herab bis zum Landbriefträger als unabkömmlich bezeichnet und dieser oder jener, der ein körperliches Gebrechen aufzuweisen hatte oder überhaupt in jüngeren Jahren kein Soldat gewesen war, entzog sich dem Kriegsdienst. Als aber immer mehr Truppen an der Front verlangt wurden, hob man auch die männlichen Postbeamten aus. Zahlreiche junge Mädchen und junge Frauen, deren Männer eingezogen waren, versahen den Bestelldienst. Kuhrs berichtet: *Hier im Orte trat zuerst Marie Peters, die Postmütze stolz auf dem Haupte, ihre Botengänge an. Sie hat treulich bei Frost und Hitze, Schnee- und Regenunwetter ausgehalten.*

Zu Anfang des Krieges verweilten im Lande auch noch viele feindliche Ausländer, die sich scheinbar harmlos stellten, aber doch durch Sprengungen von Eisenbahnen und Brücken gefährlich werden konnten. Es war der Verwaltung nicht möglich, das Land sofort davon zu säubern. Darum wurden, um Verkehrsstörungen zu verhüten, an den Bahnen und Chausseen entlang, besonders bei Brücken, militärische und Zivilwachtposten aufgestellt zur Beaufsichtigung der Verkehrswege und der Telephon- und Telegraphenanlagen. Von Spionen wurde viel gesprochen, doch ist es niemals gelungen, hier einen solchen ausfindig zu machen.

Feindliche Flieger durchkreuzten anfangs vielfach Deutschland, doch haben wir hier kein Flugzeug gesichtet.

Zu Beginn des Krieges durchfuhren auch noch viele feindliche Automobile unsere Gegend. Da auch diese gefahrvoll für uns werden konnten, wurde angeordnet, alle Autos, die auf öffentlichen Straßen verkehrten, anzuhalten. In allen größeren Orten wurden beauftragte Zivilpersonen damit betraut, alle Kraftfahrzeuge anzuhalten und die Ausweispapiere zu prüfen. Um ein Entweichen unmöglich zu machen, versperrte man die Straßen durch plötzlich vorgeschobene Ackerwagen. Beim Vorschieben der Wagen auf die Straße tat sich besonders die größere Schuljugend hervor.

Zur Beschaffung der nötigen Reit- und Wagenpferde für die Armee wurden bald allerorts Pferdemusterungen abgehalten. Zunächst wurden die Pferde, welche schon in Friedenszeiten für kriegsverwendbar erklärt waren, zu den Musterungen beordert. Die kräftigsten, stattlichsten Tiere wurden in Harburg angekauft und der Heeresverwaltung zugeführt. Die Preise bewegten sich im Herbst 1914, je nach Alter und der Verwendbarkeit zwischen 900 bis 1200 Mark. Mancher Bauer musste seine Lieblingstiere, deren Treue und Zuverlässigkeit ihm bekannt waren, durch alte Invaliden vertauschen. Der Pferdehandel lebte auf. Mancher Bauersmann kam bald zur Einsicht, dass er mit der Ackerbestellung nicht so viel verdienen konnte wie mit dem Pferdehandel. Ein Gastwirt und Hofbesitzer aus Tostedt gründete auch ein Pferdegeschäft. Wegen der ungeheueren Nachfrage nach Pferden setzte er, wie verlautet, an manchen Tagen bis zu zehn Pferde ab. Der Verdienst lohnte sich, da manche Bauersleute gezwungen waren, für die abgegebenen Pferde an das Heer, sich anders zu hohen Preisen neue zu verschaffen. Die Ackerbestellung durfte ja nicht gestört werden. Fortwährend fanden Pferdemusterungen statt, so dass künftig auch weniger wertvolle Tiere von der Kommission angekauft wurden. Im Herbst 1916 war der Preis von 3000 Mark für ein junges, arbeitsfähiges Pferd keine Seltenheit mehr. Je 3400 bis 4000 Mark wurden von Händlern gezahlt. Für alte Tiere, die man in Friedenszeiten zum Schlachten verkauft hätte, wurden mindestens 1000 Mark ausgegeben. Im Frühjahr 1918 zahlte man für ein junges, kräftiges Ackerpferd bis zu 6000 Mark, den Sommer 1918 kosteten gute Ackerpferde bis 8000 Mark.

3. Die Arbeitslage auf den Dörfern

Nachdem sämtliche Reservisten zum Heeresdienst eingezogen waren, stellte sich im Sommer 1914 Arbeitermangel ein. Viele Bauernsöhne, Knechte, Tagelöhner, Fabrikarbeiter, Handwerker verließen mitten in der Ernte unseren Ort. Die Bauern, denen es an Arbeitskräften mangelte, kamen in die größte Verlegenheit. Ein Aufruf der Behörde an das Pflichtgefühl tat Wunder. Die kleineren Grundbesitzer halfen den größeren die Ernte einzubringen. Das weibliche Geschlecht trat vor allen Dingen in Tätigkeit. Größere Schulkinder beteiligten sich an der Arbeit und halfen nach Kräften. Ein jeder wollte sich dem Vaterlande in seiner Weise dankbar erweisen. Zur Kartoffelernte waren genügend Arbeitskräfte vorhanden und wurde die Frucht in diesem Jahr nicht später eingebracht wie in den vorangegangenen. Im nächsten Frühjahr wurden Kriegsgefangene zur Hilfeleistung bei der Arbeit angeboten. Größere Bauern machten davon Gebrauch, obgleich eine gewisse Abscheu vor den »Feinden« anfangs nicht unterdrückt werden konnte. Als man jedoch merkte, dass die Kriegsgefangenen absolut nichts Böses im Schilde führten, schenkte man ihnen mehr Vertrauen. Ja, man behandelte sie bald als zur Familie gehörig, beschenkte sogar die Fleißigen, bewirtete sie ausreichend mit Speisen und versuchte ihnen den Aufenthalt in unserem Lande recht bequem zu machen. Von der Behörde wurde freilich die Handlungsweise der Arbeitgeber getadelt. Doch je besser die Kriegsgefangenen behandelt wurden, desto mehr arbeiteten sie. Eigensinnige und Faule wurden den Gefangenenlagern zugeführt, wo sie bei schmaler Kost den ganzen Tag arbeiten mussten. Mancher Einsichtsvolle zog die gute Kost beim Bauern der schmalen Kost der Gefangenenlager vor. Im Jahre 1915 und 16 wurden die Gefangenen jeden Morgen abgeholt von Kaufmann Bostelmann in Tostedt, der für sie die Brennerei als Nachtraum hergestellt hatte, – und jeden Abend von den Arbeitgebern wieder hingeleitet. Ende 1916 wurden die Gefangenen von Wachtposten morgens gebracht und abends abgeholt. Im Winter 1916 / 17 wurde es sogar einigen Gefangenen gestattet, im Hause des Arbeitgebers zur Nachtzeit zu verbleiben.

Auf befundenen Antrag wurde schließlich hier in Todtglüsingen ein Raum für die Gefangenen im Hause des Halbhöfners Wilhelm Busch eingerichtet. Der Kornboden war fast leer, weil das überschüssige Korn abgeliefert werden musste. Nachdem vor den Fenstern eiserne Stangen angebracht und Schlafstellen hergerichtet worden waren, zogen die Belgier, Engländer und Russen ein. W. Busch übernahm die Aufsicht bis zu seiner Entlassung vom Militär. Die Kriegsgefangenen fühlten sich recht wohl. An den Sommerabenden schallte ihr Gesang aus den geöffneten Fenstern in die Abendluft hinaus. Aus ihrer fröhlichen Unterhaltung merkte man, dass sie sich ganz wohl fühlten. Im Juli 1918 wurden die Kriegsgefangenen im Häuslingshaus von W. Busch untergebracht. Heinrich Lührsen übernahm die Aufsicht. Sobald der Waffenstillstand unterzeichnet war, wanderten Belgier, Franzosen, Engländer aber ab. Die Russen mussten wegen der Grenzunruhen noch bleiben. Sobald die Demobilisierung der deutschen Soldaten aus dem Heer kam, war der Arbeitermangel gehoben. Ja, man wusste den Entlassenen kaum zur Winterszeit Arbeit zu verschaffen. Die Eisenbahn beschäftigte in dieser ersten Zeit viele und zahlte hohe Löhne. Bei achtstündiger Arbeitszeit wurden täglich 11,20 Mark von Erwachsenen über 27 Jahre verdient.

Im Herbst 1914 stellte die Zinnhütte am Bahnhof ihren Betrieb ein, weil die Erze aus Südamerika nicht mehr eintrafen. Dadurch wurden den Ackerbautreibenden neue Kräfte zugeführt. Die Einberufungen zum Heere hörten aber nicht auf. Die zähe Widerstandskraft der Feinde forderte immer mehr Soldaten. Jünglinge von 18 bis zu Männern von 47 Jahren wurden fortwährend eingezogen. Am 4. Januar 1917 musste der letzte von den älteren, der 48jährige gediente Hofbesitzer Wilhelm Busch seinen Hof verlassen und des Kaisers Rock anziehen. Nach etwa einjähriger Dienstzeit als Wachmann wurde er als Erster entlassen.

4. Mangeljahre

Während im Zweiten Weltkrieg die Angst vor Bombenangriffen feindlicher Flieger die Zivilbevölkerung in den Dörfern in Angst und Schrecken versetzte und ihren täglichen Lebensrhythmus besonders in den beiden letzten Jahren des Krieges maßgeblich bestimmte, machte im Ersten Weltkrieg zu allererst die wirtschaftliche Not den Leuten täglich zu schaffen. Schon in den ersten Monaten des Weltkrieges zog der Mangel in unser Land ein. Gleich nach Ausbruch des Krieges wurden die Mittelmächte von allem Nachschub aus Übersee abgeschnitten. Sie mussten sich selbst versorgen. *Unsere Feinde wollen Deutschland durch Aushungern zum Frieden zwingen*, schreibt der Chronist in die Kriegschronik und weiter: *Da fast jegliche Einfuhr abgeschnitten ist, müssen wir mit allen Nahrungsmitteln sparsam umgehen, besonders mit dem Brote.* Stockung in Handel und Verkehr bedingten die Verteuerung der Lebenshaltung. Die Preise der Produkte und Waren fingen an allmählich anzuziehen. Sämtliche Kolonialwaren erlitten bald eine Steigerung, wenn auch noch in bescheidenen Grenzen. Der Aufschlag betrug zunächst auf das Pfund nur 10, 20 oder 30 Pfennig. Kuhrs weiß darüber zu berichten: *Eigentümlich war, dass eines Tages inländische Produkte wie Salz, Mehl und anderes plötzlich viel gekauft wurden, weil das törichte Gerücht aufgekommen war, künftig gäbe es dieselben nicht mehr. Ein*

Kaufmann in Tostedt hatte sofort den Preis des Salzes von 10 auf 12 Pfennig erhöht und die Verbraucher kauften sackweise, weil man jenem Gerücht Glauben schenkte. Als sich nachher herausstellte, dass es nur ein billiges Geschwätz gewesen war, drohte man dem Kaufmann die Schaufenster zu zertrümmern.

Bereits in der Sitzung des Bundesrats vom 4. August 1914 wurden Maßnahmen getroffen zur Abhilfe wirtschaftlicher Schädigungen. Am 28. Oktober 1914 erschien das Verbot des Verfütterns von Brotgetreide und Mehl. Im Weizenbrot musste 10 v. H. Roggenmehl und im Roggenbrot 5 v. H. Kartoffeln enthalten sein. Höchstpreise für Weizen, Gerste, Roggen und Kleie wurden festgesetzt. Wenige Wochen später durften Höchstpreise für Kartoffeln nicht überschritten werden. Wegen Nichtbeachtung der gegebenen Vorschriften wurden die Verordnungen am Schluss des Jahres verschärft. Der Weizen musste künftig zu 80 v. H. und der Roggen zu 82 v. H. ausgemahlen werden. Am 25. Januar 1915 erfolgte die Beschlagnahme von Brotgetreide und Mehl. Um eine gleichmäßige Verteilung des Brotgetreides auf die Bevölkerung durchzuführen, wurden Brotkarten eingeführt. Nach Erhebung der Kornvorräte trat eine Massenabschaffung des Viehes, besonders der Schweine, ein. Am 15. Februar wurde der Höchstpreis der Kartoffeln wegen eingetretenen Wuchers auf 5 Mark pro Zentner festgesetzt. Unser Chronist berichtet: *Eine Aufnahme der Kartoffelbestände am 15. März ergab ein günstiges Resultat. Nach Öffnung der Mieten zeigte sich ein Überfluss an Kartoffeln, so dass wir einen großen Vorrat an diesen Früchten mit ins kommende Erntejahr hinübernehmen konnten. Der Ertrag an Erntefrüchten im neuen Wirtschaftjahr ist ein zufriedenstellender. Die Kartoffeln ergaben eine gute Mittelernte, der Roggen lieferte gute Erträge, doch der Hafer versagte. Die Behörde erließ strenge Verordnungen in Bezug auf das Verfüttern von Hafer an Pferde, Kühe und Schweine. Die Kartoffelernte im Jahre 1916 war durchweg als schlecht zu bezeichnen. Die Frühkartoffeln lieferten gute Erträge. Da sonst allenthalben ungünstige Berichte über schlechte Ernten vorlagen, bestimmte das Landratsamt pro Kopf und Tag für die Landbevölkerung 1 ½ Pfund, für Schwerarbeiter 2 Pfund. Nach dem 1. Januar 1917 verringerte sich der tägliche Bedarf auf 1 Pfund. Nur kleine, für die Ernährung und zum Pflanzen ungeeignete Kartoffeln durften an Federvieh und Schweine verfüttert werden.*

Zunächst waren alle Viehbesitzer auch mit einer Kuh lieferungspflichtig. Später wurde den letzteren die Lieferung erlassen. Es wurde aber denen dann keine Butter geliefert. Die Milchlieferanten erhielten in den ersten Monaten pro Kopf und Woche 180 g Butter und Magermilch zurück, die Haushaltungen ohne Vieh 90 g Butter und konnten sich Magermilch auf der Meierei zu 10 bzw. 15 Pfennig kaufen. Den Viehbesitzern in Langeloh und Neddernhof wurde gestattet, die Milch selbst zu verbuttern und die Butter an die Verteilungsstelle (Vollrath) abzuliefern. Die Milchliefernden erhielten bald statt 180 g nur 129 g Butter pro Kopf und Woche. Die Beförderung der Vollmilch zur Meierei Tostedt übernahm der Abbauer Friedrich Albers, der für jede Fahrt nach Tostedt 6 Mark erhielt. 1918 wurde die Milchmenge immer weniger. Für bessere Magermilch zahlte man auf der Meierei pro Liter 20 Pfennig. Die Vollmilch kostete auf der Meierei 30 Pfennig, Butter gleich 4 Mark pro Pfund.

Den Milchwagen von Langeloh und Neddernhof fuhr der Abbauer Peter Busch aus Neddernhof von 1918 an. Die Milcherzeuger erhielten 1918 pro Kopf und Woche 100 g. Im März 1919 wurde diese Menge auf 65 g herabgesetzt. Viehlose Haushaltungen erhielten die halbe Menge Butter.

5. Aufruf zu öffentlichen Sammlungen

Auf Anregung der Militär- und Zivilverwaltungen wurden vielfach Sammlungen veranstaltet. Für die in den Lazaretten liegenden verwundeten Soldaten wurden zur Stärkung Eiersammlungen durchgeführt. Viele Hunderte wurden gebracht und beim Roten Kreuz eingeliefert. Zur Füllung der Schlafsäcke auf dem Truppenübungsplatz Munster wurde eine Papiersammlung veranlasst. Besonders Druckpapier, aber auch Schreib- und Einwickelpapier wurden von der Verwaltung entgegengenommen. Große Säcke wurden in kurzer Zeit gefüllt und ihrem Bestimmungsort zugeführt. Die Papiermassen wurden hier einer besonderen Verarbeitung unterzogen und ersetzten viele tausende von Wolldecken.

In den ersten beiden Kriegsjahren wurde auch auf Veranlassung der Behörde das Ährensammeln auf den abgeernteten Feldern betrieben. Die Lehrer zogen an einigen besonders günstigen Tagen mit den Schulkindern auf die Felder, um die beim Mähen abgeschnittenen, nicht von der Schleppharke erfassten vollen Ähren aufzulesen. Einige Zentner Korn wurden auf diese Weise gewonnen und vom Lehrer verkauft. Der Erlös wurde der Kriegshilfe überwiesen. Das Beispiel der Schulkinder fand Nachahmung. Viele Kinder und Erwachsene nutzten die freien Tagesstunden, um selbständig zu sammeln. Man verfütterte das gewonnene Korn an die hungrigen Haustiere, besonders an die Hühner, die durch Eierlegen die Mühe reichlich belohnten. In den folgenden Kriegsjahren waren die Ernten reichlicher, so dass das Ährenlesen unterblieb.

Die große Brennessel, deren Fasern zur Herstellung von Nesseln verwandt werden sollten, wurde auch von Schulkindern gesammelt. Leider kommt die Brennessel in unserem Orte, so der Lehrer, *recht wenig vor. Nur vereinzelt wächst sie an Hecken, auf Schutthaufen und unter gelagertem Buschholz. Mit Handwagen wurden die mit großer Mühe gesammelten Stauden auf die Heide zum Trocknen gefahren. Doch als die getrockneten Stengel abgeliefert werden sollten, waren die Kinder erstaunt über die geringe Menge, welche nach dem Trocknen übriggeblieben war. Die entblätterten Stengel ergaben nur das geringe Gewicht von 60 Pfund.*

In der Zeit vom 1. bis 7. Juni 1917 wurde eine U-Bootspende ins Leben gerufen. Die Sammlung sollte den tapferen U-Bootleuten zugute kommen und von zuverlässigen Kindern, die der Schule entwachsen waren, ausgeführt werden. Die angeordnete Haussammlung ergab für Todtglüsingen 114,52 Mark, die Straßensammlung 30,47 Mark. Bei der Straßensammlung wurde besonders der Bahnhof aufgesucht. Weil der Sammeltag ein Sonntag war, an welchem viel Verkehr auf dem Bahnsteig herrschte, wurden sämtliche Reisende um ein Scherflein für die U-Bootfahrer angesprochen.

Postkarte aus Tostedt 1915

6. Abgabe von Goldmünzen und Schmuck sowie Zeichnung von Kriegsanleihen

Um das Goldgeld möglichst der Reichsbank zuzuführen, wurden die Lehrer beauftragt, in den Schulen Sammlungen von 20- und 10-(Gold)Markstücken vorzunehmen und gegen Papiergeld einzutauschen. Mit vieler Mühe und unter Rücksprache mit den Eltern der Schulkinder und wohlhabenden Einwohnern gelang es den Lehrern, die geringe Summe von 450 Mark in Gold zu sammeln. Die in den Verkehr gebrachten bedruckten Papierscheine wurden nur ungern und mit Widerwillen gegen Goldgeld eingewechselt. Hätte man zu dieser Zeit schon geahnt, welchen ungeheueren Wert Gold- und Silbergeld späterhin haben würde, hätte sicherlich niemand die wertvollen Münzen eingetauscht, sondern sie lieber im Strumpf für spätere Zeiten aufbewahrt. Doch keiner konnte wissen, dass die Papiermark einmal keinen Wert mehr haben würde. Auch alte und unmoderne Gold- und Silberschmucksachen wurden durch Bemühungen der Lehrer von Kindern gesammelt und an die entsprechenden Verwertungsstellen eingesandt. Nebenbei wurden von solchen Einwohnern, die keine Gold- und Silbersachen besaßen, auch Geld entgegengenommen. Kuhrs berichtet, dass für Todtglüsingen 74,50 Mark zusammengebracht wurden. Den reichlichen Spendern wurden Kriegsringe und Eisenmünzen (»Gold gab ich für Eisen«) zu 50 Pfennig das Stück angeboten. 48 Ringe wurden bestellt als Erinnerung an die dem Vaterlande geschenkten Schmucksachen.

»Zum Kriegführen gehört sehr viel Geld!« Diese Erfahrung hatte auch der preußische »Große König« (Friedrich der Große) gemacht. Je länger der Krieg dauerte, desto leerer wurden die staatlichen Kassen. Drei Kriegsanleihen waren schon gezeichnet und jedes Mal waren die Zeichnungen höher ausgefallen als man angenommen hatte. *Das deutsche Volk zeigte durch seinen Opfermut den energischen Willen, um des Geldes Willen den Krieg nicht zu verlieren. Die Hoffnungen der Feinde, der Krieg müsste bald wegen Geldmangel eingestellt werden, bewahrheitete sich nicht.* Um nun der vierten Anleihe zum Erfolg zu verhelfen und um das weniger bemittelte Publikum an der Anleihe teilnehmen zu lassen, sollte auch die Schuljugend mit ihren Ersparnissen mithelfen. Der Aufruf an letztere verfehlte nicht seine Wirkung. Jedes Kind, ob bemittelt oder arm, zeichnete nach Kräften. Die gezeichneten Beträge bewegten sich zwischen 1 bis 500 Mark. In der Summe wurden für Todtglüsingen 4412 Mark zum April 1916 zusammengebracht, so Kuhrs.

7. Fürsorge für die Kriegsteilnehmer

Sobald der Krieg begann, wurde in Todtglüsingen und sicherlich auch in Tostedt und anderen Orten, eine Kriegshilfe ins Leben gerufen. Es wurde den Versammelten vorgestellt, dass der Krieg doch manche Familie in Not bringen würde, da der Ernährer eingezogen war. Auch die Kämpfenden im Felde sollten unterstützt werden, weil es der Armeeverwaltung doch nicht möglich sein würde, sie alle befriedigend zu beköstigen und für den Winter mit warmer Kleidung zu versehen. Die Anregung, in Tostedt ein Lazarett für verwundete Krieger einzurichten, wurde fallen gelassen. Die Kosten der Unterhaltung des Lazaretts würde doch zu teuer zu stehen kommen. Eine Sammlung freiwilliger Beiträge für die Kriegshilfe ergab in Todtglüsingen die Summe von 514,50 Mark. Weitere Haussammlungen im Herbst 1914 ergaben 266,10 und 317,85 Mark. *Ende Oktober 1914 wurden Pakete mit reichlich Wollsachen und Lebensmitteln, nahezu 10 Pfund schwer, an 46 im Felde weilende Krieger dieses Dorfes (Todtglüsingen) abgesandt. Kurz vor Weihnachten wurden Weihnachtspakete geschenkt. Der Inhalt bestand aus Lebensmitteln, außerdem Taschenlaternen mit Batterien, Strümpfen, Handschuhen, Kopfschützern, Kerzen, vielen Mettwürsten, ganze Speckseiten, Schinken, Butter usw. Alles wurde von mildtätigen Händen geschenkt. Nach Weihnachten wurden noch einmal kleinere Pakete mit Strümpfen, Pulswärmern, Kniewärmern und Zigarren abgesandt. An der Herstellung der Wollsachen hatten sich die Schulmädchen in hervorragender Weise beteiligt. Wolle war noch genügend vorhanden, deshalb wurde fortwährend in den Handarbeitsstunden gestrickt. Im Herbst 1915 wurden nochmals kleine Weihnachtspakete gepackt. Die Wolle war schon sehr teuer, 1 Pfund kostete damals 6 bis 8 Mark. Späterhin war es nicht mehr möglich, Pakete an Krieger zu versenden, da für Geld nichts mehr zu kaufen und vieles beschlagnahmt war. Zur Unterstützung bedürftiger Kriegerfrauen wurden bis Anfang 1917 270 Mark verwandt.*

Die Todtglüsinger, Tostedter und alle anderen Gemeinden auch, beteiligten sich an sogenannten Gemeinschaftssammlungen des Kreises. Doch je länger der Krieg sich hinzog und Mangel sich durch die Blockade der Alliierten allenthalten bemerkbar machte, desto mehr wurden die Aktionen von der Obrigkeit anbefohlen. So im Jahre 1915 die Reichswollwoche. Wenig später wurden von den Schulkindern im Rahmen der Aktion »Gummisammeln« alte Gummiräder und Schläuche eingesammelt. 1915 erfolgte auch die Meldepflicht und Beschlagnahme von Gegenständen aus Kupfer, Bronze, Messing und Reinnickel. Zu diesem Zweck sollten auch zum Ende des Krieges die beiden Tostedter Glocken abgegeben und eingeschmolzen werden (1917). Sie wurden zwar ausgehängt und abtransportiert, doch zum Glück blieb ihnen das Schicksal der Vernichtung erspart. Gegen Ende des Krieges standen sie noch auf einem Sammelplatz an der Elbe, um verwertet zu werden. Auf Hinweis eines Tostedter Landwehrmannes, der diesen Sammelplatz bewachte, gelang es dem damaligen Bürgermeister Gerlach im Frühjahr 1919 sie von dort zu retten. Auch wurden die Einwohner regelmäßig aufgefordert, Kriegsanleihen zu zeichnen. Im April 1918 wurde die achte Anleihe aufgelegt. Die Gemeinde Tostedt zeichnete den erheblichen Betrag von 100 000 Mark. Am 4. November 1918 wurde im Gemeinderat beschlossen, bei der neunten Kriegsanleihe wiederum 100 000 Mark zu übernehmen. Ob es noch einige wenige Tage vor dem Umsturz zur Zeichnung derselben kam, ist nicht bekannt.

8. Der Schwarzmarkt blüht

Lehrer Kuhrs weiß zu berichten: *Da der Mangel an Nahrungsmitteln ab 1917 sich immer schärfer bemerkbar machte (besonders dieser harte Winter brachte den Städtern viel Hunger und ging als sogenannter »Steckrübenwinter« in die Kriegsgeschichte ein), setzte nun der Schleichhandel ein. Viele der Familien mit ihren Kindern wollten nicht länger Hunger leiden. Das Dargebotene auf den Lebensmittelkarten reichte nicht vorn und hinten. Die immer schärfere Rationierung hatte eine doppelte Folge: Der Erzeuger suchte sich der strengen Erfassung zu entziehen. Er suchte zu behalten, zu verstecken, was er beiseite schaffen konnte. Der Verbraucher dagegen suchte sich über das Zugeteilte hinaus etwas zu verschaffen. Das »Hamstern« begann. Da mit der Zeit die zugebilligten Nahrungsmittel für die Erhaltung von Menschen und Vieh zu niedrig bemessen waren, suchte man das Übrige vor den Augen der revidierenden Kommissions-Mitglieder zu verbergen. Dazu wurden die mannigfaltigsten Verstecke benutzt. Ganze Fuder Korn wurden nachts in die Schuppen der Viehweiden gefahren, wovon dann vieles gestohlen wurde. Andere pflügten Säcke voll Korn im Felde unter, sie konnten es oftmals nicht mehr wiederfinden oder die Säcke waren gestockt. Auch wurden die gefüllten Strohsäcke in die Strohbanse gepackt oder in den Kaffhaufen versteckt, wo sie dann oftmals von den Mäusen angefressen wurden. Weizenmehl ist von manch einfallsreichem Bewohner in einem festen Behältnis unter der Tischplatte vernagelt oder auf einem Stuhl in die leere Jauchegrube gestellt worden. Die gefüllten Fleischbüchsen wurden in den Sprungfedern des Sofas oder der Bettmatratzen verstaut. Ja, selbst die Klaviere wurden als geheime Aufbewahrungsorte benutzt. Auch unter die Fußbodendielen ließen manche ihre Fleischbüchsen verschwinden. Kartoffeln wurden unter Holzhaufen versteckt und den Schinken suchte man in irgendwelchen alten ausgemusterten Schränken unsichtbar zu machen. Zuletzt war aber wohl in jedem Hause ein geheimer Ort hergerichtet, in dem unerlaubte Nahrungsmittel versteckt gehalten wurden.*

Natürlich waren in dieser Zeit auch »Hamsterer« unterwegs. Die Tostedter Zeitung schreibt noch am 1. März 1919 über diese Erscheinung: »Seit einigen Tagen nimmt das Hamstern wieder gewaltig zu. Jeden Morgen sieht man etwa 200 Personen mit dem Frühzuge von Hamburg und Harburg kommen. Nachmittags kehren sie mit vollen Säcken von mindestens 100 Pfund wieder zum Bahnhof zurück. Meistens haben sich mehrere zusammen getan, um ihre schwere Last per Wagen zur Bahn bringen zu lassen. In dem nahen Dorfe Stemmen sind schon von den Einwohnern die Dorfzugänge versperrt worden, um so die Hamsterplage los zu werden.«

Oftmals wurden allerdings die Züge von Gendarmen revidiert, und wenn sie erwischt wurden, wurden ihnen Eier, Brot, Kartoffeln und Getreide wieder abgenommen. Nur Gemüse wurde ihnen belassen, da es schnell verdarb. Oftmals sind Hamsterer, wenn sie den Gendarm an der Bahn stehen sahen, in die umliegenden Häuser geflüchtet oder haben sich versteckt. Viele der Tostedter Einwohner haben dafür gesorgt, dass diesen bedürftigen Menschen ihre sauer und oft teuer erworbenen Nahrungsmittel nicht abgenommen worden sind. Denn die meisten empfanden es als unrecht, dass die kleinen Mengen beschlagnahmt und die großen Schiebereien geduldet wurden.

9. Die schulischen Verhältnisse

Die Ernährungssituation in den Großstädten wurde immer schwieriger. Der Landbevölkerung dagegen ging es besser. Sie konnte im Garten oder auf dem Felde so manchen Kopf Rot- und Weißkohl, Steckrüben, Kartoffeln und Mohrrüben ernten oder Kaninchen, Schweine, Hühner und Enten halten – zum Teil inoffiziell und versteckt. Bei schwierig werdender Versorgungslage wurde die Landbevölkerung aufgefordert, für einige Wochen Großstadtkinder zu sich aufs Land zu nehmen. In Tostedt und Umgebung fand dieser Appell ein geteiltes Echo. Lehrer Kuhrs schreibt dazu: *Bei der andauernden Lebensmittelnot litten bald die Stadtkinder aus ärmeren Familien an Unterernährung. Die dürftige, unzureichende Kost in der Stadt schwächte die Kinder leiblich und seelisch. Daher erging ein Aufruf an die bessergestellte Landbevölkerung, sich der notleidenden Stadtbevölkerung anzunehmen. Doch fanden sich hier wenig willige und mitleidige Herzen. Die wohlhabenden Bauern lehnten die Aufnahme der Kinder unter allerlei ausweichenden Redensarten ab. Bei jungen Abbauern fanden die Kinder freundliche Aufnahme. Kinder aus Wilhelmsburg und der Stadt Hannover wurden in den Jahren 1916 bis 1918 untergebracht. Die gesunde Landluft und die reichliche Kost röteten bald den kleinen Mädchen und Jungen die Wangen. Zum Winter kehrten sie zu ihren Angehörigen in die Stadt zurück. Unsere Schule (Todtglüsingen) wurde durch die Pflegekinder nicht belastet, weil es nur drei oder vier in jedem Sommer waren.*

Zu Beginn des Krieges gaben in Todtglüsingen zwei Lehrer Unterricht. Der ältere Lehrer Kuhrs, bei Ausbruch des Krieges bereits 51 Jahre alt, war nicht mehr militärpflichtig. Der zweite Lehrer Heuer wurde wegen verkrümmter Finger an der rechten Hand vom Militärdienst zurückgestellt. Als die Lehrer in Bötersheim und Dohren eingezogen wurden, vikarierte Heuer in diesen Orten längere Zeit. So wurde der Unterricht an der Todtglüsinger Schule wegen Mangel an Lehrkräften nicht unterbrochen. Der Schulbesuch ließ jedoch wegen Einsatz der Kinder zur Landarbeit oft zu wünschen übrig. Gleich nach Ausbruch des Krieges wurden Kinder zur Bergung der Ernten eingesetzt. Von der Behörde wurde ausdrücklich bestimmt, Kindern die schon hilfreiche Hand beim Ernten leisten konnten, den erbetenen Urlaub nicht zu verweigern. So wurden besonders die älteren Schüler vielfach vom Unterricht befreit, um die Plätze der eingezogenen Männer auszufüllen. *Dass dadurch der Schule und den fernbleibenden Kindern vom Unterricht ein beträchtlicher Schaden zugefügt wurde, ist verständlich. In ihrem späteren Leben werden sie noch oftmals den Mangel an Schulbildung an sich selbst verspüren*, so Lehrer Kuhrs mahnend.

10. Das Ende des Krieges

1918, im letzten Kriegsjahr, verschärfte sich die Versorgungssituation zusehends. Es wurde wieder zum Sammeln von Kastanien, Brennesseln, Laubheu und Wildfrüchten (Fliederbeeren, Ebereschenbeeren, Weißdornfrüchten, Hagebutten und Schlehen) aufgefordert. Trotz des Friedens mit Russland und des Einsatzes der freigewordenen Truppen an der Westfront stand der Zusammenbruch nahe. Ausschlaggebend war für diese Niederlage ohne Zweifel der Kriegseintritt der USA im April 1917. Dieses Land lieferte seinen Verbündeten ungeheuere Mengen an Kriegsmaterial und schaffte selbst fast zwei Millionen Soldaten mit voller Ausrüstung nach Frankreich zur Unterstützung der Front. Ende Oktober meuterten viele Matrosen der in Kiel stationierten deutschen Kriegsflotte. In Windeseile griff der Umsturz auf andere Teile des kriegsmüde gewordenen Reiches über. Am 8. November dankte der deutsche Kaiser ab. Mit dem Kronprinz begab er sich umgehend nach Holland. Auch die übrigen deutschen Fürsten wurden fast alle abgesetzt oder hatten abgedankt. Am nächsten Tag, dem 9. November, rief von einem Fenster des Reichstagsgebäudes Philipp Scheidemann die Republik aus – der sozialdemokratische Abgeordnete Friedrich Ebert wurde erster Reichskanzler der jungen Republik. Am 11. November 1918 um 11 Uhr vormittags unterzeichnete die deutsche Heeresführung den Waffenstillstand.

Das Tostedter Kriegerdenkmal 1932 am ursprünglichen Standplatz auf dem Sande für die Gefallenen des Deutsch-Französischen Krieges 1870 / 71 und des Ersten Weltkrieges. Im Hintergrund Bostelmanns Hotel.

11. Zum Gedenken an unsere Gefallenen

Laut den Tafeln auf dem Kriegerdenkmal im Menken-Park fielen im Ersten Weltkrieg 90 Soldaten aus Tostedt. Die benachbarte Gemeinde Todtglüsingen hatte an Toten nach einer Zusammenstellung auf ihrem Kriegerdenkmal 21 (im Zweiten Weltkrieg 73) zu beklagen, in Dohren lag die Zahl bei 12 (Zweiter Weltkrieg 33) und in Wistedt gar bei 23 (Zweiter Weltkrieg 36). Die Zahl der Gefallenen für Tostedt ist in den einzelnen Kriegsjahren recht unterschiedlich ausgefallen. Einen besonders hohen Blutzoll forderten die Jahre 1915 mit 22 und 1916 mit gar 24 Toten (1914: 17 Soldaten, 1917: 11 und 1918: 16). Unbekannt ist uns für alle Ortschaften die Anzahl der durch Kriegseinwirkung verwundeten und invalide gewordenen Soldaten geblieben. Im Überblick können wir für den Ort Tostedt feststellen, dass die Anzahl der Gefallenen nahezu an die Zahl der im Zweiten Weltkrieg getöteten Soldaten mit 114 heranreicht. Hierbei ist zu berücksichtigen, dass im Jahre 1914 in diesem Ort 1800 Einwohner lebten, während man 1939 auf 2172 Seelen kam. Man muss demnach feststellen, dass rund 10 % der männlichen Einwohner jeweils in diesen schrecklichen Kriegen ihr Leben lassen mussten. Das Alter der Gefallen lag zwischen 21 und 38 Jahren. Am 17. November 1922 beschloss der Gemeinderat für die Tostedter Opfer dieses großen Krieges am Kriegerdenkmal, das damals noch auf dem Sande stand, Ehrentafeln anbringen zu lassen. Dieses imponierende, wuchtige Denkmal, zunächst nur für die Gefallenen des Krieges von 1870 / 71 errichtet, war am 28. August 1910 eingeweiht worden. Im Jahre 1964 wurde es wegen der Verbreiterung der Bundesstraße abgebaut und auf dem zugeschütteten Menkenteich neu errichtet.

Klaus-R. Rose

Zum Gedenken sollen hier die Namen aller Gefallenen aus den vier Ortschaften Tostedt, Todtglüsingen, Dohren und Wistedt genannt werden:

In Tostedt starben im Ersten Weltkrieg:

1914	
W. Brockmann	28.08.
B. Cetkowski	29.08.
F. K. Bausch	06.09.
H. Brunckhorst	09.09.
H. Wiegers	09.09.
R. Wolter	17.09.
H. Wiechern	26.09.
F. Busch	11.10.
F. Harms	28.10.
H. Groth	29.10.
B. Kannemann	02.11.
H. Dreyer	08.11.
G. Huth	09.11.
H. Meyer	11.11.
H. Dittmer	12.11.
F. Köhmann	05.12.
H. Wahlers	30.12.

1915	
K. Könze	24.04.
R. Meyer	26.04.
W. Bade	01.05.
A. Albrecht	15.06.
H. Renken	14.06.
A. Albers	15.06.
Th. Halbroth	19.06.
O. Vincke	18.09.
J. Albers	23.07.
K. Hobohm	26.07.
A. Bostelmann	19.08.
E. Oetjen	29.08.
K. Cramm	22.09.
W. Dreyer	30.09.
A. Viahn	01.10.
H. Poppe	02.10.
D. Behrens	03.10.
J. Klose	06.10.
J. Wiegers	17.10.
H. Hoppe	26.10.
J. Jobst	29.11.
J. Heins	06.12.

1916	
W. Thömen	08.01.
H. Foht	21.01.
J. Miehsner	07.03.
A. Meyer	16.03.
P. Schröder	07.05.
H. Behrens	14.05.
H. Schulz	17.05.
R. von Thien	15.06.
A. Helbig	17.06.
J. Köhmann	19.06.
O. Pölking	27.06.
H. Elmers	02.07.
W. Coors	16.07.
J. Marquardt	27.07.
H. Bostelmann	28.08.
G. Jobmann	03.09.
R. Bartels	03.09.
O. Rieckmann	05.09.
F. Lücke	11.09.
H. Behrens	16.09.
G. Gante	14.10.
F. Trieloff	20.10.
K. Stoffers	24.10.
H. Dierks	03.12.

1917	
R. Waldow	23.04.
H. Wesseloh	24.04.
Ch. Rademacher	28.04.
A. Huth	05.05.
R. Marquardt	21.05.
H. Fitschen	23.07.
W. Röhrs	30.07.
H. Viets	27.09.
F. Dreyer	04.10.
B. Jobmann	21.10.
R. Schwartz	08.11.

1918	
F. Rosenbrock	01.02.
W. Wiechern	22.03.
A. Rieckmann	24.03.
G. Nix	28.03.
W. Tiedemann	07.06.
H. Möhle	11.06.
A. Schippmann	13.06.
P. Kannemann	19.06.
R. Wichern	27.06.
F. Lübbers	12.08.
G. Manke	29.08.
H. Rosenbrock	02.09.
K. Jobmann	04.10.
F. Meyer	04.10.
F. Wiechern	14.10.
A. Bartels	14.10.

Todtglüsinger Gefallene des Ersten Weltkrieges:

1914

Hermann Schlaphof	27.08.
Christoph Marquardt	24.09.
Adolf Marquardt	12.12.
Gustav Marquardt	12.12.

1915

Hermann Marquardt	31.03.
Hermann Reuter	10.05.
Heinrich Matthies	15.05.
Wilhelm Meyer	20.06.
Heinrich Behrens	15.07.

1916

Rudolf Marquardt	19.01.
Heinrich Detjen	18.04.
Friedrich Klietzing	09.05.
Hermann Bostelmann	26.09.

1917

Rudolf Bostelmann	10.01.
Gustav Ohlmeyer	23.01.
Wilhelm Kuhlmann	31.07.
Peter Holste	09.10.
Albert Frischmuth	19.10.
Heinrich Oertzen	30.10.

1918

Hermann Rieckmann	20.08.
Friedrich Tödter	27.10.

Gefallene aus Dohren:

1914

Wilhelm Aldag	30.10.
Friedrich Matthies	02.12.
Heinrich Wentzien	18.12.

1915

Friedrich Wentzien	11.06.
Johann Elmers	14.06.
August Matthies	03.08.
Johann Matthies	06.08.

1916

Karl Främke	27.06.
Georg Jobmann	03.09.

1917

August Westermann	20.01.
Wilhelm Wegner	21.06.
Johann Volkmer	29.09.

Wistedts im Felde gebliebene Soldaten:

1914

Gustav Böttcher	17.08.
Hermann Poppe	29.08.
Heinrich Poppe	30.10.

1915

Wilhelm Aldag	05.01.
Gustav Keine	19.02.
Johann Meyer	07.05.
Hermann Fehling	11.06.
August Stöver	15.06.
Friedrich Kersting	17.07.
Hermann Baden	22.07.
Fritz Marquardt	23.08.
Hermann Kömpke	25.09.
Christoph Brockmann	01.11.

1916

Wilhelm Peters	12.05.
Heinrich Brockmann	03.09.

1917

Fritz Gerken	13.05.
Hermann Matthies	09.09.
Friedrich Busch	12.09.
Hermann Stöver	20.09.
Wilhelm Ilmers	26.10.

1918

Dietrich Behrens	28.04.
Wilhelm Brockmann	29.10.
Albert Peters	13.11.

Kriegsweihnachten 1918

Ab August 1917 diente der 18jährige Albert Bartels im Heer bei der Feld-Artillerie. Er kam bald nach Frankreich und wurde dort in den mörderischen Material- und Stellungskämpfen an der Front eingesetzt. Das Geschehen dort und seine erschreckenden Erlebnisse hat er in einer Vielzahl von Berichten festgehalten. Im November 1918 war der Krieg für Deutschland verloren. Die geschlagenen deutschen Truppen zogen sich, darunter auch die Reste der Batterie von Albert Bartels, aus Frankreich zurück. Mit Pferd und Wagen und zu Fuß ging es durch Belgien Richtung Osten ins Deutsche Reich. Bei Aachen erreichten sie mit allen ihren Materialien bepackt und voll bewaffnet deutschen Boden. Weiter ging es Richtung Osten. Kurz vor Weihnachten trafen sie in Minden an der Weser ein. Hier sollten sie bis auf weiteres ihr Standquartier beziehen. Die Stimmung unter den Soldaten war mies – es zeigten sich deshalb auch bald die ersten Auflösungserscheinungen in der Truppe. Der Wintermantel von Albert Bartels wurde ihm gestohlen. Ein Ersatz konnte zunächst nicht beschafft werden. Hier seine Aufzeichnungen aus dieser schweren Zeit:

Auf dem Tisch steht in unserer Stube ein kümmerlicher Tannenbaum mit ein paar Papierschnitzeln, behängt mit wenigen Kerzenstummeln, die gar nicht recht brennen wollen. Einige Kameraden stimmten ein Weihnachtslied an, aber es kam nicht recht in Schwung, denn alle hier wären heute gerne zu Hause in der Heimat gewesen. Es ist doch Christabend, aber viel Urlaub wurde nicht erteilt. In einem Gepäckwagen hatte ich vor kurzer Zeit eine Dose gefunden und sie bis heute aufbewahrt. Voller Erwartung öffnete ich sie und zu meiner Freude war richtige Sülze mit Gelee darin. Es schmeckte sehr lecker, aber davon konnte ich letztlich nicht viel runter kriegen, da meine Gedanken zu sehr beim Elternhaus daheim sind.

Diese Stube hier wurde mir bald zu eng: Stiefel angezogen und raus in den Winterabend. Ich ging in die Stadt hinein. Alles öde und leer. Viele Fenster waren gelb erleuchtet. Dahinter brennt ein Tannenbaum, dachte ich bei mir, und marschierte weiter über den Marktplatz und dann zur Weserbrücke. Leise glitten die Flocken nieder. Unter der Brücke schob sich das Wasser wie eine schwarze Masse dahin. Planlos lief ich hin und her, bis ich müde wurde und fröstelnd in die Kaserne zurückkehrte, denn ich habe noch keinen Mantel bekommen.

Seit dem 20. Dezember sind wir hier. In Minden sind wir dem 58er Feld-Artillerie-Regiment zugeteilt, denn unser Regiment das 183. ist am 19. des Monats aufgelöst worden. Unserem Regiments-Kommandanten Major von Brochtefeld liefen bei der Abschiedsrede die Tränen über die Backen. Aber von den Mannschaften, die im Viereck um ihn herum standen, ging das manch einem ebenso nahe, weil es nun von den Kameraden

Albert Bartels 1917 als junger Soldat hoch zu Ross

Abschied nehmen hieß, mit denen man Leid und Tod trotzte und all die Stunden bitterster Not miterlebte, aber auch Stunden frohen Beisammenseins verbrachte. »Ja, Kameraden, das Regiment der 183. hat aufgehört zu existieren!« So schloss der Major. Noch einmal wurde gemeinsam all denen gedacht, die in unseren Reihen fehlten, noch einmal ein Hoch auf unser Regiment und eines auf unser Vaterland ausgerufen und dann traten wir ab. So also ist das Ende! Wer hätte das gedacht, ein Truppenteil, der jahrelang im Felde dem Feinde pflichterfüllend seinen Mann stand, dass ein solch fester Bund aufgelöst werden muss wie ein Nichts. Das begriff wohl mancher nicht. Ein solch trostloses Ende. Ich denke noch an den Kriegsanfang, als die mit Blumen beschmückten Eisenbahnzüge voll von singenden Soldaten in Tostedt vorüberfuhren und mein Vater zu mir sagte, dass mit den Blumen erst die heimkehrenden Soldaten bedacht werden sollten.

Es ist schon so spät und ich sitze noch immer auf dem Schemel und starre in die verlöschende Glut des Ofens in der Stube. Die anderen Kameraden liegen schon längst im Bett. Weihnachten, Christabend ist heute, wenn doch bloß die Gedanken nicht so schwer wären. Der kleine Tannenbaum trägt auch wohl Schuld daran.

IV. Was es aus Tostedts Umgebung noch alles zu berichten gibt

Eine längst vergessene Wassermühle – die Bennersmolen

Wenn man auf der Landstraße Richtung Dohren fährt, zweigt bald zur rechten Hand der Bötersheimer Weg ab. Etwa nach tausend Metern erreicht man einen schmalen Feldweg, den dann weder Gräben noch Bäume begleiten. An manchen Stellen holprig von dem Wenden des Pfluges, schlängelt er sich in nördlicher Richtung – zuletzt mit vielen Wagenspuren – durch Heide und Wald dorthin, wo der Grenzwall des Bötersheimer Forstes bei den Fischteichen in das schöne Mühlenbachtal hinabschwingt. Hier, wo die hohen Ufer einander näher rücken, winden sich von beiden Seiten alle Wegspuren hinunter. Aus den Mulden ausgefahrener, von Wind und Wetter weiter vertieften Hohlwegen, in denen sich einst reifenlose Räder durch den Sand wühlten, ragen schon längst hohe Bäume empor. Von Süden her – also von Tostedt, Todtglüsingen und Bötersheim – und auf der gegenüberliegenden Seite von Dohren, Heidenau, Ochtmannsbruch und Hollenstedt trafen hier die Wagen auf den ehemaligen Damm. Seine Brücke, die den längst vergessenen Namen »Bennersbrücke« führte, benutzten sie zur Überfahrt. Noch eine andere Aufgabe hatte der Damm einst zu erfüllen: das Wasser des Baches aufzustauen. Hier ist nun der Ort (1,5 Kilometer nordöstlich von Dohren), an dem vor Jahrhunderten das Wasser über das klappernde Rad einer Mühle plätscherte. Die Geschichte dieser Mühle liegt schon so weit zurück, dass selbst in den alten Erzählungen nur zaghafte Spuren zu erkennen sind. Erst das Ausgraben eines alten Mühlensteines konnte vor einem halben Jahrhundert ein wenig Aufklärung bringen. Wann und von wem die Mühle gebaut wurde, ist wohl schwer festzustellen. Eine alte Urkunde erwähnt sie erstmalig, als sie nach längerem Gebrauch ihren Besitzer wechselte.

Im Jahre 1316 verkaufte der damalige Eigentümer »Bernhardus de Edzelendorpe«, Sohn des Ritters Hermann von Issendorf, diese »Benterndesmolen«, die erste Mühle unserer Gegend, an das Kloster bei Buxtehude für 50 Mark Stader Pfennige. Zur genaueren Ortsbezeichnung wurde besonders darauf hingewiesen, dass es sich hier um die Mühle »iusta curiam Dhorne«, also nahe dem Dorfe Dohren, handelte. In einer anderen Urkunde von 1317 erteilte der Bischof Nicolaus von Verden hierzu seine Zustimmung mit dem Bemerken, die Mühle sei mit ihren Ländereien zur Nutzung für den Klostervorsteher erworben worden.

Der alte Tostedter Mühlenweg in der Nähe der ehemaligen »Bennersmolen«, 1958

Sie blieb aber nicht lange im Klosterbesitz. Am 27. August 1487 kaufte Lücke von Weyhe die Mühle für 30 Mark Stader Pfennige. Als später in Bötersheim die bedeutend stärkeren Wassermassen der Este auch durch Anlage einer Mühle genutzt wurden (ab 1470), war es der »Bennersmühle« kaum mehr möglich, den Wettbewerb zu bestehen. Hierbei machte sich der Mühlenzwang besonders bemerkbar. Viele Bauern umliegender Dörfer wurden verpflichtet, ihr Korn nur zur Bötersheimer Mühle zu bringen. Die Mühle selbst in Bötersheim blieb bis 1955 in Betrieb und wurde dann stillgelegt. Eine Zeitlang versuchte die Bennersmühle noch, sich als Ölmühle zu behaupten, musste jedoch, da an den »soren vnd schraden orthe, da wenig Rübesahmen geseyet dahero es auch wenig matten vnd Kuchen geben«, um 1536 endgültig dem Abbruch verfallen. Ihre Grundsteine fanden später bei dem Bau eines Schafstalles zu Bötersheim erneute Verwendung. Langsam glitt die Stätte in die Vergessenheit zurück. Recht still wurde es nun auf dem alten Wege. Eines jedoch blieb bis heute erhalten: sein Name – »de Möhlenwech« (Mühlenweg). Auch der anliegende Tostedter Acker hat bis heute seinen Namen »Mühlenkoppel« bewahrt.

Der Perlbach bei Ochtmannsbruch und der Hollenstedter Kirchenweg

Im »Zarmshop« – westlich von Ochtmannsbruch – entspringt ein Bach, der einst auch die Aufmerksamkeit der Behörden auf sich lenkte, als in seinem klaren Wasser noch die Perlmuschel zu finden war. Noch vor 150 Jahren war der Muschelreichtum so groß, dass die Perlenfischer bis 20 oder gar 30 Stück an einer Stelle antreffen konnten. Und doch fiel die Muschel, trotz aller landesherrschaftlichen Schutzbestimmungen, der Raubfischerei zum Opfer. Dieser »Perlbach« vereinigt sich kurz vor dem Hollenstedter »Glockenberg« mit dem »Heidbeek«, um nach kurzem Lauf als »Breedenbeek« in die Este zu münden.

Mit der Überquerung dieses Breedenbaches – in alten Schriften auch als Grenzbach bezeichnet – verlässt unser Weg die Todtmark. Eine kurze Strecke begleitet er noch den Rand der Estewiesen, um dann nach der Seite der Hollenstedter Kirche zu führen, wo das alte, überdachte Tor steht. Es blieb im letzten Kriege verschont, während der hohe Speicher an seiner Seite ein Opfer der Flammen wurde. Es ist das gleiche Tor, das in seiner schlichten Würde noch heute den Durchschreitenden zur Besinnung mahnt, den Lärm und die Unruhe unserer hastenden Zeit draußen zu lassen. Weit – und in manchen Jahreszeiten nicht unbeschwerlich – zog einst dieser Weg sein verbindendes Band durch die mittelalterliche Wildnis. Und wenn nun die Zeit seinen Verlauf durch Anlage von Äckern und Wiesen verwischte, seine Bedeutung schon vor vielen Jahrhunderten verloren ging, so wurde doch die mündliche Überlieferung viele Generationen hindurch aufrechterhalten. So kam es, dass dieser in Tostedt hinter dem Flurstück »Up'n Gericht« abzweigende unscheinbare Feldweg auch heute noch seinen ältesten Namen »de Karkenwech« trägt. Es beginnt auch hier das Wenige, was erhalten blieb – die Namen einiger mit den früheren Ereignissen verbundener Fluren –, über lange Jahrhunderte hinweg zu sprechen, wo Urkunden oftmals schweigen und die Spuren sichtbarer Erinnerung kaum noch vorhanden sind. Längst versunkene Vergangenheit, von unseren Gedanken sonst nicht mehr erreichbar, wird für uns wieder lebendig, wenn wir den ehrwürdigen Flurnamen die Beachtung schenken, die sie uns wert sind.

Anmerkung: In den Aufzeichnungen von Bartels findet man mehrfach die Benennung »Hulnster (Hollenstedter) Karkenwech« für einen Weg, der vom Bötersheimer Weg nördlich abbog und über die ehemalige Mühlenbrücke, Bennersbrücke genannt, nach Hollenstedt seine Richtung nahm. Nun hat aber Drescher bei seiner Tostedter Kirchengrabung im Jahre 1969 nachgewiesen, dass für Tostedt bereits kurz nach der Christianisierung (um 800 n. Chr.) eine erste Kirche nachgewiesen werden kann. Deshalb glaubt man diesen Kirchenweg keine rechte Bedeutung geben zu können. Vielleicht könnte eine Erklärung darin liegen, dass damals die neugegründete Kirchengemeinde in Tostedt mit ihrem Gotteshaus bestimmte sakrale

Handlungen wie zum Beispiel Taufen zunächst nicht durchführen durfte. Nur in der Mutterkirche Hollenstedt (Archidiakonatskirche in der Diözese Verden) konnten diese und daneben auch Synoden durchgeführt werden. Deshalb war es später für die Tostedter noch erforderlich, diesen Weg nach Hollenstedt zu benutzen.

Im April 1966 wurde der Perlbach durch einen Muschelexperten abgesucht. Er fand hier lediglich noch zwei einsame Perflussmuscheln. Wahrscheinlich hatte die naheliegende Autobahn Hamburg-Bremen mit ihren möglichen Öl- und Kraftstoffeinspülungen dem Muschelbestand den Garaus gemacht.

An der alten Burganlage bei Hollenstedt

Wollte man früher nach Hollenstedt gehen, so nahm man den Weg in Richtung Bennersbrücke nordöstlich von Dohren auf. Erreichte man diese, zog der Weg dann die wellige Landschaft westlich an den Beekwiesen entlang. Zwischen und über gewölbten Hochackerstücken ging es dann weiter durch die »Seggern« – Bötersheimer – Heide, um hier neben den Estewiesen den jetzt in Fischteiche verwandelten alten Unterlauf des »Beetenbeekes« zu überqueren. Oben am Rande seines Ufers liegen alte, heideüberwucherte Siedlungsspuren. In spärlichen Erzählungen hört man noch etwas von alten Gebäuden. Schon vor Jahrhunderten hat man den alten Lauf des Beetenbaches einige Meter höhergelegt. Durch den Damm am Rande der Estewiesen wurde sein Wasser in einem in der »Plackwisch« gelegenen Teich gestaut, so dass er wohl die Kraft hatte, ein Mühlenrad zu treiben. Wann die vielen, in ihrer Mitte gewölbten, acht bis zehn Meter breiten und recht langen »Stückhöchten« – wie man früher die Hochackerstücke zu nennen pflegte – angelegt sind, ist wohl schwer zu sagen. Vielleicht gehörten sie hier zu einer noch unbekannten, einst wüst gewordenen Siedlung. Über 500 Morgen sind hier als Hochäcker zu beiden Seiten des Beetenbaches zu erkennen. Heute sind sie größtenteils durch Umpflügen erneut in Kultur genommen.

Weiter schlängelte sich der Weg durch den »Krummen Hau« und führte bei dem »Grevenhorst« an einer zwischen zwei Bächen in das Estetal hineinragenden Anhöhe vorüber. Deutlich steigt hier noch der eindrucksvolle Rest eines hohen Walles empor, der einst mit seinen beiden Enden unmittelbar bis an die Este reichte. Im großen Bogen umschloss der Wall mit seinem tiefen Graben jene Stätte, welche noch um 1590 auf den alten Karten als »Die alte Burg« oder auch »Die alte Burg Stede« bezeichnet ist. Vor seiner Begradigung streifte hier der Estebogen hart den Hang des gegenüberliegenden Ufers. Hier reicht seine flache Höhe soweit in das Wiesengelände hinein, dass eine früher in die Burg führende Brücke denkbar ist. Den Franzosen war im 19. Jahrhundert diese »Burg« nicht unbekannt. Als sie in diese Gegend kamen, glaubten sie, auf einen bedeutenden Ort zu stoßen. Ein be-

Abgetragener Burgwall bei Hollenstedt, ca. 1960

sonderes Kommando hatte den Auftrag, die »Burg« zu besetzen. Aber sie waren nicht wenig überrascht, nur einen hohen Wall vorzufinden, auf dem schon lange Zeit nur noch Bäume und Buschwerk sesshaft waren.

Völlig im Dunkel der Vergangenheit liegt für uns die Geschichte dieser Stätte. Bei der teilweisen Abtragung traten aus dem Wall mehrere Schichten Asche und viel verkohltes Holz hervor, darunter Eichenstämme von 45 Zentimeter Stärke: alles Zeichen einer besonders festen, durch Feuer zerstörten Verteidigungsanlage. Gefundene Gefäßscherben und Bruchstücke von Mahlsteinen aus rheinischem Basalt ergaben, dass die »Burg« in der Zeit um 800 noch bewohnt gewesen sein muss. Von den Sachsen wird berichtet, dass sie im Jahre 792 bei »Huldinsteti« Wälle aufgeworfen hätten. So kann man annehmen, dass die Burg bei dem Heereszug Karls des Großen eine bedeutende Rolle spielte. Bei »Holdonstat« schlug Karl der Große sein Lager auf und verhandelte hier auch mit Abordnungen des Slawenfürsten.

Ob wir hier am »Grevenhorst« eine befestigte Siedlung vor uns haben, in der Handel und friedliches Schaffen ihren Schutz fanden – ob sie zu der Befestigungsreihe gehörte, die sich an der Este entlang zog – ob es der Sitz eines alten Geschlechts oder eine Fluchtburg für die Bewohner umliegender Dörfer war: Das sind heute noch alles offene Fragen. Eine Antwort darauf könnte nur gegeben werden, wenn hier die wissenschaftliche Spatenforschung einsetzt, ehe es endgültig zu spät ist.

Anmerkung: Die langjährigen Ausgrabungen an dieser Stätte wurden vom Helms-Museum, Harburg, unter Leitung von Claus Ahrens in der Zeit von 1968 bis 1972 durchgeführt. Zusammenfassend stellt er fest, dass nur Slawen die Erbauer dieser karolingerzeitlichen Anlage gewesen sein können. Auf die Slawen als Erbauer weisen auch mehr als deutlich die vielen (wellenverzierten) Scherben im Innern der Burg hin.

Die geborgenen Scherben slawischer und teilweise auch spätsächsischer Machart datieren die Erbauung und Nutzung dieser befestigten Anlage in die ersten Jahrzehnte des 9. Jahrhunderts. Dieser Zeitraum wird durch die schriftliche Überlieferung nicht nur bestätigt, sondern auch noch weiter eingegrenzt. 804 übergab Karl der Große den mit ihm verbündeten slawischen Obodriten nicht nur die nordalbingischen Sachsengaue, sondern auch größere Bereiche südlich der Elbe in Wigmodien. Der Bau der Burganlage bei Hollenstedt stand am Beginn der slawischen Landeinnahme im Este-Tal am Anfang des 9. Jahrhunderts (804 / 805). Doch schon nach einem Jahrzehnt, spätestens 817 nach der gemeinsamen Militäraktion der nun mit den Dänen verbündeten Obodriten gegen die Franken / Sachsen, muss es auch zu Kampfhandlungen um die slawische Burg bei Hollenstedt gekommen sein, in deren Verlauf die Wallanlage in einer Brandkatastrophe unterging. Gleichzeitig endete damit auch die slawische Herrschaft über Teile Wigmodiens.

Der Todtweg

(Siehe hierzu die Wegeinzeichnung auf der Karte S. 146)

Von Süden kam einst ein Weg über Schneverdingen her, er schlängelte sich auf trockenen Stellen durch das nördlich von Insel gelegene »Grimms-Moor« und zog über die Dünen des einst so nassen »Winter-Moores« zur Wümme hin. Wo bei dem »Ruschwedel« der Rest einer brückenkopfartig vorgelagerten Schanze den sandigen Acker von den Wiesen trennt, führte er durch die Wümmefurt auf das Todtgebiet hinauf. Eine recht alte Grenze wird hier überschritten: An dieser Stätte stießen einst die Gaue Mosidi und Sturmi aneinander, wo später die Ämter Harburg und Winsen das Stift Verden berührten. In mancher alten Urkunde wurde dieser Platz erwähnt. So berichtet eine Aufzeichnung aus dem Jahre 1575 von einer Grenze bis an den Malstein beim »Ruschwedel«. An der damaligen Furt stand ein hoch aufgerichteter Stein, dessen Südseite ein Kreuz, das Zeichen des Stiftes Verden trug, und auf der anderen Seite war der Lüneburger Löwe eingehauen. Auch die recht alte »Todtholzungsschnede« ging hier »in den Ruschwedel, van dar in den gehawenstein, so fort in di Wümme«. Die einstige Tostedter Landgerichtsgrenze hatte hier ihre südlichste Spitze.

Während die früher von der Post genutzte Strecke durch die »Todtshorner Dröge Heide« nach Welle hinstrebte, schwenkte der auf den Todt führende Weg um den »Wapel« herum, eine gar seltsame Landschaft aus steil aufragenden Heidehügeln und von Postbüschen umsäumten Moortümpeln. Auch der »Richts- und Soltwech«

nach Wehlen zweigte hier ab. Kurz vor Klein Todtshorn erheben sich noch sechs zum Teil stattliche Grabhügel. Sie blieben übrig von den 23 Hügeln, welche einst den Weg bei der Umgehung des »Glum-Moores« an der oberen Fuhlau begleiteten. Hier schloss sich auch der »Bispinger Weg« an. Er kam bei der »Swattenbargsbrüch« über die noch unscheinbare Este, welche sich mit ihren schmalen Wiesen zwischen sandigen Hügeln hindurchzwängte. Bei dem »Glum-Moor« durchschneidet ein stark verwaschener Wall und Graben die heideüberwucherten Wagenspuren des Todtweges. Es ist ein Rest der zwischen Wümme, Este und Seeve angelegten langen Schanzen. Im Westen erhebt sich der »Jiltsberg« (wir sagen heute eher Todtshorner Berg), auf dem noch vor Jahrzehnten der ausgebrannte Stamm einer riesigen Buche emporragte. Dieser weithin sichtbare Baum hatte sich als allerletzter Rest des großen Waldes auf der Todtspitze lange Jahrhunderte hindurch zäh behaupten können. In der Nähe der Baumruine fand dann 1953 die »Freudenthalbuche« ihren Platz. Von den Buchen des »Todtshorner Busches« aus durchquerte der Weg den längst verschwundenen »Wapelhorn«, wo Ackerschollen heute kaum erkennen lassen, wie weit dieser Laubwald einmal reichte. Am Rande des Moores tauchen weitere Wagenspuren zwischen den Grabhügeln der immer kleiner werdenden Heidefläche bei Hassel auf. An den sandigen Plätzen des sich zum Moor hinabneigenden Hanges war es schon vor Jahrtausenden lebendig, als hier noch der Wasserspiegel eines Sees glänzte, wo jetzt in tiefen Gruben der dunkle Torf gestochen wird. Steinsplitter verraten uns etwas von den Jägern der Vorzeit, die hier in der mittleren und auch jüngeren Steinzeit am Feuer lagernd ihre Flintsteinwaffen und Geräte fertigten. Während der eine Arm des Weges über Otter zieht, strebt der andere neben Kampen am »Kerkhaßel« vorbei, wonach beide in der »Marketenderwiese« bei der »Ohnhorst« zusammentreffend den »Holtstegsbeek« durchqueren. Die Wiese soll ihren Namen von dem Überfall auf einen Marketenderwagen tragen, der sich 1813 in diesem feuchten Bruch festgefahren hatte.

Von Knick aus behielt der Weg seine früher eingeschlagene Richtung. Eine Abzweigung führte in den alten Gerichts- und Marktort Tostedt hinein. Der andere Teil zog durch den »Wasserkamp«, das Gelände der heutigen neuen Schule an der Poststraße, um sich jenseits der »Großen Chaussee« auf der Buxtehuder Straße fortzusetzen. So kam es auch, dass man diese heute längst nicht mehr erhaltene, am östlichen Rande Tostedt entlang führende Umgehungsstrecke den »Leddigswech« nannte. Vom Ausgang des Ortes aus waren früher auf der »Söben-Heister-Koppel« am Bötersheimer Weg die weithin sichtbaren sieben großen Eichen zu erkennen. Daneben stand auf der heute noch »Up'n Gericht« genannten Flur der Tostedter Galgen.

In Dohren durch den »Mühlenbach« gleitend, schlängelte sich der Weg in die »Döhner Heide« hinüber – die feste Straße nach Hollenstedt besteht erst seit 1870. Wo der »Avenser Mühlenweg« gekreuzt wird, brachte der Pflug vor einigen Jahren bei einem Moortümpel einen zwei Fuß langen, hohlgeschliffenen Stein erheblichen Alters ans Tageslicht. Weiterhin zeigen sich dort, wo die Kultivierung noch einige

Der Todtweg nordöstlich von Heidenau.
1955 sind die alten Wagenspuren noch erkennbar.

Reste der großen Heidfläche verschonte, viele heideüberwucherte Räderspuren zwischen den Föhren. Zu einem unscheinbaren Feldweg zusammengeschrumpft zieht der kümmerliche Rest des großen Weges am »Avenser Wieh« entlang. Hier soll in der Nähe der »Hatz-Höpen« eine alte Schmiede gestanden haben, deren Grundsteine noch um 1800 diesen Standort bezeugten. Diese Schmiede hat wohl mit dem hier anstehenden Raseneisenstein des Bruchwaldes in Verbindung gestanden. Alte mündliche Überlieferungen berichten auch von einem längst verschwundenen Gehöft am »Zarmshop«, wo kleine Heidehügel zungenartig in das moorige Quellgebiet des »Perlbaches« hineinragen. Besonders in der großen angrenzenden Fläche, wo nun statt der von Schafen kurz gehaltenen Heide erstmalig ein Kornfeld wogt, waren unzählige Wagenspuren bis 45 Zentimeter tief in den Boden eingeschnitten. Verschiedene Querschnittgrabungen durch diese teilweise bis auf den harten Ortstein hinabreichenden, später wieder mit Sand ausgefüllten Radspuren, zeigten unten in ihrer Sohle weitere Ortsteinbildungen. Spurweiten von 1,55 bis 1,70 Metern deuten ebenfalls auf ein hohes Alter hin, auf eine Zeit, in der hier neben lastentragenden Saumtieren noch breite, zweirädrige Karren durch den Heidesand wühlten. Bei der Karrenbespannung gingen die Tiere hintereinander. Dem Gewicht der Fracht entsprechend traten zwei bis fünf Pferde mitten zwischen den tief eingefurchten Spuren der hohen Räder eine weitere Rinne aus. Nach Ausgang des 15. Jahrhunderts lösten die schwerfälligen, vierrädrigen Fracht- und Ackerwagen im Laufe der Zeit allmählich die wendigen Karren ab. Doch die Benennung »Kallmeierweg« blieb hier trotzdem leihweise an ihren Spuren haften.

Jenseits der in einer Senke den Weg schneidenden Autobahn geht es in die »Stäer-« oder »Stellheide« hinein, deren weite Einsamkeit die Aufforstung der letzten Jahrzehnte in einen stattlichen Wald verwandelte. Zwischen dem »Springmoor«, dessen

Wasser nach der östlichen Este hinabfließen, und dem »Rugen« (Rauhen Moor)- und »Speckmoor«, von denen aus die Gräben der westlichen Niederung zustreben, ging der Todtweg hindurch. Zahlreiche tiefausgeschnittene Fahrspuren sind auf der kurzen Strecke auch hier erkennbar. Es sind deutliche Zeichen dafür, wie rege diese einzig naturgebundene Durchgangsstrecke auf der Wasserscheide benutzt wurde, bevor andere ausgebaute Straßen den Verkehr an sich zogen. Ehe frühe Siedler den Anfang machten, die feuchten Bruchwälder durch Rodung und Entwässerung in Wiesen zu verwandeln, bildeten die Sumpf- und Moorniederungen der Todtmark schwer überwindbare Hindernisse. Auf diesem Pass überquert der Weg von Hollinde nach Hollenstedt den Todtweg an der Kreuzung, wo einst der oft in alten Urkunden erwähnte »Söbenhollensteen« als sagenumwobenes Wahrzeichen in dieser weiten Landschaft stand.

Bis in die Nähe von Regesbostel sind die Spuren des Weges noch zu erkennen, der hier nach Durchquerung des Staersbeek die Todtmark verließ und über Apensen auf Stade zustrebte, um damit die einst bedeutungsvolle Verbindung mit dem jenseitigen Elbufer herzustellen. In Apensen zweigt der Weg nach Buxtehude ab, mit dem das Todtgebiet als seine nächste Stadt früher in regem Verkehr stand. Auffallend sind auch in der »Stellheide« die restlichen, in den letzten Jahrzehnten leider stark verminderten Grabhügel, die auch hier den Weg begleiteten. Einige davon liegen jetzt noch zwischen den Wagenspuren. Birken und krause Föhren breiten schützend ihre Zweige darüber aus. Fast alle Hügel zeigen auf ihrer Kuppe eingegrabene Mulden späterer Störungen. Die Waffen der hier geborgenen Grabbeigaben sind bis zu 4000 Jahre alt. Es sind Zeugen der weit zurückliegenden Vergangenheit, in der noch hölzerne Scheibenräder bronzezeitlicher Karren ihre schmalen Spuren in den Boden des Waldes zogen, der einst die ganze Todthöhe bedeckte. Wie rege der Verkehr auf diesem sogenannten Todtweg dahingezogen sein muss, können wir heute nur noch ahnen. »De grode Drift« ist auch einer von seinen Namen. Mancherlei Truppen, mit ihrem bunten Gefolge Not und Seuchen verbreitend, kamen hier in den harten Zeiten längst vergangener Jahrhunderte entlang, wenn der Krieg über den Todt hinweg zog. Es ist überraschend, mit welch bewundernswürdiger Zähigkeit man an diesem althergebrachten Wege hing. Noch 1904 und 1908 zogen bei den großen Manövern die Truppen auf dieser auch »Heerweg« genannten Strecke entlang, anstatt die schon 1870 fertig gestellte feste Straße über Dohren-Hollenstedt zu benutzen. Mit »Staderweg« bezeichneten ihn die Händler und Bauern und trieben darauf ihr Vieh dahin, besonders wenn sich die Markttage in Stade und Buxtehude näherten. Auch die Marktwagen behielten vielfach noch bis 1910 diese alte Richtung bei. Als »Gerichtsweg« war er ebenfalls bekannt, und ältere Männer wussten auch von der Post zu erzählen, die hier von Celle herkommend nach Stade ihre Wagen fahren ließ. Zahllose Viehherden zertraten die vielen, tief eingeschnittenen Räderspuren, andere füllte der Wind mit Sand. Langsam überzog die Heide alles mit ihrer dichten Decke, bis dann der Pflug die letzten Zeugen des einst so bedeutsamen Weges der Todtmark verwischte.

Aus einem Denkmal wurden Pflastersteine – der Söbenhollensteen am Todtweg

Wenn vor langer, weit zurückliegender Zeit dunkle Rauchwolken zwischen den Eichen der am Nordrand des Todts liegenden Dörfer emporwirbelten, so bedeutete das: Der Feind ist eingefallen! Es war ein Zeichen höchster Gefahr und ließ alle Männer und Jünglinge der Todtmark zu den Waffen greifen. Geführt von ihrem »Greven«, eilten sie auf dem Todtweg der gefährdeten Stätte entgegen. So waren sie wieder einmal auf diesem breiten Hauptweg unterwegs. An der Kreuzung, wo der Weg von Hollinde herkommt und nach Hollenstedt weiterführt, stießen sie auf den Feind. Beide Seiten kämpften mit größter Erbitterung. Da löste sich aus den Reihen der Gegner ein einzelner Reiter. Er sprengte auf den hier am Todtweg liegenden großen Stein zu und versuchte hinaufzuspringen. Doch sein Pferd rutschte auf dem Stein aus, und so musste er, ohne dass ihm sein Vorhaben gelang, schnell umkehren und wieder in den eigenen Reihen Schutz suchen. Durch diesen Zwischenfall abgelenkt, ließen die Kämpfenden eine Weile voneinander ab. Da ging ein alter Bauer auf den Greven zu und sprach zu ihm: »Sitt up, den'n Steen rup! Kumst röver, büß jüm över!« Dem Greven war die Bedeutung des Sprunges auf diesen Stein wohl bewusst. Er war noch jung, aber ein guter, mit seinem Pferde verwachsener Reiter. Ehe die anderen es richtig erfassten, war das kaum Mögliche geschehen: Mit einem gewaltigen Sprunge setzte das Pferd auf den Stein, die Hufe schlugen Funken sprühend auf! Laut schrie der Reiter von oben in seine Schar: »Up jüm!« Im nächsten Augenblick sprengte er wieder vom Stein herab und auf die Gegner los. Die Todtleute, durch dieses Reiterstück ihres Greven angefeuert, griffen erneut an und schlugen den Feind in die Flucht. Am Abend sammelten sich die Todtleute wieder bei dem Stein am Kreuzweg. Nun sahen sie auch die Löcher, die durch die Hufe des Pferdes in den Stein geschlagen waren. Man konnte die halbe Faust hineinstecken. Sie zählten nach: Es waren sieben Löcher, und nun hieß der Stein fortan »Söbenhollensteen«.

Lange lag der Stein in der weiten »Stäer-«- oder »Stellheide« zwischen den beiden vorgeschichtlichen Grabhügeln am Kreuzweg. Wegen seiner besonderen Zeichnung und Bedeutung hat man ihn in alten Urkunden oft erwähnt. Um 1550 wird von einer Grenze »vor dem sprincke up bit tho dem Steine, dar die 7 hole inne sindt«, berichtet. Auch auf der Karte der Kurhannoverschen Landesaufnahme von 1769 ist zwischen dem »Rugen Moor« der »Siebenhölenstein« eingezeichnet.

Manches Jahrhundert hindurch karrten die Räder auf dem sandigen Todtweg, der hier zwischen den beiden Mooren hindurchführte. Reiter und Fußvolk zogen den alten Heerweg entlang, die Wagen der Händler folgten den zahlreichen Viehherden, zertretenen Spuren, bis es hier, nach dem Bau fester Straßen, recht still wurde. Pflug und Aufforstung haben die Spuren verwischt, eingeebnet bis auf wenige sind die begleitenden Grabhügel. Nur an einigen Stellen sind noch Reste

Rest des Söbenhollensteens am Todtweg bei Hollinde, 1953

der zahlreichen nebeneinander verlaufenden Wagenspuren zu erkennen. Aber auch sie sind von Heide und Föhren überwuchert. Nur ein schmaler Feldweg ist übrig geblieben. Und der »Söbenhollensteen«? Vor mehreren Jahrzehnten hat man ihn gespalten und die Platten zur Überbrückung eines kleinen Baches benutzt, wo der Todtweg die Straße bei Holvede kreuzt. Später legte man bei einer Ausbesserung der Brücke einen Teil des Steines frei, an seiner Oberfläche waren noch drei Löcher deutlich erkennbar. Diese auffallenden Merkmale gaben Anlass, dem Steinrest einen Ehrenplatz am Wegrand einzuräumen. Abermals zog der Verkehr an ihm vorüber, und alte Erzählungen wurden wieder lebendig. Vor wenigen Jahren kam einer, der für Tradition und Geschichte kein Verständnis hatte, und dem alten Stein ein unrühmliches Ende bereitete: Er zerschlug den Steinrest und machte – Pflastersteine daraus!

Anmerkung: Wahrscheinlich handelte es sich bei diesem »Söbenhollensteen« um einen jener sogenannten Schalensteine, die der Wissenschaft auch aus dem alten germanischen Kulturbereich von Skandinavien, Jütland und Schleswig-Holstein bekannt sind. In alle diese Findlinge sind zahlreiche, muldenförmige Vertiefungen eingebohrt. Ein neuerdings bei Hemmingstedt in Süderdithmarschen aufgefundener Stein weist 30 solcher Schälchen auf. Nach Befunden an anderen Schalensteinen lässt sich annehmen, dass die muldenförmigen Schalen etwa um 2000 v. Chr. (Bronzezeit) hineingebohrt wurden.

Offenbar sind zu jener Zeit diese Schalensteine die kultischen Mittelpunkte von Heiligtümern gewesen. Doch hat man den Sinn dieser Kultmäler bisher nicht ergründen und beweisen können. Eine frühere Theorie, wonach die Schälchen zur Aufnahme des Blutes bei Schlachtopfern dienten, haben die meisten Prähistoriker aufgegeben. Wahrscheinlicher ist es, dass die Tätigkeit des Bohrens selbst schon eine Kulthandlung bedeutete und eine Art Fruchtbarkeitszauber darstellte. Vielleicht auch wurde der Bohrstaub als zauberkräftiges Mittel verehrt. Die Ränder der einzelnen Schalen sind leicht abgeschliffen, als seien sie sehr häufig von Menschenhand berührt worden. Das könnte darauf hindeuten, dass später das Betasten dieser Vertiefungen durch die Gläubigen in die Kulthandlungen hineingenommen wurde.

In heutiger Zeit wird davon ausgegangen, dass in die Hohlungen Butter und andere Fette gestrichen worden sind, die als Opfergaben durch die wärmenden Strahlen der Sonne zum Schmelzen gebracht werden sollten. Vielfältige Gemeinsamkeiten sind mit dem Tostedter Schalenstein festzustellen. Dieser war, wie der »Söbenhollensteen«, ganz in der Nähe einer Vielzahl von bronzezeitlichen Hügelgräbern aufgestellt worden. Darüber hinaus weist er neben den Schälchen tiefe Löcher im Gestein auf. Es ist aber zu vermuten, dass diese Vertiefungen wohl nicht durch Menschenhand, sondern durch Verwitterung entstanden sind. Der ursprüngliche Standplatz des Tostedter Schalensteines befand sich am Bötersheimer Weg auf dem jetzigen Sandabbaugelände in Richtung Todtglüsingen.

Torfscheunen von Heidenau sowie die Tostedter Torfscheunen im Großen Moor bei Wistedt

Die Torfscheunen im Everstorfer Moor, ca. 1950

Diese etwas seltsam erscheinenden Bauten im Everstorfer Moor wurden hier mit »Torfscheunen« bezeichnet. Sie dienten zur Aufnahme des getrockneten Torfes, der dann später nach Bedarf ins Dorf geholt wurde. Am Rande des Moores, dicht nebeneinander waren die Torfscheunen so aufgebaut, dass ein Wagen an beide geöffneten Giebelseiten fahren konnte zwecks Ab- und Aufladen des Torfes. Im Allgemeinen hatten die Torfscheunen eine Länge, Breite sowie Höhe von fünf bis sechs Metern. Sechs etwas in den Boden eingelassene, unbearbeitete Steine dienten den drei Paar Sparren zur Auflage. Die weitere Bauart der in üblicher Weise mit Stroh bedeckten Scheunen ist wohl aus der Skizze, die ich machte, ersichtlich. Das Dach reichte an den Längsseiten bis etwa 30 bis 60 Zentimeter über den Heideboden. Über den Zeitpunkt, seit wann dort Torfscheunen errichtet wurden, konnte mir keine Auskunft gegeben werden. Wenn der Wind eine morsche, baufällige Scheune umlegte, nach Benutzung durch mehrere Generationen des einzelnen Besitzers, wurde an gleicher Stelle eine neue Scheune in hergebrachter Form errichtet. Nur mit dem Unterschied, dass die Balken usw. der neuen Scheune bearbeitet (gesägt) waren und auch das Dach nicht mehr so tief reichte. Aber sonst blieb das Bild dieses eigenartigen Dorfes bewahrt.

Im Jahr 1938 standen im Everstorfer Moor 39 Torfscheunen, 1949 fand ich noch 28 Scheunen vor. 1954 waren die Scheunen bis auf drei Stück abgebrannt.

Die Torfscheunen im Everstorfer Moor, Federzeichnung von Albert Bartels

Im Großen Moor bei Wistedt, wo die Tostedter seit Jahrhunderten ihren Torf stachen, hatten die Tostedter Bauernhöfe ihre Torfscheunen. Diese standen wenige Meter nördlich neben der jetzigen Straße nach Vaerloh bei Kilometer 2.7 bis 3.0. Die letzte Torfscheune, welche um 1886 abgebrochen wurde, gehörte zum Forkens-Hof (Foht). Die anderen Höfe hatten ihre schon vorher entfernt. Etwa gegenüber dem Kilometer-Stein 3.0 liegen jetzt noch ca. sechs Meter vom Graben der Nordseite einige Feldsteine in dem Heidekraut, welche als Unterlage für die Sparren einer Scheune dienten. Dort ist auch noch der alte Weg zu erkennen. Übrigens: Die Dohrener Torfscheunen standen auf dem »Schünplack«, westlich vom Mäkelsberg (bei Wüstenhöfen) in einer Gabelung des Weges.

Die Hexenringe auf dem Wüstenhöfener Mäkelsberg

Der Weg ins Große Moor führt von Wüstenhöfen aus über eine flache Höhe, den Mäkelsberg. Der heute die gerade Richtung über die Kuppe dieser Höhe gehende Moorweg schlängelte sich früher durch Heide von einer trockenen Stelle zur anderen bis an den »Augraben«. Zwischen »Immentun« und »Im Bleek« musste dieser Graben bei einer Furt durchquert werden. Eine Brücke gab es hier damals noch nicht. Hier war es oftmals so nass, dass die zum Torfgraben gehenden Mädchen im Huckepack hinübergetragen werden mussten. Um beim Fahren die Steigung zu vermeiden, führte der Weg noch nicht über, sondern an der niedrigen Nordseite des Mäkelsberges entlang. Der von feuchten Wiesen und Moor eingeschlossene Mäkelsberg ist heute in Ackerland verwandelt, während er vor 50 Jahren nur mit Heide bedeckt war. Vor dem Umpflügen befanden sich hier von der Heide überwucherte »Hochäcker«, ein Zeichen, dass diese Höhe früher schon einmal beackert wurde.

Auf der Rückkehr vom Torfstechen gingen die Frauen und Mädchen nicht gern in der Dämmerung über den Mäkelsberg, denn auf diesem waren auf der südlichen Seite im Heidekraut große, aus grünem Kraut bestehende Kreise zu erkennen. Einige dieser auch im Winter grün bleibenden Ringe hatten einen Durchmesser von sechs Metern. Das Kraut nannte man »Hexenkrud« und die Ringe wurden als »Hexenringe« bezeichnet. Man erzählte sich, dass hier die Hexen ihre nächtlichen Tänze ausführen würden, und wo deren Füße den Boden berührten, konnte keine Heide mehr wachsen. Von Wüstenhöfen aus hat man, wie erzählt wird, verschiedentlich im abendlichen Dämmern Lichter gesehen, welche sich in dieser Gegend hin und her bewegten. Und so pflegte man von dem Mäkelsberg damals zu sagen, dass es dort spuke.

Anmerkung: Bei diesem Hexenkraut handelt es sich um den »Flachen Bärlapp«. Die unterirdisch wachsenden Triebe dieses Bärlapp wachsen nur strahlenförmig nach außen, wobei die älteren Teile nach einigen Jahren absterben. So bilden sich im Laufe der Jahre die immer größer werdenden, abergläubig gefürchteten »Hexenringe«. Ältere und größere Ringe werden oft bis über 100 Jahre alt.

V. Markgenossenschaft auf dem Todt – die Todtholzung

Tostedt und seine Umgebung im Mittelalter

In alten Urkunden treten oftmals in heutiger Zeit manchem die unbekannt erscheinenden Worte »Uppe dem Tote« hervor. Hiermit wird das Gebiet des flachen Höhenzuges bezeichnet, welches sich zwischen der Este im Osten, den Moor- und Bruchniederungen der Wümme sowie der Oste im Süden und Westen hinzieht. Dieser Todt-Rücken, auf dessen Mitte Tostedt liegt, erstreckt sich von dem Quellgebiet der Este bei Wintermoor bis zur Stellheide bei Heidenau und Hollinde. Vormals war dieses Todt-Gebiet mit umfangreichen Laubwaldungen bedeckt. In altsächsischer Zeit bildete der Todt den südlichen Teil des Gaues »Mosidi«, dieses bedeutet »Land der Sumpf- und Bruchwälder«. Mit Einführung des Christentums gehörte auch dieser Gau zum Bistum Verden. An die Spitze des Gaues war ein Graf gesetzt, der auch wohl gelegentlich mehrere Gaue zu verwalten hatte. Otto I. übertrug 959 dem Grafen Heinrich die Grafschaft über den Gau Mosidi, somit auch das Gebiet auf dem Todt. Im Jahr 1004 unterstand der Gau dem Herzog Bernhard. Der Gewalt der Stader Grafen unterstanden sämtliche Gaue der Bremer Diözese einschließlich des Gaus Mosidi der Verdener Diözese. Als der letzte weltliche Graf Rudolf von Stade gefallen war, nahm sich Heinrich der Löwe die Grafschaft Stade. Bei einer Zusammenkunft in Ramelsloh setzte er 1145 den Erzbischof von Bremen gefangen, für dessen Freilassung er sich die Grafschaft Stade zugestehen ließ.

Nachdem 1148 Hartwig aus dem Geschlecht der Markgrafen von Stade Erzbischof von Bremen wurde, begannen bald die Auseinandersetzungen. Dieser ließ 1150 die Burg Harburg gegen Heinrich den Löwen befestigen und später Proviant und Waffen für Monate sammeln und dort unterbringen. Um 1168 unternahm die Besatzung der Harburg Raubzüge in die Umgebung, auf dessen Bewohner die Lasten somit noch härter drückten. Heinrich der Löwe versuchte anfangs vergeblich die durch Sümpfe gesicherte Burg zu nehmen. Als es ihm endlich gelungen war, ließ er die Harburg 1170 schleifen. Von der kaiserlichen Gunst verlassen, ging Heinrich der Löwe auf drei Jahre in die Verbannung. Nun wurde ein Teil der Stader Grafschaft dem Grafen Adolf von Holstein und der größte Teil, wozu auch Harburg sowie die Goe Hollenstedt und Hittfeld gehörten, 1180 dem Bischof von Bremen zugesagt. Doch die Erben Heinrichs des Löwen in den Lüneburger Landen wollten ihre Ansprüche in diesen Gebieten nicht aufgeben und weitere Kämpfe, Jahrzehnte hindurch, waren die Folge. In einer Urkunde des Bischofs Rudolf von Verden wird 1197 bei der Stiftung und Begabung des Klosters Buxtehude (Altkloster) durch die

Stiefbrüder Heinrich und Gerlach (wahrscheinlich aus dem Geschlecht der Schulten), unter vielen Orten dieser Gegend auch »Totstide« genannt. Hierbei wurden auch noch Ortschaften aufgeführt, die heute längst verschwunden sind.

In seinen Kriegen hatte Heinrich der Löwe 1160 Gunzelin als Grafen in dem eroberten Gebiet um Schwerin eingesetzt. Damit der Graf nun über genügend Mittel und Einkünfte zur Ausstattung seiner Truppen verfügte, verliehen ihm Heinrich sowie der Bischof von Verden verschiedene Zehnten und andere Besitzungen. Somit gelangte dieser Graf von Schwerin diesseits der Elbe in den Besitz vieler Zehnten sowie anderer Rechte und viele Bauern wurden ihm pflichtig. Auch in dieser Gegend verfügte er über verschiedene Berechtigungen.

Der Hildesheimer Domprobst und der Graf Gunzelin III. von Schwerin schenkten 1232 den Nonnen des Klosters Buxtehude ihre Höfe in Glüsingen zum Seelenheil ihrer Verwandten, Probst Hermann und Graf Heinrich, die dort begraben lagen. Da später zu Glüsingen bei Hittfeld die Zehnten und Meier zu den Ämtern Harburg und Rotenburg gehörten und der Mühlenhof Altkloster bei Buxtehude dagegen zwei Meier in Todtglüsingen hatte, weist darauf hin, dass sich der obige Besitz der Grafen von Schwerin in Todtglüsingen befand.

Herzog Otto, 1235 vom Kaiser Friedrich II. mit dem neu geschaffenen Herzogtum Braunschweig-Lüneburg belehnt, hatte seine Ansprüche auf die im Besitz der Bremer Erzbischöfe befindliche Grafschaft Stade noch nicht aufgegeben und so unternahm er im gleichen Jahr einen Heereszug in das Erzbistum Bremen. Nach den vielen Kämpfen in diesen Zeiten, unter denen auch die Bewohner dieser Gegend schwer zu leiden hatten, kam es 1236 zu einem Vergleich zwischen der Bremer Kirche und Otto von Lüneburg, der die Grafschaft vom Pfalzgrafen Heinrich, dem Sohn Heinrich des Löwen, geerbt hatte. In diesem Vergleich wurde Herzog Otto vom Erzbischof Gerhard mit den beiden Inseln Gorieswerder und Finkenwerder sowie der Grafschaft über die beiden Goe Hittfeld und Hollenstedt belehnt. Des weiteren erhielt er 150 Mark jährlichen Grafenschatzes und 100 Mark, die anderen lehnbar verpfändet waren. Außerdem sollte Herzog Otto noch 1600 Mark Silber im laufenden Jahr erhalten. Dagegen verpflichtete er sich außer den bestehenden Burgen in größerer Nachbarschaft des anderen keine neuen zu bauen und auch nicht die Untertanen aufzunehmen, die sich an einem anderen vergangen hatten. Die Burg Harburg, die somit endgültig an Lüneburg kam, sollte jedoch gänzlich zerstört und nicht wieder aufgebaut werden.

Der klösterliche Besitz wurde immer mehr vergrößert. Der Erzbischof von Bremen übertrug 1265 dem Benediktiner Nonnenkloster bei Buxtehude (Altkloster) eine Hufe zu Dohren (Dohrne), die Johann von Bachtenbrook von ihm zum Lehen trug und aufließ. Vom gleichen Kloster hatte sich im Mai 1322 der Knappe Ludolf von Heimbruch 40 Mark geliehen, von denen er 20 zum Seelenheil seiner Mutter bestimmte und die restlichen 20 für sich selbst verbrauchte. Als Gegenleistung verpfändete bzw. verkaufte er dem Kloster seinen Zehnten in Kakenstorf. Im gleichen Jahr schenkte der Bischof Nicolaus von Verden dem Kloster zu Buxtehude das Eigentum des Zehnten von Kakenstorf und Otter (Kokemestorpe et Ottere). Bernardus de Edzelendorpe (von Issendorf) verkaufte 1316 dem Kloster Buxtehude die Bennersmühle bei Dohren. Die bremische Gerechtsame in den an Lüneburg abgetretenen Gebieten von Hollenstedt und Hittfeld nahm die 1286 von Erzbischof Gieselbert gegründete Stadt Buxtehude wahr. In einer Urkunde von 1289 wird darauf hingewiesen, dass die befestigte Stadt Buxtehude zur Bremer Kirche gehörte; ebenso die Mühle mit all ihrem Besitz in der Vogtei auf dem Todt und den Gütern ringsumher, welche größtenteils im Gebiet der Burgherren von Harburg und Moisburg zerstreut lagen. Graf Nicolaus von Schwerin schenkte 1316 dem Ritter und »Erb-Truchseß« in Lüneburg, Werner III. Grote, das Lehnrecht mit dem Lehn der Zehnten der Dörfer Tostedt, Wendisch-Seedorf und Boitze (bei Dahlenburg). Werner Grote wurde 1371 zum Abt des Klosters St. Michael in Lüneburg gewählt. Nachdem bald danach die Burg auf dem Kalkberg in Lüneburg zerstört wurde, verließ er das Kloster. Danach verfügte Gebhardt Grote über den Tostedter Zehnten, den er 1337 seinem Bruder Werner gab. 1345 schenkte der Ritter Werner Grote seiner Gattin Adelheid den Nießbrauch dieses Zehnten, den dann deren Sohn Otto aber 1357 dem St. Michaeliskloster in Lüneburg nebst einem Hof und zwei Koten in Dohren überließ. Wegen diesem Tostedter Zehnten entstand zwischen dem St. Michaeliskloster und dem Knappen Helvensen ein Streit. Das Kloster berief sich auf eine vom Grafen Nicolaus von Schwerin erteilte Urkunde. Diesen Streit verglich der Herzog Albrecht von Mecklenburg als Graf von Schwerin dadurch, dass er 1368 die streitenden Teile dem Ausspruch der ältesten Bauern in Tostedt unterwarf. Somit wurde durch das Aussagen dieser Tostedter Bauern die Entscheidung herbeigeführt. In dem danach entstandenen Vergleich von 1370 bezeugte Abt Nicolaus von dem Kloster in Stade den Verzicht von Beke Schoken, Ehefrau des Knappen Helvensen, auf ihre Rechte an den Tostedter Zehnten zu Gunsten des Lüneburger Klosters.

Das Gebiet der Vogtei Tostedt verwaltete ursprünglich ein Rittergeschlecht, wahrscheinlich im Dienstverhältnis des Klosters Buxtehude (Altkloster). Über diesen Besitz in Tostedt berichtet eine Urkunde von 1346. Am 2. Februar diesen Jahres verkaufte Arnold, Sohn des Ritters Hinric genannt Gogreve, dem Bertold, Sohn des Ritters Bertold Schulten, den vierten Teil der Einkünfte des Meierhofes in Tostedt, den Heyne Meier bewohnte, einschließlich der zum Meierhof gehörenden Hörigen. Einige Jahre später, wie in einer Urkunde von 1355 aufgezeichnet, verkauften »Hinric hern Hinrices sone gogreven, Herman Hinrices sone un Hinric Arndes sone gogreven eyn vormunt des vorbenanden Hermans knapen« dem Knappen »Bertolde dem schulten, Hern Bertoldes sone des schulten eines ridders unde sinen rechten erven« ihren Hof zu Tostedt »mit allem richte in gude in luden.« Das Siegel dieser Urkunde zeigt die Umschrift »Sigillum Hinrici Gogreven«.

Schlimme Zeiten herrschten im Lüneburger Land. Herzog Magnus von Braunschweig stritt sich mit dem Herzog Albrecht von Sachsen-Lüneburg um das Fürstentum Lüneburg. In diesem Lüneburger Erbfolgekrieg fiel Magnus 1373, doch die aufrührerischen Adeligen wollten nicht zur Ruhe kommen. Kaufmannszüge wurden überfallen. Sengen und Brennen erstreckte sich bis in das bremische Gebiet hinein, zählten doch die von Mandelsloh und auch die Horneburger Ritter zu den schlimmsten Räubern und Widersachern der Herzöge. Nach dem Tode Albrechts 1385 übernahmen die Brüder Herzog Bernhard und Heinrich das Lüneburger Land. Gar schwer litt das Land, es hatte immer die größte Last zu tragen, bis endlich die Herzöge 1392 mit den Ständen Frieden schlossen. Hierbei wurde die Vogtei Harburg auf viele Jahrzehnte verpfändet. Moisburg war von 1438 bis 1518 im Pfandbesitz der Stadt Lüneburg. Im Laufe der Zeit brachte die Stadt Lüneburg die Rechte der anderen Pfandinhaber an sich und hielt dieses Harburger Gebiet bis 1517 bzw. 1518 fest. Das Gebiet wurde durch Hauptleute, zum Beispiel Erp von Weyhe von 1462 bis 1474, verwaltet oder als Afterpfand wieder verpfändet.

In dem Lüneburger Schatzregister des 15. Jahrhunderts sind in einer Liste alle schatzpflichtigen Höfe von 1497 bei den Vogteien »Harborg« und »Moßedeborg«, auch die der Tostedter Umgegend, verzeichnet. Unter der Bezeichnung »Uppe dem Tothe in der vogdie to Harborgh« sind folgende Dörfer und Höfe aufgeführt: (Todt-)Glüsingen, Kampen, Welle, Klein Todtshorn, Groß Todtshorn, Otter, Schillingsbostel, Quellen, Wistedt, Langeloh, Vaerloh, Everstorf, Avensen, Hollinde, Holtorfsbostel, Ochtmannsbruch, Dohren und Tostedt. Bötersheim als adeliges Gut ist nicht mit angegeben, ebenfalls fehlt Wüstenhöfen. Am Schluss dieses Verzeichnisses, worin hinter den Namen der auf den Höfen sitzenden Bauern oder sonstigen Pflichtigen auch die Zahl der auf den Höfen gehaltenen »Perde, rinder, Swyne, schap, ymmen und seghen« stehen, ist der zu zahlende Betrag der »lantbede« festgelegt. Unter der nachfolgenden Vogtei Moisburg wurde Hollinde nochmals aufgeführt mit der Bemerkung: »hort uppe den Toith«.

Südwestlich von der Tostedter Vogtei erbaute Herzog Wilhelm um 1347, mit Genehmigung des Bischofs Daniel von Verden, in einem Grenzstreit an der Einmündung der Fintau in die Wümme eine Burg als Schutz gegen Bremen. Diese Burg, einst »Pallingbrügge« genannt, erhielt später den Namen Lauenbrück. Im Jahre 1371 verpfändete Herzog Magnus von Braunschweig-Lüneburg das Schloss Lauenbrück an Bischof Heinrich von Verden. Vorher war es im Pfandbesitz von Johann von Zarenhusen. Danach folgten mehrere Besitzerwechsel: 1392 waren Otto Grote und seine Söhne sowie Hans von dem Berge im Pfandbesitz des Schlosses. 1428 hat es Hermann Schulten innegehabt und bald danach überließen es die Herzöge Otto und Friedrich zu Lüneburg dem Johann von Atzel zu Verden, der es 1431 an Ludolf und Burghardt von Maseburg (wohl Messedeborg / Moysedeborg – Moisburg) verafterpfändete. Bischof Johann belagerte 1460 das Haus vergeblich. Seinerzeitige Pfandbesitzer waren Johann von dem Kattenborg und Gebhard von

Schlepprell, von denen es Anfang des 16. Jahrhunderts Gebhardt und Heinrich von Bothmer an sich brachten. Danach erhielten sie es für sich und ihre Erben von der Landesherrschaft zum Lehen.

Etwa neun Kilometer nördlich von Lauenbrück liegt Burgsittensen an der Oste. Diese Burg war um 1397 Sitz der Familie Schulten. Die Ritter der Familie Schulten waren früher mächtige Burgmänner in Horneburg. Als Greven des Alten Landes hatten sie fast eben so viele Meier wie der Bischof von Bremen und bei dem großen Reichtum, über den die Schulten somit verfügten, konnten sie ihre besondere Vorliebe am Bauen früher auch verwirklichen.

Auch Bötersheim an der Este war bald in die Hand des Geschlechtes der Schulten gekommen. Das adelig freie landtagsfähige Gut mit Wassermühle verkaufte Hermann Schulten 1455 an Erp von Weyhe, der 1397 bis 1407 lüneburgischer Hauptmann zu Harburg war. Als Besitzer des Gutshofes auf dem Todt hatten die von Weyhe viele Höfe, Zehnten und andere Rechte hier erworben. Somit war eine große Anzahl Hofstellen auf dem Todt dieser Familie zehntpflichtig. Bis 1955, als der letzte von Weyhe der Bötersheimer Linie verstarb, war dieses Geschlecht somit dort 500 Jahre ansässig.

Schloss und Vogtei Moisburg wurden 1322 erstmals erwähnt. Im Jahre 1342 bestätigten die beiden Brüder Ritter Johann und Knappe Bertold, »geheten de Sculten« (Schulten), den Herzögen Otto und Wilhelm von Lüneburg ihre Auslagen, die sie als Amtsleute der beiden Schlösser in Harburg und Moisburg verbauten, erhalten zu haben. Bereits drei Jahre später bekundeten die beiden Brüder Schulten den Lüneburger Herzögen das Schloss Moisburg auf unbestimmte Zeit zu treuer Hand empfangen zu haben. Letztere standen übrigens auf der Seite des Bremer Domkapitels. Nach Errichtung der Vogteien war der Ritter Vranken van Dehen im Jahre 1347 Vogt zu Moisburg und 1376 Woldeke, Schwager des Bertold von Heimbruch. Weitere Vögte waren 1392 Ludolf von Heimbruch, danach folgten um 1428 dessen Söhne Ludolf und Borchard von Moysedeborch (Moisburg) aus dem Geschlecht von Heimbruch. Ab 1438 war Moisburg im Pfandbesitz der Stadt Lüneburg. Nach einer kurzen Zwischenzeit war der Lüneburger Ratsmann Johann v. d. Molen Hauptmann in Moisburg gewesen, bis schließlich im Jahre 1493 die Hauptmänner Hinrick von Meding und danach Henning von Meding, 1503 Balthasar von Töbing und 1515 Dietrich von Oppershusen diese Aufgaben übernahmen. 1518 gab die Stadt Lüneburg Schloss und Amt Moisburg dem Herzog Heinrich zurück. Nach dem Vertrag zwischen den Herzögen Wilhelm und Heinrich von Lüneburg und Otto II. von Harburg fiel Moisburg 1560 an den Letzteren.

Zur Urkundenlage von Tostedt im Mittelalter

1105 (11. November): »Ozstide«, erste urkundliche Erwähnung von Tostedt (Hauptstaatsarchiv Hannover Cal. Or. 100 Katlenburg 1).

1197: »Totstide« (Urk. Bisch. Rud. v. Verden, Hauptstaatsarchiv Hannover).

1222: »Tostede« (Urkundenb. v. Hodenberg: Verdener Geschichtsquellen).

1287: »cum Advocatia in Tohte« (J. Rode: Registr. Bonorum et jur. Eccl. Bremensis).

1316 (21. März): »Tostede«, Graf Nicolaus von Schwerin verschenkt an den Ritter Werner Grote das Lehnrecht mit dem Lehn des Zehnten von Tostedt (Meckl. UB., Bd. 6 Nr. 3817).

1337 (15. Juli): »Tostede«, Gebhardt Grote vermacht den Zehnten von Tostedt seinem Bruder Werner (Hauptstaatsarchiv Hannover, Celle Or. 100 Michaeliskloster Lüneburg Nr. 261).

1345 (24. Juni): Der Ritter Werner Grote und sein Sohn Otto schenken der Ehefrau bzw. Mutter Adelheid den Nießbrauch am Tostedter Zehnten (Hauptstaatsarchiv Hannover, Celle Or. 100 Michaeliskloster Lüneburg Nr. 323).

1346 (2. Februar): »Totzstede«, Arnold, Sohn des Ritters Hinric genannt Gogreve, verkauft den vierten Teil seines Haupthofes in Tostedt an einen Bertold, Sohn des Ritters Bertold Schulten.

1355: Hinric, Herman und Arnd, Söhne des Ritters Hinric genannt Gogreven, verkaufen dem Knappen Bertold, Sohn des Ritters Bertold Schulten die restlichen Anteile an ihrem Haupthof in Tostedt.

1357 (25. Juli): Otto Grote verkauft den gesamten Tostedter Zehnten zusammen mit einem Hof und zwei Kötnerstellen in Dohren an das St. Michaeliskloster in Lüneburg (Hauptstaatsarchiv Hannover, Celle Or. 100 Michaeliskloster Lüneburg Nr. 406).

1368 (24. April): Herzog Albrecht von Mecklenburg, Graf von Schwerin (die Grafschaft Schwerin ging 1359 an Herzog Albrecht über), macht seine Entscheidung wegen Zugehörigkeit des Tostedter Zehnten von den Aussagen der ältesten Tostedter Bauern abhängig.

1370 (31. Juli): Abt Nicolaus vom Kloster St. Marien in Stade bezeugt den Verzicht der Beke Schoken, Witwe des Heinrich Helvensen, an dem Tostedter Zehnten zu Gunsten des Michaelisklosters zu Lüneburg (Hauptstaatsarchiv Hannover, Celle Or. 100 Michaeliskloster Lüneburg Nr. 484 / 485).

1432 (17. August): »uppe deme Tote to Tostede«, Schadensliste der Vogtei Harburg und des Burkhard von Moisburg gegenüber den Horneburger Burgmannen als Lehnsträger des Bischofs Johann von Verden (sogenannte Horneburger Fehde) (Hauptstaatsarchiv Hannover, Celle Or. 8 Nr. 603).

1442 (Januar): »Tostede«, Ausgabe- und Einnahmeregister des Amtsmannes Burkhard von Moisburg zu Lauenbrück anlässlich der Lauenbrücker Fehde gegen die Horneburger Burgmannen und die Klöster Harsefeld und Zeven (Hauptstaatsarchiv Hannover, Celle Br. Arch. 61, II Ämter 28 Amt Moisburg Nr. 1).

1467 (11. November): Das Michaeliskloster verkauft den Tostedter Zehnten zusammen mit einem Hof in Dohren an Erp von Weyhe. Der Tostedter Zehnte bleibt daraufhin bis zu seiner Ablösung im Besitz der adeligen Familie von Weyhe zu Bötersheim.

1483 (14. August): Bei dem Holting, das Herzog Heinrich der Mittlere von Braunschweig-Lüneburg auf dem Todte (uppe dem Tote) im Dorfe Tostedt »by dem kerkhowe« in der gewöhnlichen Weise durch Hinrich von Heimbruch abhalten lässt, lautet die Findung der Holtingsmannen, dass Hinrich von Heimbruch und seinen Erben das erbliche Recht zur Abhaltung des Holtings zusteht, während der Erzbischof von Bremen keinen Anteil daran hat.

1488 (9. März): Herzog Heinrich der Mittlere von Braunschweig-Lüneburg belehnt Arnd von Weyhe mit dem Zehnten in Tostedt, einem Hof in Dohren auf dem Todte, vier Höfen in Maschen, einer Kate und einem Hof in Glüsingen, zwei Höfen in Bötersheim mit der Mühle und dem Mühlgraben auf dem Todte und weiteren Lehnsgütern.

1494 (13.Juli): Herzog Heinrich der Mittlere als Oberherr und Landesherr sowie als Vormund des Jürgen von Heymbroke verkauft den Brüdern Wilken, Arnd, Erp und Borchard von Weyhe für 200 Mark Lüneburger Währung die Holzherrschaft und das Holtingsgericht auf dem Todte mit den damit verbundenen Rechten der Pfändung, der Viehtrifte, des Holzschlags, der Jagd, Erhebung der Strafgelder sowie allem Zubehör auf die Dauer von zehn Jahren unter Vorbehalt des Rückkaufes nach dem Ablauf.

1495 (8. Oktober): Auf Veranlassung Herzog Heinrichs des Mittleren von Braunschweig-Lüneburg wird in Anwesenheit der von diesem dazu abgeordneten Räte in Tostedt Holting gehalten durch Jürgen von Heimbruch sowie den Brüdern Arnd und Wilken von Weyhe und anderen in der üblichen Weise. Es wird festgestellt, dass die von Heimbruch im Holting die ältesten und obersten Holzherren sind, die das Holting zu halten pflegen und an der Jagd auf dem Todte mitbeteiligt sind, während den Herzögen das Grundeigentum am Todte und die Oberherrschaft über das Holting zusteht. Dem Schlosse Harburg kommt für das gesamte Gebiet des Holtings auf dem Todte die oberste Gewalt nebst hohem und niederem Gericht sowie das Jagdrecht zu. Ihm ist bei besonderem Bedarf infolge Feuerschadens ein Holzeinschlag auf Antrag zu gestatten.

1497: »Tostede«, Erwähnung Tostedts in dem Lüneburger Schatzregister (s. bei Grieser) unter der Bezeichnung »uppe dem Tothe in der vogedie to Harborgh«.

1511 (22. März): Herzog Heinrich der Mittlere belehnt Jürgen von Heymbrocke mit zahlreichen Gütern, darunter dem Burglehen in Harburg, der Jagd in allen Holzungen der Vogteien Harburg und Moisburg, dem dritten Baum und der Holzgrafschaft über die Todtmark nebst dem Recht zur Pfändung und der Weide in der Holzung.

1534 (11. November): »Holting geholden tho tostede« durch Jürgen von Heimbruch, woselbst dem Herzog Ernst als Landesherrn der Erdboden und das Gericht gefunden wird, nicht aber das Holting zugestanden. Dem Hause zu Harburg steht eine Bauholzhilfe bei Feuersnot zu und zweimal jährlich die Jagd bei Grase (Frühling) und bei Stroh (Herbst). Jürgen von Heimbruch will sich mit der Mast nach dem Rezess halten. Den Herren von Weyhe ist die Dielzucht (nur eigene Schweine, die auf dem Hofe gezogen worden sind) zu Bötersheim und Feuerung zugefunden (in: Jacob Grimm Weisthümer, 1842 Band III).

Anmerkung durch Bartels: Als Teil der ehemaligen Todtholzungs-Markgenossenschaft ist bei Tostedt bis heute noch der Wald »Düvelshöpen« erhalten geblieben. Er ist Eigentum der heutigen Tostedter Holzinteressenten. Vor dem Kriege benutzten die Holzinteressenten zur Zeichnung der Bäume ein Beil mit der Prägung »TW«. Wegen seines zahlreichen Hecken- und Baumbestandes an den Straßen, in Gärten und Höfen wurde Tostedt früher auch das »Grüne Tostedt« genannt.

1543: Hinrich Tostede (geb. 1503, Buxtehuder Bürgermeister) stirbt.

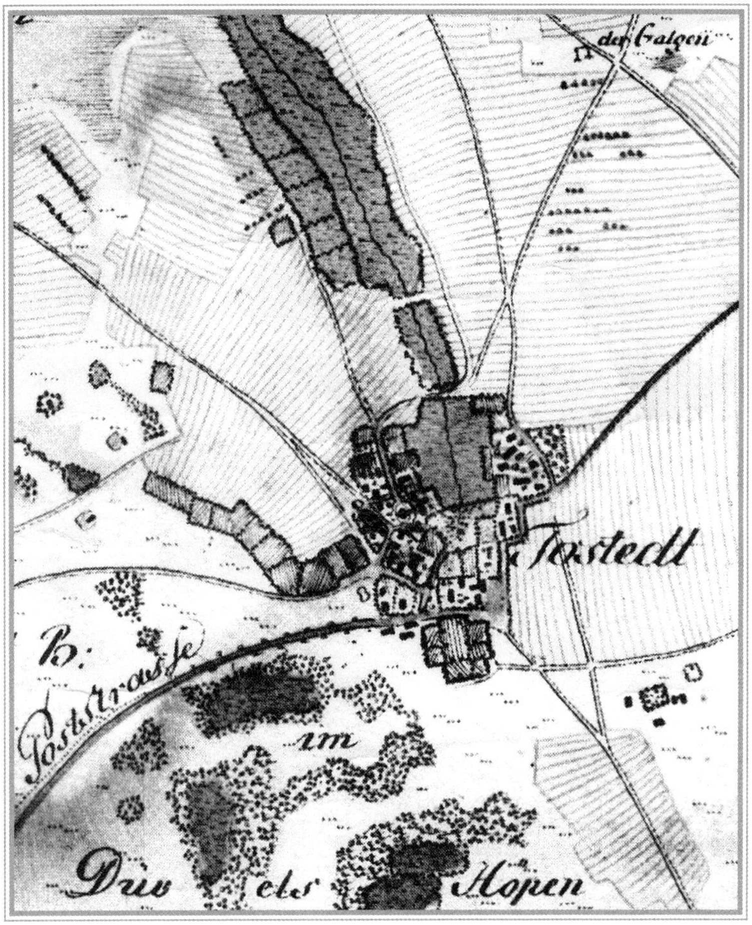

Landkartenausschnitt vom Dorf Tostedt um 1769

1590: »Dass Ambt Haarburg« ist ohne Todtgebiet dargestellt und »Die Voigtey Tostede« wird auf einer besonderen Karte gezeichnet (Mellinger: Atlas Fürstentum Lüneburg).

Tostedt war früherer Gerichtsort der gleichnamigen Vogtei. Hier wurde bis ins 17. Jahrhundert ein eigenes Landgericht gehalten (M. Krieg: Entstehung und Entwicklung des Amtsbezirkes im Fürstentum Lüneburg). Die Tostedter Richtstätte ist auf einer Karte von 1769 an der Wegkreuzung Tostedt-Bötersheim und Tostedt-Dohren noch mit »der Galgen« bezeichnet.

Aus der Geschichte der Markgenossenschaft auf dem Todt (Todtholzung)

In grauer Vorzeit bedeckten bedeutende Waldungen den ausgedehnten Boden auf dem Todt, manche alte Flurnamen weisen noch darauf hin. Vom Amt Winsen bis zur Grenze des Stiftes Bremen reichte der Wald, so dass ein Eichhörnchen ohne den Boden zu berühren, von Todtshorn bis Bredenhorn springen konnte. Es waren Laubhölzer, die ausnahmslos den Bestand der Wälder bildeten. Nadelhölzer, besonders die Föhren (Kiefer), sind erst um 1800 in hiesiger Gegend angepflanzt worden. Das quellenreiche Gebiet war damals bedeutend feuchter und somit für Laubhölzer besonders gut geeignet. Erst die Entwässerung der Wiesen und Regulierung der Bäche und Flüsse in jüngerer Zeit verursachten das Sinken des Wasserstandes. Diese Wälder, auf dem ganzen Todtgebiet »Todtholzung« genannt, bildeten zusammenfassend mit all ihren Dörfern und Höfen eine Holz-Markgenossenschaft, die »Todtmark«. Die Umgrenzung dieser von allen eingesessenen Bewohnern gemeinschaftlich genutzten Todtmark ist in früherer Zeit genau festgelegt und wurde auch bei der Errichtung der Landesgerichtsgrenze der Vogtei Tostedt zu Grunde gelegt. Bei der Ziehung dieser Grenze, auch »Schnede« genannt, waren auffallende, feststehende Punkte, wie sie die natürliche Landschaft in der betreffenden Gegend bot, herausgesucht worden. Flüsse und Bäche, Hügel, besondere Steine und landschaftlich gebundene Merkmale reihten die Markgenossen zu ihrer Grenze aneinander, so auch bei der alten »Holtungsgrenze« oder Schnede der Todtholzung.

Die alte Landgerichtsschnede der Vogtei Tostedt hatte den gleichen Verlauf wie vorstehende Todtholzungsgrenze. Im nördlichen Teil wurden die Dörfer Halvesbostel, Hollinde und Holtorf später abgetrennt. Um 1590 wurde von dieser Vogtei eine Karte mit allen Dörfern gezeichnet und »Tostede« in der Mitte eingetragen. Die Übereinstimmung der Holzungs- und Vogteigrenzen lässt erkennen, dass dieser landesherrliche Verwaltungsbezirk aus der älteren Holzmarkgenossenschaft hervorgegangen ist.

Manche Punkte dieser alten Schnede sind gegenwärtig schwer zu finden, wurden doch viele der hier angeführten Flurnamen kaum mehr im Gebrauch gehört. Höchstens noch bei wenigen alten Leuten. Verschwunden sind besonders die Steine, welche bereits vor 1826 beim Haus- oder Straßenbau andere Verwendung fanden. Nur der »Kreuzstein« (Dree Krüz-Steen), dieser Königsstein, an dem sich einst auch die drei Grenzen des Bistums Bremen und des Stiftes Verden sowie des Lüneburger Herzogtums und später die Landkreise Stade, Rotenburg und Harburg vereinigten, lag noch um 1935, oben mit drei eingehauenen Kreuzen gezeichnet, auf einer Wiese westlich Kallmoor. Aber heute ist nichts mehr vorhanden. Von dem Stein sind große Splitter abgeschlagen worden bei dem Versuch, ihn zu zertrümmern. Die jetzige südwestliche Grenze des Kreises Harburg von der Straßen- und Bahnkreuzung nördlich Wintermoor durch das Königsmoor und weiterhin das

Auch der Dreikreuzstein, westlich von Kallmoor, wurde zerschlagen. Er bezeichnete die Grenze zwischen dem Herzogtum Lüneburg, Stift Verden und Bistum Bremen. Federzeichnung von Albert Bartels.

Ekelmoor hindurch bis an den Staersbeek bei Holvede, hat im Allgemeinen den Verlauf der alten Todtholzungsgrenze beibehalten. Letztere umfasste im weiteren Verlauf von Staersbeek wieder die Este aufwärts. Wüstenhöfen soll früher, bevor es wüst wurde, einen anderen Namen geführt haben.

Eine stattliche Zahl von Dörfern bilden hier auf dem Todt den geschlossenen Bezirk der Todtmark. Und doch lassen verschiedene Spuren die Annahme berechtigt erscheinen, dass in alter Zeit noch andere Siedlungen dazu gehörten: Da können die Bennersmühle und ein Hof, zwischen Dohren und Bötersheim gelegen, genannt werden. Aus verschiedenen Richtungen führten hier die Wege über die »Benners-Brügk« (1619) durch das schmale Tal der Beekwiesen, so auch der alte Weg von Tostedt nach Hollenstedt. Nördlich obiger Fischteiche zwischen Mühlenbach, Este und Betenbach, liegt die Bötersheimer Heide, früher »Segger-Heide« genannt. In diesem Gelände sind auch bis über die Straße Dohren-Hollenstedt viele Hochäcker zu finden. Seit einiger Zeit schon liegen sie brach.

Die Holzmark-Genossenschaft ist wohl die älteste Bindung, welche hier auf dem Todt über lange Jahrhunderte hinweg Dörfer und Höfe mit ihren Bewohnern zusammenhielt. War doch das Leben und Wirken vieler Generationen auf das Engste mit der Holzmark verbunden. Hier wurde ihnen das wichtigste Baumaterial gegeben, Nutzholz für Pflug und Wagen, hauswirtschaftliches Gerät und Brennholz, alles gab der Wald her. Im Wald fanden zur Herbstzeit die Schweine reichlich Futter

Als Ersatz für den Dreikreuzstein wurde einige hundert Meter nördlich im Jahre 2008 der neue Grenzstein aufgestellt

und der Bauer Plaggen, welche mit Stalldünger vermischt zur Bodenverbesserung dienen konnten. So war der Wald denn auch eine Volksversicherung, welche über Krisenzeiten hinweg half. Feld, Heide und Moor standen auch unter gemeinschaftlicher Nutzung und wurden hier auf dem Todt gegenüber der Holzung Todt-Gemeinheiten genannt.

Eine Ausnahme bildeten die bebauten Höfe selbst mit ihren Kohlhöfen, sowie verschiedene Schafställe und Bienenstände (Immenzäune), die aus der gemeinschaftlichen Nutzung (Allmende) herausgenommen worden waren. Hierbei war jedoch erforderlich, dass diese von den betreffenden Höfen allein genutzten Flächen durch Zäune oder Wälle besonders umgrenzt werden mussten. Noch heute sind hier und dort in der Heide und im Wald einige dieser Wälle anzutreffen, die natürlich im Laufe der Zeit niedriger geworden sind. Auch die innerhalb solcher Umgrenzung stehenden Bäume nebst Früchten standen den betreffenden Besitzern zur Verfügung. Die fortschreitende Einfriedung hatte im Laufe der Jahrhunderte eine bedeutende Auflockerung der Waldungen zur Folge, war doch der Laubwaldboden besonders gut für Weiden und Äcker geeignet. Alle auf dem Todt berechtigten Voll- und Halbhöfner waren die »Holtingsgenossen«, ganz gleich ob nun ein Hof der ganzen oder teilweisen Nutznießung eines Gutsherrn, dem Amt oder der Vogtei unterstand oder ob er gutsherrnfrei war. Die Kötner haben sich verschiedentlich erst in späterer Zeit Berechtigung an der Holzung erworben. An der Spitze der Todtholzung stand der Holzherr oder Holzgreve. Ihm zur Seite aus anderen Dörfern einige Holtingsgenossen als Holzgeschworene. Alle Holtingsleute wurden auch Erbexen genannt.

Zwischen der Tostedter Volksschule und der ehemaligen Sparkasse lag der alte Kirchhof. Früher war dieser Kirchhof größer und unter dem Pflaster der hier angrenzenden Dieckhofstraße liegen Gräber. Desgleichen dort, wo sich jetzt die Schulkinder munter vor der Volksschule tummeln. Manche Generation hindurch diente der alte Kirchhof dem Tostedter Kirchspiel zur Bestattung und so ist es gekommen, dass hier auf dem begrenzten Platz die Gräber, durch Aufschüttung der Grundfläche mit Erde, mehrfach übereinander liegen.

Gleich hinter dem alten Kirchhof in Richtung der Töste zu lag der Platz, worauf man zuvor die Gerichtsversammlung, Thing genannt, abhielt. Er führte später den Namen »Thie«. So kam es auch, dass noch heute die hier in Tostedt hinter der alten Volksschule und somit am alten Thingplatz liegende Wiese, als »Thee-Wiese« bezeichnet wird. In einigen Schriftstücken wird über die von der Dorfschaft angekaufte Thee-Wiese berichtet. Ebenso nannte man den an dieser Thee-Wiese angrenzenden Teich den Thee-Teich. Die alte Tostedter Kirche, deren ältester Teil ein recht dickes Mauerwerk aus Feldsteinen bildete, fiel nach Errichtung der neuen Kirche (1880) dem Abbruch zum Opfer und nur der Gedenkstein der Familie von Weyhe in Bötersheim, die in der alten Kirche ein Grabgewölbe hatten, zeigte noch den Platz an, wo dieses altehrwürdige Bauwerk gestanden hat.

Auf diesem alten Platz hinter dem Tostedter Kirchhof fand früher, wie bereits angemerkt, das Holting der Todtmark statt. Hier wurde nach hergebrachter Holtingsordnung Recht gesprochen. Diese Ordnung entstammt einer Zeit, in der die Bauern noch frei waren und somit auch unabhängige Nutzungsrechte an dem gemeinschaftlichen Wald und an der Flur hatten. Mancher freie Bauer hat in den unruhigen Zeiten, besonders des 9. bis 12. Jahrhunderts, sich in den Schutz größerer Grundherrn von Graf und Kirche begeben, um von der aus der alten Stammesverfassung erhalten gebliebenen kriegerischen Dienstpflicht, dem Heerbann zu folgen, befreit zu werden. Als Gegenleistung trat dann hierfür der Grundherr ein. Die Ankündigung des im Allgemeinen zweimal jährlich abgehaltenen Holtings hatte 14 Tage vorher im Gottesdienst zu erfolgen. Bei dem Holting erfolgte die Hegung in Frage- und Antwortform. Der Holzgraf stellte die Fragen, die von den Holtingsleuten damit beantwortet wurden, was in dem betreffenden Fall richtig sei oder welche Strafe darauf folgen sollte. So fanden sie das Recht. Auch waren die Strafen, Brüche genannt, gleich am Ausgang des Gerichtes zu erlegen. Verschiedene Holzgerichts-Versammlungen sind schriftlich niedergelegt. Von diesen Protokollen, auch »Weistümer« genannt, sind uns aus der Tostedter Holtingszeit einige erhalten geblieben. Sie geben uns Kunde über den Verlauf der Holzgerichte in damaliger Zeit. Im Jahre 1471 wurde Hinrich von Heimbruch mit der Holzgrafschaft über die Todtholzung belehnt. »Von gades gnaden wy Frederick de older to Brunswick und Luneborg hertoge bekennen openbar in diesem usen brewe vor uns unsze erven und nakamelinge dat wy Hinricke vam Heimbrock usen lewen getruwen tho einem rechten erve manlene hebben belehnt«, so beginnt die herzogliche Urkunde. Neben anderen Berechtigungen erstreckte sich die Belehnung auch über einen Hof zu Welle, dem Hof zu Tostedt, einem Hof zu Avensen, einer Kote zu Eversen und einem Hof zu Hollinde.

Einige Jahre später, 1478, belehnte der nachfolgende Herzog Heinrich der Jüngere den Holzgrafen erneut mit der »holtgreveschup ower de Toetmarke, pandinge (Pfändungsrecht) und dryff (Trift) uppe dem sulven holte.« Am 14. August 1483 fand in Tostedt ein Holting statt, hierüber berichtet ein niederdeutsch gefasstes Weistum: »In dem jare na der bord Christi unses Herren dusent veir hundert und im dreundachtentigsten jare am avende assumptionis Marie heft de irluchtige hoichgeborne furste und here ere Hinrik de junger hartogen Otten zaliger so to Brunswig und Luneborg hertoge myn gnedige here dorch Hinrike vamme Heinbroke und in bywesende itliker siner gnadde reden alse nomeliken Cordeß van Marenholte, Cordessen und Hinrickes vamme Dageforde eyn holting uppe dem Tote in dem dorpe to Tostede by dem kerkhowe darsulves na wontliker wis geheget und geholden laten.« Als erster Punkt der Tagesordnung wurde den Holtingsleuten bei ihrem Eid bestätigt, dass Hinrich von Heimbruch das Recht habe hier ein Holting abzuhalten und nicht der Bischof von Bremen. Vielmehr sollte der Meyer »de uppe dem Megerhove mines hern von Bremen sit binnen Tostede und twee holtswaren (Holzgeschworene) de mogen mit Hinrike dat holting sitten, dat heben se so von olden herkomende gedan.« Die Jagd auf dem Todt wurde der Burg zu Harburg zugestanden, und wenn dortselbst infolge Feuersnot Bauholz erforderlich sei, so sollte dieses, sofern darum gebeten würde, gebilligt werden. In den damaligen Zeiten wurde gegenüber heute nur eine geringe Menge Korn angebaut. Da der Ertrag unbedingt für die menschliche Ernährung nötig war, konnte für Schweinefutter kaum etwas davon abgenommen werden. Aus diesem Grund war es von größter Bedeutung, die Schweine zur Herbstzeit von den einzelnen Dorfschaften gemeinschaftlich in ihrem Waldgebiet in die Laubwälder zu treiben, um die herabfallenden Eicheln und Bucheckern gut auszunutzen. Wenn Eichen und Buchen guten Fruchtansatz zeigten, erfolgte Festsetzung der vollen Mast. Hatten die Bäume nur schwachen Ansatz, wurde nur die halbe Mast bewilligt. So ist es erklärlich, dass dieser Punkt in dem Holting immer besonders behandelt wurde.

Aus der Zeit, in der das Todtgebiet noch zum Bistum Bremen gehörte, hatte der Erzbischof von Bremen noch bedeutende Rechte an der Todtholzung. So wurde auch in diesem Holting anerkannt, dass der Bischof »ein schock swine mag driven up dem Todt« in der Zeit von September bis November. Die Schweine sollten auf dem Meierhof in Moisburg untergebracht sein und nur nach Sonnenaufgang in den Wald getrieben werden dürfen. Diese mussten am gleichen Tage vor Sonnenuntergang den Wald wieder verlassen. Wer in der Todtholzung unrechtmäßigerweise Holz haute oder mehr Schweine als zugebilligt zur Mast in den Wald trieb, sowie bei anderen Gelegenheiten gegen die Holzberechtigung verstieß, dem konnte gepfändet werden. Dieses Pfandrecht wurde dem Bischof von Bremen ebenfalls zugebilligt. Ein Wagen, der mit Holz zum Verkauf nach außerhalb beladen war, sei mit vier Schilling zu pfänden und eine Axt mit einem Schilling. Es wurde aber besonders hervorgehoben, gepfändete Gegenstände oder Tiere »uppe den meigerhof to Tostede bringen und nicht buten landes«. Hier konnten die Gepfändeten ihr Eigentum gegen Entrichtung der Strafe, Brüche genannt, wieder einlösen. Andernfalls wurde das Pfandstück nach einer gewissen Zeit verkauft. Von den Bruchgeldern und Erträgen aus dem Pfandverkauf standen den Holtingsleuten zwei Drittel und dem bischöflichen Vogt ein Drittel zu. Außerdem gehörten dem Bischof die Bruchgelder während der Tostedter Kirchenmesse, aber nur »van einer vesper tor andern und nicht länger.«

Sein Recht, zur Zeit der vollen Mast ebenso wie der Bischof »ein schogk swin uppe den Todt to drivende«, wurde dem Holzherrn bestätigt. Jegliche Rechte an der Todtholzung wurden den Horneburger Burgmännern abgesprochen. Falls sie jedoch Höfe auf dem Todt besaßen, sollten ihre darauf sitzenden Männer ebenso wie die übrigen Holtingsleute am Holz berechtigt sein. Den von Weyhe zu Bötersheim wurde nicht mehr Recht zuerkannt als ein anderer Bauer an der Todtholzung besaß. Sie durften auch nur die Schweine in den Wald treiben, die sie auf ihrem eigenen Hof gezüchtet hatten. Wüst liegende Höfe, die infolge Zerstörung, des Verfalls oder anderer Ursachen verlassen waren und somit nicht bebaut wurden, hatten an der Holzung kein Anrecht. Weiterhin fanden die Holtingsleute auch für Recht, was Hinrich von Heimbruch in einem freien Holting bestimmte oder versprach, das sollte als festes Gebot gehalten werden. Auf die zum Schluss gestellte Frage, ob an dem gehaltenen Holting noch etwas fehle und zu verhandeln sei, erfolgte die Anerkennung, dass alles so festgelegt sei, wie sie es von den Ältesten gehört hätten. Keiner sei in seinem Recht geschädigt. So wurde nach hergebrachter Art und Weise durch Fragen und Antworten Recht »gefunden« und festgelegt, wobei nach dem alten genossenschaftlichen Recht nicht nur der Holzgraf mit den Geschworenen zu Wort kam, sondern jeder Holtingsmann sprechen konnte. Sicherlich gab es oftmals einige mit der Zeit neu entstandene Fragen zu klären oder Übertretungen der Holtingsordnung zu ahnden, jedoch diente darüber hinaus die Hegung des Things auch dazu, die Rechtskenntnisse aller Holtingsleute aufzufrischen. In vorhergegangenen Zeiten wurde eine schriftliche Festlegung kaum vorgenommen, vielmehr war es Aufgabe der mündlichen Überlieferung, Rechte und Pflichten über die lange Folge der Geschlechter als ungeschriebenes Gesetz lebendig zu erhalten. Daher tauchten auch in den späteren Protokollen oft die gleichen Fragen auf.

Dem Herzog von Lüneburg als Landesherrn, so fanden die Holtingsleute, stand das Eigentum am Erdboden über das Gebiet des Todt zu. Den Burgen und Schlössern in Winsen, Moisburg, Harburg und Lauenbrück, sowie dem Kloster in Harsefeld, dem alten und neuen Kloster (Buxtehude) wurden in der Todtholzung keinerlei Rechte zugestanden. Nur ihre in der Todtmark wohnenden Meier hatten gleiche Rechte wie andere Holtingsleute. Jeder in der Holzung eingesessene Höfner durfte für Bauzwecke und anderen Bedarf Eichen- und Buchenholz schlagen. Ebenso durfte er seinen Kohlhof und Immenhof mit Holz einzäunen, ohne dass er eine Pfändung zu befürchten hatte. Auch wurde die Weisung gefunden, dass ein jeglicher Höfner berechtigt sei, nur seine eigenen Schweine in die Mast zu treiben. Andere Schweine als die, die er auf seiner eigenen Diele (sogenannte Deelzucht) gezüchtet hatte, durften nicht in die Mastung getrieben werden. Ein Kötner dagegen konnte nur bis zu drei Schweine mitlaufen lassen. Weiterhin wurde noch darauf hingewiesen, dass ein jeder, der in das Holting gehörte, sobald er beim Holzhauen, Viehweiden oder der Schweinemast unrechtmäßig mit Gewalt aufgegriffen wurde, beim Holzherrn zur Klage angezeigt werden sollte. Ebenfalls war auch derjenige zu melden, der zur Unrecht Holz schlug oder die Mast übertrieb. Unternahm jedoch der Holzherr nichts, um das Unrecht zu beheben, so war die Klage an den Inhaber der Harburg zu richten. Als Abschluss des Holtings erfolgte die Frage, ob die Holtingsleute auch bei dem bleiben wollten, was sie in dem Holting gefunden und gesagt hätten. Darauf antworteten die Männer, sie wollten bei alter Gewohnheit bleiben und hofften, dass ihr gnädiger Herr, der Herzog, ihnen bei ihrer Gerechtigkeit helfen möge.

Streitigkeiten des Herzogs von Harburg mit dem Holzgrevengeschlecht von Heimbruch über die Todtholzungen

Um den Brautschatz für seine Schwester zu gewinnen, verkaufte Jürgen von Heimbruch durch seinen Vormund Herzog Heinrich von Lüneburg 1494 auf zehn Jahre an Wilken, Arnd, Erp und Borchard, Gebrüder von Weyhe in Bötersheim, »de gerechtigkeit der holtinge und Holtingsgerichte uppe dem Tothe myt panding, drifft, nowe, jacht, broke hogeste und sideste und fort aller tobehorige« für 200 Mark. 1495 erhoben die Brüder von Zesterfleth Protest gegen die letzten Tostedter Holtinge, in denen sie keinerlei Anrechte zuerkannt erhielten. In einem an Herzog Heinrich gerichteten Schreiben versuchten sie, nach dem Tode des alten Holzgreven, frühere Mastrechte sowie die halbe Holzgrafschaft für sich geltend zu machen. Doch ihre Bemühungen waren umsonst. Inzwischen hatte Jürgen von Heimbruch die Holzgrafschaft mit allen Rechten zurückkaufend wieder eingelöst. In dem Tostedter Holting am 10. Februar 1510 wurde er als Holzherr anerkannt, denn er »is int holtinge geboren, aver de bischop to Bremen is int holtinge gekoren.« Und deshalb sollte von der Seite des Stiftes aus kein Streit hervorgerufen werden. Hierbei wurde auch darauf hingewiesen, dass nach St. Nicolaustag (6. Dezember), wenn der

Holzgreve seine Schweine nicht mehr in die Holzung treiben durfte, die restliche Mast ausschließlich den Markgenossen zustand.

Im Jahre 1507 befand sich das verpfändete Amt Harburg noch immer im Pfandbesitz der Stadt Lüneburg. Erst 1517 kam es zur Einlösung des Pfandschlosses Moisburg durch die Herzöge, wobei Herzog Heinrich das Amt Harburg mit dem Todt erhielt. Der Herzog gab das Amt adeligen Herren, die damit den Vogtsdienst ausübten. Ein für das Harburger Gebiet bedeutsames Ereignis trat ein, als 1527 der älteste Sohn Herzog Heinrichs, Otto, zu Gunsten seines Bruders auf das Fürstentum Lüneburg verzichtete und sich, seiner Ehefrau Meta von Campe zuliebe, mit dem Amt Harburg abfinden ließ. Harburg hatte nunmehr statt des Vogtes einen Herzog, so dass nun das Amt Herzogtum wurde. Obgleich Herzog Otto I. um 1527 in Harburg eingezogen war, blieben die Adeligen des Amtes auch fernerhin dem Herzog zu Celle verpflichtet. Hierdurch entstanden gewisse Spannungen, besonders mit denen von Heimbruch. Bereits im folgenden Jahr nach dem Einzug des Herzogs Otto in Harburg musste sich dessen Bruder Herzog Ernst von Lüneburg für ihn einsetzen. Um die Streitigkeiten zu beheben, kam am 17. Oktober 1528 zwischen Herzog Ernst und Georg von Heimbruch ein Rezess zustande. Hiernach sollte Georg von Heimbruch »auf dem todte und sonst des stiftes Holzungen nach seiner gerechtigkeit pfänden«, das Pfand aber auf den Meierhof in Tostedt bringen, damit die Angelegenheit vor dem Holzgericht verfolgt werden konnte. Wenn der Holzgreve Harburger Bürger auf dem Todt beim Holzschlagen antraf, sollte er diese auch pfänden, sobald aber gleiche Bürger von Bauernhöfen Fuderholz abfahren, sei er nicht zur Pfändung berechtigt. Der Fuhrmann musste über die Herkunft des Holzes Auskunft geben und so wurde dann festgestellt, ob der Verkäufer unrechtmäßig gehauen hatte. Wurde dies befunden, war er hierfür zur Verantwortung zu ziehen. Wegen der Schweinemast hatte sich der Holzherr so zu verhalten, dass sich keiner darüber beschweren konnte. Weiterhin sollte er jährlich ein Holting halten. In dem am 11. November 1534 von Jürgen von Heimbruch in Tostedt gehaltenen Holting fanden die Holtingsleute dem »heren vam lande hertogen Ernsten tho den erdboden«, aber nicht das Holting. Dem Hause Harburg wurde bei Feuersnot Bauholzhilfe zugestanden, jedoch sollte der dortige Befehlshaber bei der Holzung darum bitten, damit das Holz von den auf dem Todt wohnenden Meiern des Harburger Hauses angefahren werden konnte. Die Jagd auf dem Todt stand Harburg zwei Mal im Jahr zu, einmal bei Gras (Frühjahr) und einmal bei Stroh (Herbst). Der Holzgreve hatte sich mit der Mast so verhalten, wie es im Rezess mit dem Lüneburger Herzog festgelegt war. Die von Weyhe zu Bötersheim besaßen an der Holzung keine weiteren Rechte als ein anderer Holzungsmann und waren auch ebenso der Pfändung unterworfen.

Im folgenden Herbst 1535 begann erneut der Streit. Jürgen von Heimbruch beschwerte sich bei dem Herzog Ernst wegen Übergriffe und Gewalt des Herzogs Otto. Letzterer hatte ihm ohne Wissen des Landesfürsten und gegen den fürstlichen Vertrag von 1528 seine Schweine aus seiner Holzung genommen, auch sein Mastgeld aufgehoben. Zwei Wochen später rechtfertigte sich Herzog Otto, indem er seinem Bruder Ernst schrieb, Jürgen von Heimbruch hätte des Herzogs Leuten auf dem Todt bei der Nachmast mit einer Übertrift von 500 Schweinen hart beschwert. Weil er seinen Befehl, dieses zu unterlassen, nicht befolgte, habe er Jürgen von Heimbruch und dessen Sohn Christoffer zu gefänglicher Haft in seinem eigenen Hause einziehen lassen. Die Schweine habe er gepfändet, sie wurden jedoch von Jürgen bei nachtschlafender Zeit in das Stift Verden getrieben. Abermals versuchte Herzog Ernst diesen Streit durch einen erneuten Rezess zu schlichten. Hatten sich doch der Holzherr sowie Herzog Otto mehr Rechte angeeignet als ihnen zustanden. »Von gottes gnaden wir Ernst herzog zu Braunschweig und Lüneburg bekennen und thun kund hiemit, nachdem sich zwischen den hochgeborenen fürsten unserm freundlichen lieben bruder und gevatter herrn Otto herzogen zu Braunschweig und Lüneburg von wegen des hauses Harburg eines, und Jorgen von Heimbrock andertheils, etliche irrung und Zwietracht zugetragen«, so begann der Rezess von 1536 und nun wurden alle Punkte genau durchgenommen. In Vaerloh war ein Hof neu erbaut worden und da dieser nun einmal errichtet war, sollte er auch bleiben. In Zukunft durfte jedoch, soweit sich das Holtingsrecht des Holzherrn erstreckte, ohne dessen Einwilligung kein Hof oder keine Kote errichtet werden, wo bisher keiner gestanden hatte. Jürgen von Heimbruch hatte es mit dem Ansehen des Holtings wohl nicht so genau genommen, denn sonst hätte man ihn kaum gemahnt von jetzt an nach hergebrachter Gewohnheit das Holting zu halten.

Infolge der Schwierigkeiten, die den Markgenossen bei der Zuteilung des nötigen Bauholzes bereitet wurden, bestimmte Herzog Ernst, das acht Tage nach Beantragung von Holz das fragliche Gebäude durch den Holzherrn und die Holzgeschworenen besichtigt werden sollte. War dann die Notwendigkeit des Bauens festgestellt, so war dem betreffenden Holtingsmann innerhalb von drei Tagen soviel Holz als erforderlich anzuweisen. Für diese Anweisung durfte aber nur ein, bei einem ganzen Bau drei Schilling gefordert werden. Weil die Holtingsleute sich beschwerten, dass der Holzgreve an Fremde Holz verkaufte, so sollte er sich dessen mäßigen. Eine weitere Zurückweisung erhielt Jürgen von Heimbruch wegen Überschreitung seiner Befugnisse als Holzherr. Er sollte sich im Holting und Holtingsgerichte auf dem Todte an seine Rechte halten, desgleichen sollten sein Vogt und Knecht und die Seinigen an gewöhnlichem Pfandschilling sich sättigen lassen und die Holtingsleute nicht übermäßig belasten. Bei Klage, dass der Holzherr die Mast in den Holzungen übertrieb, sollte der Hauptmann von Harburg mit einigen Holtingsleuten feststellen, ob von Heimbruch neben seiner Dielenzucht mehr als ein bzw. ½ Schock Schweine ausgetrieben habe. Und somit sollten alle »Irrungen und Gebrechen so sich bisher zwischen hochgedachten unserm freundlichen lieben Bruder und Gevatter Herzog Otto und Jorgen von Heimbrock sich zugetragen haben, gänzlich und gründlich vertragen hin und beigelegt sein und bleiben«, so die fromme Hoffnung des Herzogs Ernst.

Kreidezeichnung von Albert Bartels

Alle guten Worte schienen jedoch nicht die zu erwartenden Früchte getragen zu haben. Der Groll des von Heimbruch gegenüber dem Herzog Otto in Harburg sowie die übermäßige Ausnutzung der Holtingsleute nahm kein Ende. Und so erließ Herzog Ernst von Lüneburg wegen »abermals etliche Gebrechen«, die sich zwischen »den Mennen auf dem Todte« und Jürgen von Heimbruch zugetragen hatten, erneut eine Verordnung. Letzterer sollte sich bei den Holzungen auf dem Todte nach dem vor einigen Jahren errichteten Rezess halten und die armen Leute darüber nicht durch seine Pfändungen beschweren. Es sollte auch das vom Wind umgeworfene Holz, die sogenannten Windtbraken, den Leuten auf dem Todte zum Bauen frei sein. Doch alles Holz, welches beim Bauen Verwendung finden konnte, durfte nur nach vorhergehender Anweisung entnommen werden. Weiterhin wurde dem von Heimbruch befohlen, denjenigen Männern, die nach außerhalb zu Gericht gefordert wurden, die Teilnahme nicht zu verbieten, sondern sie anzuhalten ihren Pflichten zu folgen. Es wurde festgestellt, dass dort, wo bisher kein Hof war, nichts Neues gebaut werden durfte. Der Holzgreve hatte jedoch zwei Gebäude auf dem Todt errichtet. Nach Anordnung des Herzogs Ernst im Jahre 1542 sollten diese wieder beseitigt werden.

Auch mit Herzog Otto II. von Harburg dauerten die Dispute an

Inzwischen war der Herzog Otto I. 1549 in Harburg gestorben. Hiermit hätte das Amt eigentlich an das herzogliche Haus in Celle zurückfallen müssen. Doch die Witwe wollte es nicht herausgeben und so wurde ihr Sohn, ebenfalls mit Namen Otto (II.), der Nachfolger in Harburg. Dieser hatte dann 1561 zusätzlich noch das Amt Moisburg erhalten. Ebenso wie sein Bruder ließ sich Christoph von Heimbruch wenig bei seiner Ausbeutung der Todtholzung stören und versuchte, auch weiterhin durch Ausnutzung der Markgenossen seinen Vorteil zu ziehen. Ungeachtet vorausgegangener Vereinbarungen übertrieb er fortlaufend die Mast. Willkürlich pfändeten seine Vögte die Todtleute, brachten die Pfänder aber nicht auf den Meierhof in Tostedt, ebenso wenig wie sie diese Maßnahmen dem Holting vortrugen. Dafür entschieden sie eigenmächtig und eigneten sich statt des dritten Teils die ganze Pfandsumme an. Bei Anweisung des Bauholzes spürten die Todtleute besonders den Druck der Vögte, die hierbei Trinkgelder erpressten. Der Holzherr beanspruchte das Recht des Holzhauens nicht nur für eigene Bauzwecke, sondern ließ darüber hinaus noch Holz zum Verkauf schlagen. Hierbei wurden seinen Leuten am 3. Juli 1555, nachdem sie widerrechtlich 18 große Eichen gehauen hatten, von den Herzoglichen die Äxte gepfändet, die sie jedoch wieder ausgehändigt erhielten. Da das Bauholz nur im Winter geschlagen wurde, handelte es sich hier um Holz für den Verkauf. Daraufhin zogen die von Heimbruch am 12. und 13. Juli mit etwa 100 Männern und 40 Pferden auf den Todt, verwundeten hierbei einige Todtleute, zertraten die Früchte und entweihten den Kirchhof durch Öffnen der Kirche und Glockenläuten (siehe hierzu »Sturmglockengeläute und Kampfgetöse vor 450 Jahren in Tostedt«).

Auch die von Weyhe in Bötersheim versuchten sich mit der Zeit immer mehr Berechtigungen an der Todtholzung anzueignen. Mehr als ihnen zustand, womit der Holzgreve natürlich nicht einverstanden war. Wegen dieses Streites ließ Herzog Franz Otto von Lüneburg die Gegner zum Verhör laden, um dann durch seinen Schiedsspruch zu schlichten. Dieses geschah am 6. November 1556. Hiernach sollten sich die von Weyhe gleicher Rechte wie jeder Markgenosse an der Todtholzung erfreuen, »aber sich auch weiter keine gerechtigkeit in hauen und mastricht gebrauchen«, wie sie den Rechten der gemeinen Holtingsleute entsprachen. Es sei denn, sie bewiesen dem Herzog in vier Monaten, dass sie darüber hinaus weitere Rechte besessen hätten. Sie sollten sich auch enthalten, auf dem Todte nach hohem Wilde (Hirsche und Schweine) zu jagen und ebenfalls in der Holzung kein Holz zum Verkauf schlagen lassen. Außer ihrer eigenen Dielenzucht dürften sie keine weiteren Schweine auf den Todt treiben. Die von ihnen in den letzten zwanzig Jahren ohne Bewilligung des Holzherrn auf dem Todt angelegten Rodungen sollten sie als zur gemeinschaftlichen Holzung gehörend liegen lassen, desgleichen die in gleicher Zeit innerhalb der Holzung errichteten Koten wieder beseitigen. Selbst Eicheln sollten die von Weyhe nicht auflesen. So sie jedoch bewiesen, dass die Eichen, die zwischen ihren Äckern standen, ihnen allein und nicht zur Holzung gehörten, dürften sie dieses Holz sowie Eicheln für sich nutzen. Die von Weyhe hatten sich noch über Heimbruchs Leute beklagt, die bei ihren Meiern gelegen und zehn Mark zwölf Schilling verzehrt hätten. Diese Zehrungskosten sollten die von Heimbruch zahlen. Wäre dieses nicht der Fall, so hätten die Heimbruch-Leute selbst ihre Zeche zu begleichen. Die Schafe, welche die von Heimbruchs den von Weyhe abgenommen hatten, sollten sie zurückgeben oder erstatten. Letztere sollten aber auch ihre Schafe ebenso wie Heimbruch abschaffen oder falls sie sie behalten wollten, diese nicht austreiben soweit sich die Todtholzung erstreckt. Der Vertrag kam in Winsen zustande und ist unterzeichnet von »Frantz Otto H. z. B. und L. mann propria scripsit.«

Wenige Jahre später, 1559, erklärten die von Weyhe, sie hauten das Holz nicht aus Übermut, sondern die Heimbruchs verkauften es an Fremde. Auf Hochwild hätten sie auch nicht gejagt, nur nach Rehen, Hasen und Füchsen. Inzwischen erfolgte 1560 die erneute Belehnung der von Heimbruchs mit der Holzherrschaft über die Todtmark durch Herzog Heinrich und Wilhelm und 1572 durch Herzog Wilhelm von Lüneburg. In Harburg wütete 1564 ein großes Feuer und nun rollten auch vom Todt die Holzwagen heran. Die von Heimbruch klagten ihrem Lehnsherrn 1569, dass nicht nur das gemeinschaftliche Holz, sondern auch ihr Sonderholz auf dem Todt durch die Männer des Harburger Herzogs sehr geschädigt worden sei. Daraufhin erfolgte 1570 eine Besichtigung der Verwüstung durch Lüneburger Räte und am 19. April desselben Jahres wurde dann in Tostedt ein neuer Vertrag, ebenso wie mancher vorhergegangene, aufgesetzt. Abwechselnd liefen bei dem Herzog Wilhelm weitere Klagen bald von dieser, bald von jener Seite ein. Denn allem Anschein nach versuchte jeder bei passender Gelegenheit, seinen eigenen Vorteil aus der Todtmark zu ziehen. Der Harburger Otto II. berichtete 1571, dass Jürgen von Heimbruch, der in Celle das Amt des Herzoglichen Großvogtes ausübte, abermals die Mast in der Todtholzung mit etlichen hundert Schweinen übertrieben habe. Wenige Tage später schrieb Jürgen von Heimbruch, dass er laut Lehnsbrief und Rezess von 1529 als Holzherr zu dieser Trift in der Todtholzung berechtigt sei. Früher habe sein Vater noch über 1000 Schweine in den Todt getrieben und jetzt solle er nicht einmal mehr 300 Schweine eintreiben dürfen! Nicht durch ihn sei das Holz so verwüstet. Der Herzog möge ihn in seinem Lehen schützen und Ersatz für die abgetriebenen Schweine vom Herzog Otto verschaffen. In dem Urteil des Kompromissrichters auf die Klage der Brüder von Heimbruch wurde am 21. Juli 1573 festgestellt, dass der Harburger Herzog Otto II. den Leuten von der Todtholzung zu Unrecht das Roden und die Anlegung von Wiesen erlaubt habe. Der Herzog selbst habe auch auf dem Todt Wiesen angelegt, desgleichen Höfe und Koten in Hassel, Otter, Wistedt, Avensen und Welle erbaut. Weiterhin habe Otto den von Heimbruchs 1180 Schweine vom Todtholz wegtreiben lassen und die Hegung des Holtings auf dem Todt verhindert. In allen Punkten wurde der Beklagte ersatzpflichtig gemacht. In dem von Weyhe'schen Prozess schrieb Jürgen von Heimbruch 1578 an Herzog Wilhelm, dass er es nicht sei, der das Ellernholz durch Hauerwagen verwüstet habe, sondern die von Weyhe, die dort Wiesen angelegt hätten. Es sei auch nicht möglich, dass die von Weyhe alles Holz, welches diese seinerzeit vom Todt gehauen, zum Bau von Bötersheim verwandt hätten. Nach dem Bescheid von Winsen (1556) müssten auch die in den letzten zwanzig Jahren angelegten zwei Koten in Dohren, eine vor Bötersheim, sowie eine Wiese bei der Sandforth und an der Este abgeschafft werden. Wenn nun die von Weyhe einwenden würden, sie hätten die Koten in Dohren auf zwei 1467 vom Michaeliskloster zu Lüneburg und 1484 vom Kloster Harsefeld gekauften Höfen erbaut, so sei es nicht berechtigt, dass jemand nach so langer Zeit erst Koten baue, wo seit Menschengedenken kein Haus gestanden habe. Da sie in Dohren schon sieben Höfe und fünf Koten hätten, so könnten die gekauften wohl unter diesen sein. Die Kote zwischen Bötersheim und Dohren betreffend, die nun wieder niedergelegt worden sei, behaupteten die von Weyhe, dass sie dort selbst nicht nur eine Hofstätte, sondern auch eine Mühlenstätte, Bennersmühle genannt, hätten. Letzteres bezweifelte der von Heimbruch, denn sonst hätten die von Weyhe die Mühle doch längst erbaut gehabt, auch sei in der Rechtfertigung nie davon die Rede gewesen. So ging es mit den Streitigkeiten, die 1527 mit dem Einzug des Herzogs Otto I. in Harburg begannen, munter weiter. Trotz aller Vergleiche und Rezesse, die im Laufe der Zeit deswegen geschlossen worden waren, verschärften sich die Spannungen statt abzunehmen.

Die von Heimbruch waren nicht gewillt sich dem Harburger Herzog zu beugen und setzten ihr eigenmächtiges Tun und Treiben weiterhin hartnäckig fort. Und so kam es, dass sich Otto II., dem dieses Verhalten denn doch zu herausfordernd erschien, 1580 zu einer Abkündigung an Jürgen von Heimbruch entschloss. Diese wurde dadurch begründet, »dass der durchläuchtige hochgeborene fürst und herr, Hern Otto herzog zu Braunschweig und Lüneburg, mein gnädiger herr, ist durch Jürgen von Heimbruch und seinen sohn Bartold und andere, auch ihre voigte und gesinde, etliche viele Jahre übermüthig genug in s. f. g. hoheiten, gericht und botmäßigkeiten vielfältiglich beschwert worden, indem s. f. g. leuten und unterthanen auf dem Tothe ihre Schweine von den Höfen, worauf die Heimbruchs nicht zur Pfändung berechtigt, gewaltsam genommen und nach Karoxbostel (Stammsitz der Adelsfamilie von Heimbruch) getrieben«. So hatten die Heimbruchschen Männer dem Harburger Herzog »arme leute zu Tostede hirten und schäfer zu boden und das vieh aus dem felde geschlagen und gejaget« und auch die Untertanen in dem herzoglichen Gericht »mit gewehrter hand in ihren häusern feindlich überlaufen«. Soweit der Schriftsatz. Gestützt auf seine fürstliche Herkunft und Verwandten nahm der Harburger Herzog immer weitere Rechte an sich. So griff er auch in die Freiheiten des Holzgerichtes auf dem Todt ein. Hier schützte er nun besonders die dem Amt pflichtigen Bewohner des Todts gegen Übergriffe der Heimbruchs. So betrachteten ihn die Todtmark-Genossen als einen Befreier von ihren bisherigen Bedrängern ohne zu bedenken, dass sie hierdurch einem neuen Herrn erleichterten, sie für seine Vorteile zu nutzen.

Das Adelsgeschlecht von Heimbruch verließ die alte Heimat

Obgleich die Herzöge von Lüneburg-Celle durch Vergleiche oft manchen Streit zwischen dem von Heimbruch – als ihrem Lehnsmann und auch Großvogt in Celle – sowie andererseits ihrem Verwandten, dem Harburger Herzog, schlichten konnten, kamen die von Heimbruch zu der Überzeugung, dass ihr Verweilen in dieser Gegend unter dem Druck zeitlicher Veränderungen immer beschwerlicher wurde. So begannen sie verschiedene ihrer Besitzungen und Rechte zu verkaufen. Auch ihre Berechtigungen an der Todtmark, die durch manche Generation ausgeübte Holzherrschaft, wollten oder mussten sie ebenfalls aufgeben. In einem letzten Vergleich wurde 1589 Herzog Otto in Harburg die Todtholzung für 2000 Thaler in Aussicht gestellt. Am 5. April 1591 bestätigten die Herzöge Ernst und Christian in Celle, dass sie nun »endlich haben eingewilligt«, indem sich Herzog Otto mit »ihren lehnleuten und untersassen Jorgen von Heimbruch und seinen brüdern der Todtholzung halber mit unserm willen und wissen verglichen hat, dahero s. b. ihnen zweitausend thaler sollte erlegen«. Der Betrag sollte den Heimbruchs jedoch nicht ausgezahlt werden, sondern ihnen auf der Lüneburger Rentkammer gegen gebührliche Verzinsung gutgeschrieben werden und sichergestellt bleiben, bis die Celler Herzöge für die von Heimbruch eine neue Verwendung fänden, welche sie dann statt der Todtholzung als Lehen empfangen würden. So endete plötzlich die Holzgrafschaft derer von Heimbruch und mancher Holtingsmann auf dem Todt wagte nun erstmals auf eine bessere Zeit zu hoffen. Wie sich auch in vielen Dingen manches änderte, das Los der Bauern blieb hier im Grunde genommen das gleiche – an mühseliger und harter Arbeit änderte sich nichts.

In der zwischen Tostedt und dem Bötersheimer Gebiet liegenden Heide waren einige Stücke urbar gemacht worden. Diese Gelegenheit hatten die von Weyhe eigenmächtig benutzt, um hiervon den Rottzehnten zu ziehen. Am 7. Juni 1593 wurden alle Gutsherrn der Todtholzungsinteressenten zu einer Zusammenkunft nach Tostedt geladen, wobei auch dieser Vorfall zur Verhandlung kam, denn das Recht den Rottzehnten zu ziehen, stand hier nur dem Landesherrn als Eigentümer des Grund und Bodens zu. Außerdem lebten in dieser Zeit noch alte Leute, die aussagten, dass diese Heide zur Todtgemeinschaft gehörte. Herzog Otto II. in Harburg hatte als jetziger Holzherr mit den Erbexen der Todtholzung verschiedene

Das Schloss in Moisburg 1931

Besichtigungen und Besprechungen abgehalten, um einige Unstimmigkeiten zu beseitigen sowie Änderungen herbeizuführen. In einem am 5. November 1595 aufgesetzten Vertrag wurden verschiedene Punkte behandelt und neu festgelegt. Mit der Holzgrafschaft über die ganze Todtholzung hatte der Herzog Otto von den Heimbruchs auch die Berechtigung erworben, den dritten Baum an hartem und weichem Holz zu hauen. Das Recht den dritten Baum zu hauen, glich dem Wert eines Drittels der Waldnutzung oder dem Recht der freien Axt. Die Übertrift stand ihm nun ebenfalls zu sowie zur vollen Mastzeit ein Schock Schweine in die Todtholzung zu treiben. Als Inhaber des Hauses Harburg hatte er seit frühester Zeit Anspruch auf jährlich 48 Balken. Seine Berechtigung den dritten Baum und 48 Balken zu hauen sowie die Übertrift zu entsagen, jedoch Mastberechtigung und Holzgrevenschaft zu behalten, ließ er sich abkaufen. Hierfür erhielt er als Entschädigung von den Markgenossen der Todtholzung den Riepshofer-Loh, das Süderhorn, die Riede hinter der Wiese und das Illenbruch als privates Eigentum abgetreten. Die Grenzen dieser Sunder-Holzung waren in dem Vertrag genau festgelegt. Wegen der Schweine derer von Weyhe, deren Stallung in Hassel stand, wurde bemerkt: Sobald sie in das Süderhorn überliefen, würden sie ein- oder zweimal zurückgetrieben, das dritte Mal jedoch gepfändet. Für die jährlich 48 Balken, die in den letzten vier Jahren nicht nach Harburg geliefert worden waren, verlangte der Herzog von jedem Voll- und Halbhöfner 10 und von den Kötnern, soweit Holzungsgenosse, 5

Lübecker Schilling als Entschädigung, zahlbar am nächsten Michaelistag und im folgenden Jahr nochmals den gleichen Betrag. Im Übrigen sollte Herzog Otto als Holzherr sich an die alten Sitten und Gebräuchen halten, »undt sich sonsten der Holtzgrefschaft mit Pfanden, Abhandlung der Brüche, Haltung undt Findung der Holtzungsgerichte, so jeder Zeit zum geringsten 14 Tage zuvor von den Cantzeln der Kirche abgekündigt werden sollen, damit die Leute und Meyer solches ihren Gutsherrn anmelden, undt zu wißen thun können, alten hergebrachten Gebrauch gemeß verhalten, vor welchen Holtzungsgericht auch, von neuen gehegen, so von den Leuten selbst gesucht undt gebohten, Handlung soll gepflogen werden«.

Doch verschiedene Wälder lichteten sich durch übermäßige Abholzung weiter. Um einer vollständigen Verwüstung vorzubeugen, wurden sie »ins Gehege gelegt«. Während dieser Zeit durfte darinnen kein Holz geschlagen werden. So wurde Kamperlin auf zehn Jahre ins Gehege gelegt und somit durfte dort kein Vieh hineingetrieben werden. War jedoch trotzdem Vieh dahin übergelaufen, so war dieses auf den Hof des nächsten Holzgeschworenen zu bringen und durfte nicht eher zur Freigabe gelangen, bis für jedes Stück drei Pfennig bezahlt worden waren. Neben dem obigen Gehege sollten auch weitere Gehölze auf zwölf Jahr im Gehege liegen bleiben. Nach Ablauf der festgesetzten Frist sollten die betreffenden Wälder als offen erklärt und für weitere Benutzung freigegeben werden, selbst für Holz zum Verkauf. Das Kluftholz sollte in Faden gelegt und den ganzen und halben Höfen, ein Teil aber den Kötnern davon gehören und zufallen. Den von Weyhe in Bötersheim wurde nahegelegt, das Holz nicht mehr so wie bisher zu verwüsten und besonders fruchtbare Eichen und Buchen zu schonen. Wer auf frischer Tat beim unrechtmäßigen Holzschlagen überrascht wurde, wurde strafbar. Wegen des Holzes, welches zur Herstellung von Wagen, Rädern, Pflügen und Zäunen sowie als Bauholz diente, durfte der Tostedter Vogt für die Anweisung des zu einem Haus oder Scheune erforderlichen Holzes nicht mehr als vier und wegen eines einzelnen Baumes nur einen Schilling erheben. Das vom Wind gebrochene und dürre Holz war wie bisher als allgemein zu betrachten. Nur sobald der Sturm größere Mengen Holz umlegte, sollte vor dem Abfahren nachgesehen werden, ob es nicht als Nutzholz Verwendung finden konnte. Durch Anlegung von Wiesen und Bienenzäunen war in den letzten Jahren oft Streit entstanden. Dieses wurde dadurch geregelt, dass jeder dasjenige, was er sich so hergerichtet hatte, in seinem Besitz behalten sollte. Dieses jedoch nur mit der ausdrücklichen Bedingung und dem Vorbehalt, dass künftig keine neuen Zäune zugelassen werden sollten. Es folgten dann die Unterschriften, unter anderem des Herzogs von Harburg. Des Weiteren folgte der Hinweis, dass diese Urkunde fünfmal auf Pergament geschrieben wurde. Sie wurde am 29. November 1595 ausgestellt.

In dieser Zeit veräußerten die von Heimbruch weitere Berechtigungen. So wurde auch 1596 der von Johann von Seggerden erworbene Zehnte »von Glüsing im Amte Harburg auf dem Tode gelegen« verpachtet. Für diesen Zehnten waren jährlich 24 Reichsthaler als Pachtgeld zu zahlen. Eine Besitzung nach der anderen gelangte zum

Verkauf und unter dem Druck der Verhältnisse gelang es dem Herzog Otto selbst den von Heimbruchschen Stammsitz, das Gut Karoxbostel, zu erwerben. Hiermit hatte der Herzog nun den größten Teil der vielen Heimbruchschen Lehen und Besitzungen im Amte Harburg und Moisburg für 30 000 Thaler gekauft. Ostern 1603 verließen die von Heimbruch und ihre Familien diese Gegend, in der seit langen Jahrhunderten ihre Geschlechter gelebt hatten. Die beladenen Wagen zogen der Weser zu, ihrer neuen Heimat Hoya entgegen.

Sturmglockengeläute und Kampfgetöse vor 450 Jahren in Tostedt

Es war der 13. Juli 1555, ein warmer Sommertag. Die Männer, die hier auf den Wiesen bei Tostedt mit ihren Sensen herumstanden, schienen es mit ihrer Arbeit nicht eilig zu haben. Einer führte das Wort und berichtete in aufgeregtem Tone von dem Ereignis des Tages: Gestern seien wieder mehrere Gruppen von Männern zu Fuß, auf Wagen und auf Pferden den sandigen Weg von der Esteniederung nach Tostedt heraufgezogen. Mindestens 100 Leute und 40 Pferde habe er gezählt. Bei Tostedt hätten die Männer in der Todtholzung begonnen große Eichen zu fällen. Das sei doch nichts Neues, fiel ein anderer jetzt ein, das seien die Heimbruchschen Männer, die dort schon vor 14 Tagen 18 Bäume umgelegt hätten. Na – damals sei ihnen das aber schlecht bekommen, wollte ein Dritter wissen. Der Töster Vogt habe sie doch gestört und ihnen die Äxte gepfändet. Wenn der von Heimbruch auch Holzgreve sei und das Recht der freien Axt habe, so mitten im Sommer könne man doch wohl nicht Eichen als Nutzholz schlagen lassen. Da müsse ja jeder auf die Vermutung kommen, der Greve wolle bloß Geschäfte machen und das geschlagene Holz in Buxtehude oder Harburg in bare Münze verwandeln. Dies sei aber nicht so leicht zu beweisen, erwiderte der Erste jetzt. Der Vogt habe das auch eingesehen und die Äxte wieder herausgeben lassen. Bei diesen Worten horchten die Männer plötzlich auf und lauschten nach Tostedt hin. Von dort tönte Glockengeläut herüber. Doch es war nicht das sonst vertraute gleichmäßige Klingen, sondern der Wind wehte hastiges, unregelmäßiges Läuten herüber. Mit dem Schreckensruf: »De Störmklocken gaoht in Töst!« nahmen die Männer eilig ihre Sensen auf und verschwanden in Richtung ihres Dorfes. Denn wenn in Tostedt die Sturmglocken gingen, bedeutete das nichts Gutes. In Tostedt hatte ein großer Teil der Heimbruchschen Männer das gestern begonnene Eichenfällen fortgesetzt. Damals reichte der Wald noch bis dicht an den Ort heran. Dort, wo heute südlich der Bremer Straße entlang alles bebaut ist, begannen einst die »Düvelshöpen«. Das war kein geschlossener Eichen- und Buchenbestand zwischen dem »Smettbrook« bei der heutigen Schützenstraße und der »Ohnhorst« am jetzigen Quellner Weg, sondern durch nasse, duppige Wiesen

Der Himmelsweg in Tostedt um 1905

und Bruch aufgelockerte Waldteile, die hier günstigen Boden gefunden hatten. Während krachend die Äxte wirkten, rissen andere Männer neuangelegte Rieselwiesen auseinander. Es handelte sich hier um eine zur genossenschaftlichen Todtholzung gehörende Fläche, in der niemand ohne Bewilligung des Holzherrn oder der Holzgeschworenen roden durfte. Nicht einmal mit Genehmigung des Harburger Herzogs. Andere Gruppen suchten währenddessen in allen Tostedter Häusern den herzoglichen Vogt, dessen sie sich gern bemächtigt hätten. Doch die Suche blieb vergeblich. Der Vogt hatte es angesichts der gegnerischen Übermacht vorgezogen, sich rechtzeitig in Sicherheit zu bringen. Dafür gab es eine andere Überraschung. Plötzlich sprengten Reiter des Herzogs heran. Was wollten sie? War das ein Überfall? Um sich dagegen zu wehren, ließ der Holzgreve die Kirche aufbrechen und die Sturmglocken läuten. Die größere Zahl seiner Männer sammelte sich hierauf schnell im Ort und nun prallten die Haufen aufeinander und kräftig packten derbe Fäuste auf beiden Seiten zu. Wer in diesem Getümmel seine blanke Waffe zog, schlug aber nicht mit der scharfen Schneide darauf los, sondern benutzte nur die flache Breitseite, um damit mehr dröhnende als vernichtende Schläge auszuteilen.

Dieses »Tostedter Holzgefecht« hatte noch ein Nachspiel: Der Harburger Herzog Otto beschwerte sich wegen dieses Landfriedensbruches beim Landesherrn in Celle. Der von Heimbruch antwortete darauf, er hätte nur aus Notwehr gehandelt. Und die Glocken hätte er nur läuten lassen, um sich gegen die vom Herzog bereitgehaltenen Reiter bei seinem berechtigten Holzschlagen wehren zu können. Er bemerkte noch, er habe sich bei dieser Gelegenheit an das rechte Maß gehalten und seine

Gegner »schonend« mit trockenen Schlägen, das heißt ohne Blut zu vergießen, bekämpft. Im Übrigen nahm er Bezug auf seine vom Landesherrn, dem Herzog von Lüneburg, verliehenen Rechte: Der Herzog hatte seine Vorfahren schon 1478 mit dem Recht des dritten Baumes, das heißt dem dritten Teil der Holzungen, der Holzgrevenschaft über die Todtmark sowie Pfand- und Mastrecht in dem gleichen Holze belehnt. Dass man damals jeden Holzfrevel so schwer nahm, erklärt sich daraus, das die Verhältnisse sich im Laufe der Jahrhunderte ins Gegenteil gekehrt hatten. Galt es einst, den Wald als Siedlungshindernis zu bekämpfen, so hatte sich diese Aufgabe längst in einen Kampf um die Erhaltung des Holzbestandes gewandelt. Die Todtholzung umfasste einst alle auf dem Todt gelegenen Waldstücke zwischen Este, Wümme und Staersbeck. Auf den jährlich ein oder zweimal abgehaltenen Holzgerichten fanden auch die Rechte und Pflichten des Holzherrn seitens der Holtingsleute immer erneute Bestätigung. Besonders das Pfandrecht muss für den Holzherrn wohl recht lohnend gewesen sein. Den Untervögten ließ man bei ihrem Dienst viel zu weite Vollmachten. Die Missbilligungen der Holtingsleute mehrten sich und so kamen diese Angelegenheiten auf manchem Holting immer wieder zur Verhandlung. In dem Tostedter Weistum von 1495 ist das Pfandrecht eingehend aufgezeichnet. Das Pfand darf nicht aus dem Gebiet der Holzung gebracht werden. Es ist auf den Meierhof in Tostedt (Vollmeierhof Nr. 2) zu bringen und dort zu lassen, bis die Holtingsleute darüber entschieden haben. Vom Meierhof musste der Übeltäter dann sein Pfand gegen Entrichtung der Pfandsumme wieder einlösen. Manchem fiel es oft schwer, die erforderlichen Schillinge aufzubringen. Nur wenige verfügten über entsprechendes Bargeld. Bei jedem Vergehen konnte alles Mögliche als Pfand mitgenommen werden. Selbst die für jeden Hof so wertvollen Grapen (Kessel) am Kesselhaken waren nicht vor der Pfändung sicher. Handelte es sich um gepfändete Zugochsen, dann mussten außer den festgesetzten Strafen auch noch die Futterkosten gezahlt werden. Von der Pfandsumme bekam der Holzgreve ein Drittel, die anderen beiden gehörten den Holtingsleuten. Wie aus zahlreichen Beschwerden ersichtlich, hat der Holzgreve mit seinen Untervögten sich nicht immer an die beim Holting gefassten Beschlüsse gehalten. Eine Eingabe von 1555 berichtet, die Untervögte des Holzherrn übten die Pfändung willkürlich aus und nicht nur bei Überraschung auf frischer Tat. Auch brächten sie die Pfänder nicht immer auf den Meierhof oder vor das Holzgericht, sondern handelten hierbei recht eigenmächtig. Mit dem ihnen zustehenden Drittel gäben sie sich ebenfalls nicht zufrieden, vielmehr ließen sie den ganzen Betrag in ihre Tasche fließen. Desgleichen wären sie bei der Anweisung des Bauholzes für die Holtingsleute auf ihren eigenen Vorteil bedacht und versuchten bei dieser Gelegenheit für sich unberechtigte Trinkgelder herauszupressen.

Streitigkeiten des Herzogs von Harburg mit dem Adelsgeschlecht von Weyhe wegen einer Fläche in der Todtmark bei Bötersheim

Nach dem Tode des Herzogs Otto II. übernahm dessen Sohn Wilhelm 1603 Haus und Amt Harburg einschließlich der Todtmark. Das Todtgebiet, die Vogtei Tostedt, umfasste damals als größte Vogtei des Amtes Harburg 25 Dörfer und 4 einstellige Höfe mit 187 pflichtigen und 13 freien Hausstellen. Die eigentliche Beaufsichtigung über dieses Gebiet war jedoch dem jeweiligen in Tostedt amtierenden herzoglichen Vogt übertragen gewesen, der neben seinen Aufgaben das Leben und Treiben aller Vogteibewohner im Auge zu behalten hatte. Er sollte vorwiegend darüber wachen, dass die Rechte des Amtes in keinerlei Weise geschmälert wurden, weder von den Bauern noch durch die Grundherren. So gelangte nach Harburg die Nachricht, dass das zur Todtholzung gehörende Ellernholz am Mühlenbach von der Bötersheimer Adelsfamilie von Weyhe gefällt worden wäre. Daraufhin erging 1619 an den Tostedter Vogt Chr. Schmidt der Bescheid, diese Angelegenheit zu untersuchen. Diesen Befehl umgehend folgend, erstattete der Vogt schon einige Tage später seinen Bericht. »Ist der Mühlenbach von mir Christoffer Schmidt undt nach genandte Personen, alß Holtzgeschworene undt Hauptleute, uf undt nider besichtiget worden, befindet sich nun also, dass ehr gantz, so langh undt briedt ehr sich strecketen thuedt, ist klein undt groß, krum undt slecht, niedergefellet undt noch aldar zur stedte ligget. Eß megen dan etzliche Latten nach Botterßheimb, darauß gefuret sein, und kan auß dem Holtze ein gantze Summe vaden Holtz gehauen werden.« Er schrieb auch, die Holzgeschworenen sagten aus, dass dieses Mühlenbachholz seinerzeit von dem damaligen Tostedter Vogt Volradt Lamperswaldt in Hege gelegt worden sei und alle befragten Personen hätten übereinstimmend berichtet, der Bach gehöre zur gemeinen Holzung, und die benachbarten Dorfschaften hätten, bevor er in Hege gelegt wurde, ihren Busch darin gehauen. Somit stünden der Bach und das Holz auch der gemeinen Todtholzung zu. Daraufhin erhielt der Vogt die Order, bei Vermeidung von Strafen das gefällte Holz nicht abfahren zu lassen, sondern auf weitere Anweisung zu warten. Um nun zu beweisen, dass der betreffende Grund und Boden nebst dem darauf aufstehenden Holzes Eigentum seiner Familie sei, schrieb Jochen von Weyhe am 25. April 1619, damals »Lüneburgischer Landrahdt undt bestälter Drost auf Nienburg«, einen langen Brief an Herzog Wilhelm. Er behauptete, der Grund und Boden sei von seinen Eltern geerbt und er habe das Holz gehegt bis es zur nutzbaren Verwendung kommen konnte. Seine Großeltern hätten hier bereits durch einen Deich das Wasser aufgestaut und ihre Fische gezüchtet, bis durch einen großen Platzregen der Deich gebrochen wäre. Es wären aber noch beide Siele vorhanden. Am Bach hätten auch seine Vorfahren eine Mühle gehabt, die jedoch wegen der hohen Unterhaltungskosten abgebrochen worden wäre. Die

Die Wassermühle in Bötersheim 1934

von Weyhe hätten auch die Bennersbrügge genannte Mühlenbrücke bis auf den heutigen Tag auf ihre Kosten unterhalten. Und was Gott am selbigen Ort gegeben, sei es an Holz oder Fischen, hätten sie ohne Einspruch nutzen können.

Weiterhin schilderte er den Tostedter Vogt als einen zanksüchtigen Mann, der mit seiner Behauptung nur Verdruss säe. Er bat den Herzog seinen unbesonnenen Vogt nach gebührender wohlverdienter Strafe dahin zu bringen, dass er ihn fortan mit solchen Behauptungen und gewalttätigen Eingriffen verschonen möge. Daraufhin entgegnete Herzog Wilhelm am 15. Mai 1619, dass nicht allein aus landesfürstlicher Macht, sondern auch aus seiner Stellung in der Holzgrafschaft heraus der Tostedter Vogt zum Einschreiten verpflichtet gewesen wäre. Er erinnerte den Adeligen daran, die Untertanen und Todtholzungsleute hätten sich auf dem jüngst gehaltenen Landgericht zu Tostedt über den von Weyhe vorgenommenen Hau beschwert. Er erwähnte außerdem, dass vor 20 Jahren dieses Holz auf Befehl des Herzogs Otto II. durch den Vogt Volradt Lamperswaldt mit den sämtlichen Erbexen (Holtingsleuten) einschließlich seiner Zustimmung ins Gehege gelegt worden sei. Damit er aber den guten Willen des Herzogs sehe, werde er aufgefordert, seine Berechtigung an dem Holz durch schriftliche Unterlagen zu beweisen. Von Weyhe wandte sich abermals an den Herzog und behauptete auch weiterhin sein Eigentumsrecht am Mühlenbachholz. Er stellte den Tostedter Vogt und dessen Frau als böswillige Menschen hin und versuchte nun auf diese die Schuld des Streites abzuwälzen. Vom Herzog erging nochmalige Aufforderung den schriftlichen Beweis seines Rechtes vorzulegen. Zu guter Letzt lenkte der Herzog ein. So hatte nun der Herzog am 28. Juni 1619 »gnediglich verwilligt consetirt undt nachgegeben« und die Bötersheimer mögen das Ellernholz aushauen und nach Anzeige der richtigen Zahl verkaufen.

Die Tostedter Vögte nahmen ihre Aufgaben als Oberaufseher der Todtholzung nicht wahr

In Tostedt war der Vogt ein mit mächtigen Befugnissen ausgestatteter Mann, der nun neben seinen anderen dienstlichen Obliegenheiten an Stelle der früheren Holzgrafen im Auftrag des Harburger Amtes über die Todtholzung wachen sollte. Hierbei behielt er aber oft seinen eigenen Vorteil im Auge. So hatte der Amtsvogt und Leutnant von Fingk in Tostedt die Holzinteressenten gebeten, ihm eine abständige Buche zu schenken. Nachdem ihm dieses erlaubt war, hatte er sich hieraus in den weiteren Jahren einen Baum als fortlaufendes Deputat angemaßt. Als dann 1703 ein großer Sturm viele Bäume entwurzelte, nahm der Vogt von Fingk dieses Holz eigenmächtig an sich, um es zu verkaufen. Auch hatte er »zu dem erbauten neuen Wohnhauße und andern Gebeuden, auch des Brand Weins Brennens, Stuten Backen und Brauens etc.« für sich viel mehr Holz als zustehend verbraucht. Infolge seiner Brennerei und Brauerei war er in der Lage, eine große Anzahl Schweine zu züchten, die er dann zur Mastzeit in übergroßer Anzahl zum Nachteil der übrigen Interessenten in die Todtholzung trieb. So er »eine übergroße Deel Zucht (Eigenzucht) Schweine des Winterß aus füttern kan, wodurch die Mast übertrieben, auch die Schweine der übrigen Interessenten der Todtholtzes Mastung, weil sie nicht so gut in Futter guten theils abgebißen werden«. Im Verlauf des deshalb geführten Prozesses sollte der Vogt den Interessenten wenigstens 100 Thaler für das Holz erstatten und auch die Hälfte der Prozesskosten – 175 Thaler – zahlen. Die Prozesskosten waren den Holzinteressenten von dem »Brigadier von Weyhe« vorgeschossen, dessen Witwe sich später an den Amtmann von Moisburg mit der Bitte wandte, auf die Amtseingesessenen zwecks gütlicher Begleichung dieser Schulden einzuwirken. Inzwischen waren 29 (!) Jahre seit Beginn der Klagerei vergangen und die Kosten waren 1732 bereits auf 407 Thaler, 26 Schilling und 8 Pfennig angestiegen. Dazu kamen jetzt noch die Zinsen in Höhe von über 391 Thalern. Obgleich die Holtingsleute aus dem langen Prozess schließlich als Sieger hervorgingen, wäre es wohl besser gewesen, sie hätten den alten Grundsatz gelten lassen: Bäter en'n maogern Verglick at'n fetten Prozess. So eine Angelegenheit kostete viel Geld (und gute Nerven) und das war auf den Höfen recht wenig vorhanden. Da der Prozess nun zu Gunsten der Holtingsinteressenten entschieden war, wurde Vogt von Fingk daraufhin abgesetzt.

Als dessen Nachfolger übernahm Vogt Millenhausen dieses Amt, welches er jedoch nicht viel besser als sein Vorgänger ausübte. Dass die landesherrlichen Vertreter sich solcher Übergriffe schuldig machten, liegt auch wohl zum Teil in der politischen Unsicherheit der damaligen Zeit begründet. Nachdem der Sturm 1747 wieder eine Anzahl Bäume umgelegt hatte, hatte Vogt Millenhausen in jedem Dorf auf dem Todt bei namhafter Strafe verboten, sich in jeglicher Art an diesem Holz zu vergreifen oder eine Axt daran zu legen. Als dann der Vogt mit dem Oberförster kurz vor Weihnachten die Anweisung gab, das Windbruchholz zu seinen Gunsten zu verwerten und die Holtingsleute, da sie keine Berechtigung daran hätten, davon auszuschließen, haben die Holzinteressenten dagegen erfolgreich protestiert.

Desgleichen hatte der Vogt einige Jahre vorher die besten Eichen, welche ebenfalls vom Wind umgeweht worden waren und woraus »eine mäßige Scheuer gebaut« werden konnte, weggenommen und 70 Dielen daraus schneiden lassen. Diese verkaufte er dann prompt. Das Geld aber steckte er in die eigene Tasche. So verfügte der Vogt über das vom Sturm umgewehte Holz ganz nach eigenem Belieben, verkaufte oder vertrank einen Eichheister nach dem anderen bei einem Tostedter Krüger, nahm ebenfalls Holzanweisungen für Gebäude vor, die noch über 60 Jahre stehen konnten. Dem abgedankten Trompeter zu Tostedt (Hof Nr. 23) hatte er drei Bäume zwecks Reparatur zugeeignet, obgleich dessen Haus zum Teil erst vor 14 Jahren aufgebaut war. Letzterer konnte dann das alte Gebäude trotz Verbot »ins Stift Bremen außerlandes teuer verkaufen«, um somit für die Errichtung seines neuen Hauses nicht den geringsten Pfennig an Bauholz zu bezahlen. Auch anderen Leuten hatte er Holz für Reparaturen angewiesen, trotzdem es hierzu keine Verwendung fand, sondern ebenfalls »zum Lande hinaus gefahren ohne das man dieserwegs red und antwort von Ihnen gefordert oder sie bestraft.« Es wird auch Klage über die verwahrlosten »Ecker-Kämpe« geführt, deren Neubepflanzung durch Eichheister unterblieb.

Da der Vogt »ohne der sämtlichen Erbexen (Holzberechtigten) Bewilligung an jemand eigenmächtig Bauholtz oder Eichen Beume anweiset und viele 100 Rthl. auf zinsen stehen haben, wodurch denen Erbexen daß Holtz unverantwortlich geschmelert wird«, griffen diese zur Selbsthilfe, indem die Erbexen, das heißt die Holzgenossen der berechtigten Dörfer, wo sie konnten selbst Hand anlegten und Bäume ohne Anweisung schlugen. Natürlich unterblieb auch jegliche Wiederaufforstung (1748). Solche Zustände verursachten die Verwahrlosung der noch vor 40 Jahren herrlich gewesenen Holzungen und deren Herabminderung bis auf den dritten Teil ihres ursprünglichen Bestandes.

Entwurf eines Kulturplanes aus dem Jahre 1798 für die Todtholzung

Die schon 1595 und auch später verschiedentlich vorgeschriebene Schonung und Aufforstung fand auf dem Todt wenig Beachtung. Bereits 1747 war die so hart mitgenommene Todtholzung auf Befehl der Königlichen Kammer von dem Amtmann Tieling untersucht worden. Daraufhin erhielt Amtmann Bruns 1748 den Auftrag, die Dorfschaften zu einer Teilung ihrer Holzungen zu bewegen, mit der Erwartung, hierdurch einer weiteren Verwüstung Einhalt zu gebieten. Vor allem hoffte man, durch diese Aufteilung an die verschiedenen Dorfschaften ein größeres Interesse für Erhaltung und Pflege der Wälder zu erwerben. Da sich nicht der erhoffte Erfolg einstellte, kam es 1761 zu einem erneuten Teilungsversuch. Dieser Plan sah vor, dass die den Holzinteressenten verbliebenen Wälder in fünf »Spezial-Districte« zerlegt werden sollten. Den ersten Distrikt, bestehend aus »Düvelshöpen, Wistedter Ahlers jenseits Wistedt, Wesler und Reesenbruch« erhielten die Ortschaften Tostedt, Wistedt, Wüstenhöfen, Vaerloh und Quellen.

Der zweite Distrikt, »das Dohrener Gehäge und Glüsinger Bruch«, wurde den Dörfern Todtglüsingen, Langeloh und Dohren zugesprochen.

In dem dritten Distrikt fasste man eine größere Anzahl zusammen. Es waren »Otter Bruch, Knick, Schwarze Bruch, Camperlin, Kirchhaßel, Weller Holz, Großen Todthörner Holz, Wapel Horn, Klinter Hoop, Schlett Horn, Hoinkenbosteler Holz, Sau- oder Süderbruch«. Diese Gebiete waren für Schillingsbostel, Riepshof, Otter, Hoinkenbostel, Klein und Groß Todtshorn bestimmt.

Zum vierten Distrikt zählten das »Kleine Holz, Mühlenbusch, Flachs Eichen, Avenser Wisch, Ochtmannsbrucher Bruch, Ellern Bornen Bruch, Marsch Bruch«. Diese Reviere erhielten Everstorf, Avensen und Ochtmannsbruch zugeteilt.

Als fünften und letzten Distrikt betrachtete man die »Lehm Kuhle, Düngerhorst, Halvesbosteler Holz, Grevenhop, Große Aue, Metzgenhorn, Holtorfer Lohe, Hollinder Stück, Holz hinter Hollinde«. Diese Teile waren für die Dorfschaften Hollinde, Kallmoor, Halvesbostel, Holvede und Holtorf bestimmt.

Die Waldungen Riepshofer Loh, Süderhorn, Weyde achter der Wisch und Illenbruch waren bereits 1595 dem Herzog Otto von Lüneburg von den Holzungsleuten abgetreten worden. In dem für diese Verteilung errichteten Rezess sicherte sich die allergnädigste Herrschaft nochmals die im Jahr 1595 vorbehaltenen Rechte und schrieb den Holzinteressenten unter Festsetzung bestimmter Strafen einen erneuten Kulturplan vor.

Mit dieser Verteilung der Todtholzung waren die betreffenden Ortschaften für die Pflege und Erhaltung ihres zugeteilten Bezirkes verantwortlich. Anderseits stand ihnen auch nun die dementsprechende Nutznießung der bestimmten Holzung zu. Hiermit war aber auch der erste Schritt zum Auseinanderfallen der uralten Holzmarkgenossenschaft getan und so wurde diese seit langen Jahrhunderten die hiesige Landschaft und alle ihre Bewohner zusammenhaltende Todtmark zerrissen.

Der zweite Todtholzungteilungs-Plan von 1761 hatte den Holzungsinteressenten gleichzeitig einen Kulturplan zur Pflege und Aufforstung ihrer gelichteten Holzbestände beschert, aber auch dieser blieb unbefolgt. So machte das Amt nochmals einen Versuch, indem Oberförster Bodecker aus Borstel in der Kuhle bei Bispingen nach eingehender Untersuchung 1798 den nunmehr dritten Forstkulturplan für die Todtholzung aufstellte. Hierbei erfolgte zuerst die Beschreibung einiger besonderer Reviere. Den Anfang machten »Die Düvelshöpen«. Zu diesem Plan führte er folgendes aus: »Ein ordnungsmäßiger Betrieb, daß an einer Seite angefangen werde, das Holz abzutreiben, um Zuschlage zu legen, und so fortzufahren, kann hierselbst nicht eingeführt werden, hat auch nie statt gefunden, weil die Interessenten die Kuhweide hierin nicht entbehren können. Da dieses Revier aber nach eigner Verabredung der Holz- und Weideinteressenten mit den Schaafen nicht behütet werden darf, so wachsen in den Wrieter des Unterbusches hinlänglich junge Eichheister auf. Es würden inzwischen die darin befindlichen Blößen mit Eicheln Cämpen anzubauen seyen, und wenn haubare Eichen zu Bauholz oder abständige zu Zaunstaken weggenommen werden, die ledigen Stellen mit Heistern aus den Cämpen besetzt werden müßten, wodurch dieses Revier im beständigen guten Stande erhalten werden kann, da der Boden zum Anziehen des Eichenholzes, wie der Augenschein von dem jetzigen Bestande des jungen, und theils schon ziemlich herangewachsenen Eichen-Holzes ergiebet, sehr gut ist.« Dann folgte »Das Glüsingerbruch«, welches hinsichtlich seiner Beschaffenheit dem Düvelshöpen gleiche und ebensolche Behandlung erfordere. In den Blößen seien Eichheisterkämpe anzubauen und durch Herausschlagung haubarer Eichen entstehende freie Stellen neu zu bepflanzen. Da auch dieses Revier von den Schafen verschont bliebe, wüchsen im Unterbusch genügend Eichheister auf. Einige höhergelegene »Heidhörste« könnten mit Nadelholz bedeckt werden, weil es hier an privaten Heidblößen fehle.

Das »Camperlin« sei ein geschlossener Bruchwald, in dem die Samenbäume nicht eher entfernt werden sollen, bevor der junge Anwachs einige Jahre alt sei. Hier sei keine Weidegelegenheit, auch sei ein Einfriedigungsgraben herumzuziehen. An der Westseite würden die Buchen »Pollsoor«, weil der Wind das darunterliegende Laub wegtreibe. Um dieses zu vermeiden, sei an der hier angrenzenden Heide Nadelholz anzubauen. In »Kirchhaßel« seien abständige Eichen und Bruch zu fällen, um dafür Eichheisterkämpe und Pflanzungen anzulegen. Weil die Bäume auf den »Feldstremeln« und zwischen dem »Otterfelde« liegende Eichkämpe dem Acker schadeten, seien diese nach und nach wegzunehmen. Das Buchenholz im »Knick« stehe nicht mehr geschlossen. Die Aufforstung solle durch Eichen- und Buchenanpflanzungen erfolgen. Im »Wellerloh«, einem geschlossenen Buchenwald, entstehe genügend junger Anwuchs durch Selbstbesamung. Nur die Samenbäume solle man nacheinander entfernen.

Wegen der vielen Wurzeln befinde sich das Eichen- und Bruchholz im »Avenserwiehe« in einem schlechten Zustand und dieses könne daher ohne große Kosten nicht wieder mit hartem Laubholz bepflanzt werden, vielmehr werde die Anlage von Nadelholz empfohlen. Das »Holtorfer Großenloh«, von allem Holz entblößt, solle mit Eichen neu bepflanzt werden. Wegen der allgemeinen Verbesserung des Laubholzbestandes werde auf die in und neben den Dörfern befindlichen Knicke hingewiesen, welche für Eichheister gut geeignet seien. Da es für die Nachkommen von großem Nutzen sei, wenn diese Dorf-Knicke mit Eichen bepflanzt wären, so könnte dann hieraus einst das nötige Bauholz herausgenommen werden und ebenso die herbstliche Mast nützliche Verwendung finden. Außerdem hielten die Eichen bei Feuersbränden die Flammen von den anderen Häusern zurück.

In dem dann folgenden, wirklich weitsichtig aufgestellten Kulturplan wurde ferner festgesetzt, »dass alle Interessenten nehmen gleichen Theil an den harten, als Eichen und Buchen-Holze, ohne Unterschied der Höfe, wogegen das Weichholz von dieser Verabredung ausgenommen bleibt«. Alle Kosten würden von den Höfen gleichmäßig bestritten, ebenso das Verrichten der Forstarbeiten. Wenn dann ein Interessent Holz benötige, hätte er dieses dem Bauermeister zu melden, der es den übrigen Interessenten bekannt gäbe, um den Tag der gemeinschaftlichen Besichtigung und ob das Holz erforderlich sei, zu verabreden. Bei der Besichtigung würde von den Interessenten ein vom Amt vereidigter Zimmermann hinzugezogen, der dann »auf Eid und Pflicht ermessen muss, ob der Bau oder die Reparatur des Hauses ohne Nachteil nicht mehr ausgesetzet werden kann.«

Zwischen den Todtholzungsinteressenten und den von Weyhe wurde ein besonderer Vertrag ausgehandelt. In dessen Umsetzung wollten sich Letztere für 1850 Thaler aus der Holzung abfinden lassen. Diesen Betrag sollten die Interessenten aufbringen und aus dem ersten, zweiten und dritten Distrikt, es waren 138 Interessenten, sollte jeder 10 Thaler und 10 Schilling, vom vierten und fünften Distrikt, in dem weniger Holz vorhanden war, müsste jeder der 63 Berechtigten 6 Thaler 30 Schilling und 5 Pfennig geben. Über alle Ein- und Ausgaben führten die Bauermeister Rechnung. »Jeder District der fünf Abtheilungen bleibt wie bisher für sich von den übrigen abgesondert und findet in Hinsicht des Holzes oder Ein- und Ausgaben überall keine Communion außerhalb der Districte statt, sondern es theilet jeder derselben das Holz unter sich, und sie bestreiten auch die Kosten

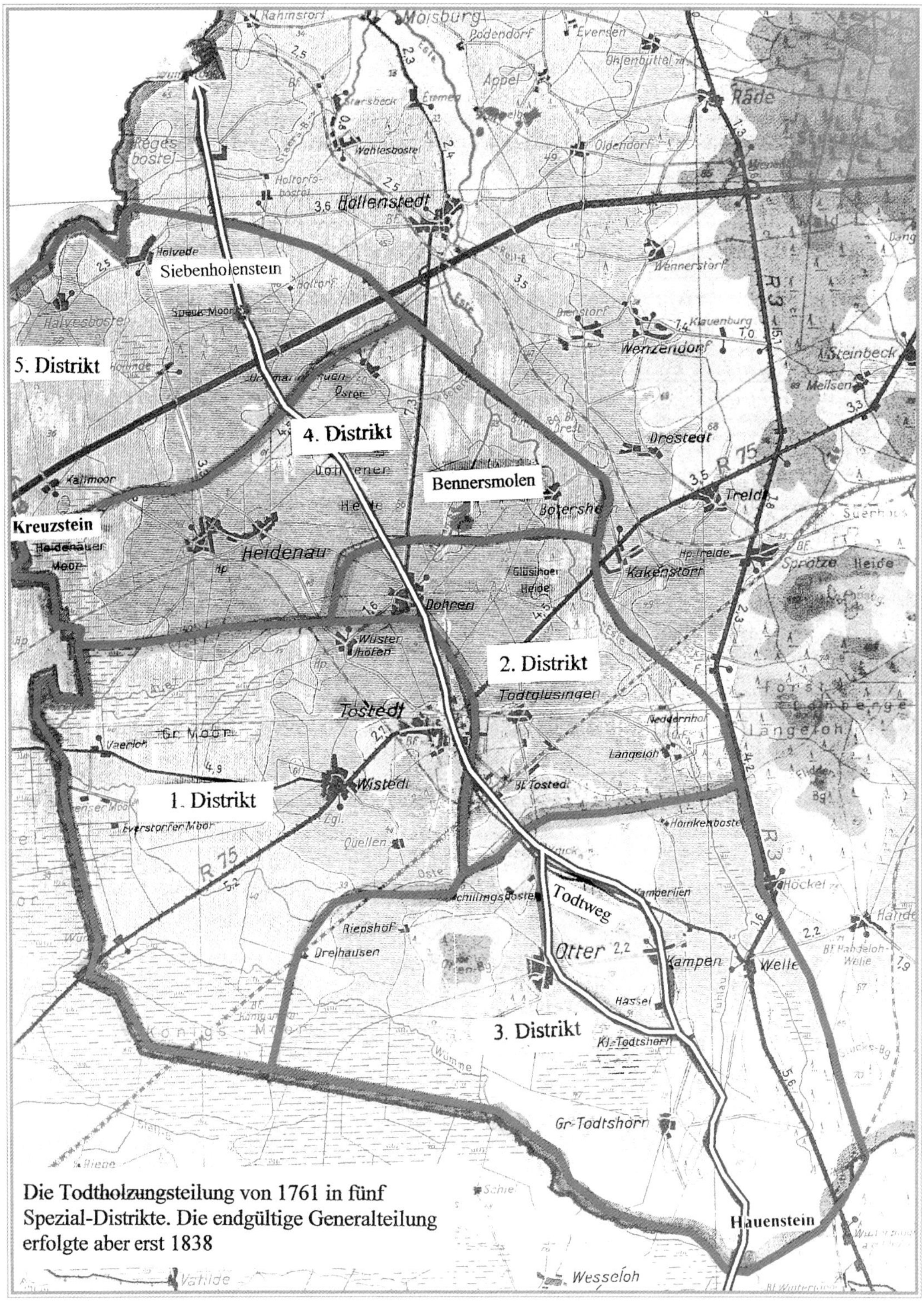

Die Todtholzungsteilung von 1761 in fünf Spezial-Distrikte. Die endgültige Generalteilung erfolgte aber erst 1838

gemeinschaftlich ohne Zuthun eines andern Districts. Da die Königl. Churfürstl. Cammer sich bewogen gefunden, mit alleinigen Vorbehalt der Strafgelder unter der Bedingung der Holzgrefschaft zu entsagen, wenn vorstehender Forst-Culturplan von den Todholzungs-Interessenten befolgt würde und im Fall sich selbige gefallen lassen wollten, daß wenn nach einigen Jahren eine von Königl. Regierung zu ernennenden Commission finden sollte, daß solcher Culturplan nicht befolgt, vielmehr die Hölzung seit dem schlecht behandelt sey, alsdann die herrschaftliche Holzgrefschaft in ihrem vollen Umfange wieder hergestellet werde; so haben nach dem Protocoll vom 27. Octbr. 1798 die Bevollmächtigten der Todholzungs-Interessenten obigen Forstculturplan zu befolgen versprochen.«

Wenige Jahre später kommt am 4. Dezember 1801 aufgrund dieses Kulturplanes ein entsprechender Vertrag und Vergleich zustande: »Kund und zu wißen sey hiermit: Demnach der allergnädigsten Herrschaft, über die sogenannte Todtholzung bisher die Holzgrefenschaft zugestanden, übrigens aber die Gevettern von Weyhe wegen der adligen Güther Bötersheim und nachfolgende Ortschaften, als Tostedt, Wistedt, Wüstenhöfen, Vaerlohe, Glüsingen, Dohren, Langeloh, Campen, Welle, Haassel, Grossen Todtshorn, Kleinen Todtshorn, Heineckenbostel, Otter, Riepshofe, Schillingsbostel, Avensen, Everstorf, Ochtmannsbruch, Hollinde und Callmoor, Amts Haarburg, auch Holtorf, Holvede und Halvesbostel, Amts Moisburg, bey der obigen Todt-Holzung gemeinschaftlich interessiret gewesen, und dann über die Benutzung dieses Holzes seit einigen Jahren viele Streitigkeiten unter den Interessenten entstanden sind, Behuf deren Beylegung, so wie zu Einführung einer besseren Forst-Cultur in der besagten Todtholzung eine gütliche Auseinandersetzung beschlossen worden. So ist darüber zwischen dem Königl. und Churfürstl. Amte Haarburg, Namens der allergnädigsten Herrschaft, sowie zwischen den Gevettern von Weyhe als Besitzer der adelichen Güter Bötersheim, und den obbenannten Dorfschaften nachfolgendes als ein unwiederruflicher Contract verabredet und festgesetzt worden:

1. Entsaget die allergnädigste Landesherrschaft mit alleinigem Vorbehalt der Strafen, Ihrer bisher über die besagte Todtholzung geführten Holzgrefschaft, und überlässt die Besorgung der Forst-Cultur ausschließlich den Interessenten selbst. Diese machen sich jedoch
2. verbindlich, den von ihnen genehmigten ihnen herbey mitgeteilten und abseiten hoher Königl. Cammer ebenffalls ratificirten Forst-Cultur-Plan d. d. am 5. Novbr. 1798 in allen seinen Punkten genau zu befolgen, widrigenfalls, wenn eine demnächst von Königl. Churfürstl. Regierung zu ernennenden Commission das Gegentheil, und daß die Todtholzung schlecht behandelt sey, finden würde,

Abbildung links:
Die Todtholzteilung von 1761 in fünf Spezialdistrikte.
Der Todtweg verläuft mitten durch das Todtgebiet.

alsdann die herrschaftliche Holzgrefschaft sofort in ihrem vollen Umfange wieder hergestellt werden soll.
3. Die Gevettern von Weyhe entsagen ebenmäßig für sich und ihre Nachkommen aller bisher gehabten Berechtigung, sowohl im harten als weichen Holze, wie auch der Mast in obiger Todtholzung auf ewige Zeiten.«

Nur freie Weide, Heide- und Plaggenhieb sowie Torfstich, wie bisher genutzt, reservierten sie sich noch. Für dieses Entsagung zahlten die obigen Dorfschaften als alleinige Interessenten der Todtholzung den von Weyhe den Betrag von insgesamt 1850 Thaler.

Die Generalteilung der Todtholzung von 1838

Wie bereits ausgeführt, wurde im Jahre 1761 das Gebiet der gesamten Todtholzung in fünf Spezial-Distrikte aufgeteilt. Da alle Versuche fehlgeschlagen waren, die Erhaltung der Wälder mittels Forstkulturplänen zu erhalten, boten sich gleich zu Anfang des 19. Jahrhunderts gesetzliche Möglichkeiten, die Todtholzung auf alle berechtigten Ortschaften aufzuteilen. Davon wurde von der überwiegenden Mehrzahl der Ortschaften mittels entsprechender Anträge Gebrauch gemacht. Nur die südlichen Dorfschaften Welle, Todtshorn, Otter und Kampen zeigten kein Interesse die bestehenden Zustände ändern zu wollen. Doch sie wurden überstimmt und mussten mitziehen. Gemäß der Verordnung über die Teilung der Gemeinheiten für das Fürstentum Lüneburg vom 25. Juni 1802 gab es 29 Berechtigte, davon aus dem Amt Harburg 22 Dorfschaften, das Gut Bötersheim, zwei Einzelhöfe (Quellen und Hassel) und einen Anbauer (Knick) sowie aus dem Amt Moisburg drei Dorfschaften. Flächen aus den fünf gebildeten Distrikten wurden nun auf die einzelnen Ortschaften, die darin belegen waren, aufgeteilt. Die Ortschaft Tostedt bekam auf diese Weise eine Fläche von 4452 Morgen (1113 ha) zugesprochen. Insgesamt wurden auf die einzelnen Dörfer 55664 Morgen (13916 ha) verteilt – das war damit die Größe der gesamten Todtholzung. Lediglich die südlichen Gemeinden des dritten Distriktes erhielten ihren Anteil in einer großen gemeinschaftlichen Fläche zugesprochen. Sie wurde zunächst weiterhin so bewirtschaftet wie bisher. Irgendwann erwartete man, dass auch hier einmal eine Teilung beantragt und stattfinden würde.

Wie wir bereits erfahren haben, hatte die königliche Landesregierung auf verschiedenen Forstörtern um Riepshof und Otter herum schon Flächen aus der Todtholzung in früherer Zeit zugewiesen erhalten. Für ihren nunmehrigen Verzicht auf diese Holzbestände sowie ihres Anteils am Springenmoor zugunsten der Todtholzungsinteressenten erhielt die Herrschaft nun eine Fläche von 3000 Morgen (750 ha) hinter der Wümme, südlich der Hamburg-Bremer Chaussee, als privates

Eigentum zugewiesen und erklärte sich damit für völlig abgefunden. Dieses ist die Fläche, auf der später die Ortschaft Königsmoor entstand, und es ist für jedermann einsichtig, warum dieser Ort nun gerade den Namen des Königs erhielt. Gleichzeitig wurden die sechs Anbauer zur Wümme mit dem ihnen seinerzeit in den Anbaubriefen zugesicherten Anteil aus den Gemeinheitsflächen und zuzüglich einer Moorfläche von je 2 ½ Morgen abgefunden. Die Kosten dieses Projektes waren erheblich, da der Boden und die Hölzer nicht nur bonitiert, sondern auch für die einzelnen Dorfschaften vermessen werden mussten. Zum Schluss errechnete sich ein Gesamtbetrag von 10004 Reichsthalern. Die Umlage für Tostedt ergab 993 Reichsthaler und zusätzlich noch einmal 225 Reichsthaler für die Vermessung der gesamten Feldmark, die bei dieser Gelegenheit mit in Auftrag gegeben wurde. Natürlich hatten letztlich alle beteiligten Höfe nach der Größe ihres Besitzes diese Kosten zu tragen.

Quelle: Helmut R. Tödter, Kampen, Welle und Todtshorn, 2005

Auszüge aus dem »Plan zur Spezialtheilung und Verkoppelung der Dorfschaft Tostedt Amts Harburg«

Mit der vollständigen Auflösung der Todtholzungsgenossenschaft (sogenannte Generalteilung zwischen den Ortschaften) wurde nach Beendigung der französischen Fremdherrschaft durch verschiedene Gesetze ab 1831 der Weg frei gemacht für eine generelle Ablösung der herrschaftlichen Gefälle (Belastungen der Höfe und Ländereien mit Zins und Ablösung des Dorfzehnten). Als letztes erfolgte eine Verkoppelung sämtlicher landwirtschaftlicher Grundstücke. In dieser Verkoppelung wurde alle vorhandene Landmasse des Dorfes zusammengelegt und in größeren Flurstücken dem Einzelnen dann privat und uneingeschränkt überwiesen. Dabei wurde auch die frühere gemeinschaftlich gehörende und genutzte Allmende (Dorfweide) aufgeteilt und auf die einzelnen Höfe übertragen. Dieses größte und bedeutendste Reformwerk in der Landwirtschaft seit Jahrhunderten wurde am 28. November 1842 in Tostedt mit einem Verkoppelungsrezess abgeschlossen. Darin wurde die Lage und Größe der Ländereien für die einzelnen Hofbesitzer bis ins kleinste festgehalten, um dann in den folgenden Jahren umgesetzt werden zu können. Die Vereinbarungen, die in diesem Rezess getroffen wurden, sind bis zum heutigen Tage Grundlage der Höfe geblieben.

Im folgenden sollen Einzelheiten aus dem Tostedter Verkoppelungsrezess wiedergegeben werden:

Heidbauer beim Plaggen

»... dass das Grund-Eigenthums-Recht der Landesherrschaft zugestanden und selbe dafür bei der vorangegangenen Generaltheilung bereits vergleichsweise abgefunden ist.
Dass die ausgeübten Berechtigungen seither in der Weidenutzung mit jeglichen Vieharten, in dem Heide-Plaggen auch Schollenhiebe und dem Torfstich bestanden haben.

... dass die Kosten der Theilung und Verkoppelung durch den Verkauf (Anmerkung: Ertrag hierfür 568 Rthlr., Gesamtkosten für die Verkoppelung etwa 1400 Rthlr., somit sind noch aufzubringen 832 Rthlr.) zweier Gemeinheits-Parzellen von 8 und 16 Morgen nebst der darauf befindlichen Hirtenkathe, so weit thunlich, gedeckt werden sollen.

... die Berichtigung und Feststellung der Grenzen schon bei der Generaltheilung aus dem Grunde stattgehabt hat, weil die Vermessung der Tostedter Feldmark vereint mit den Todthölzungs-Gemeinheiten ausgeführt ist.

... Unter den in Anwendung zu beilegenden Theilungs-Maßstab haben sich die Interessenten auf Vorschlag der Commission vereinbart, dass in Ansehung der Höfner, Kötner und alten Anbauer, die bei der Generaltheilung stattgefundenen Theilungs-Fuß, der Durchschnitt aus dem zehnjährigen Viehstapel und dem cultivierten Grundbesitze auch bei der Spezialtheilung eintrete, jedoch unter Egalisierung und Classificierung der Höfe, und unter Eintritt nöthig befundenender Modificirungen.

... da die allergnädigste Herrschaft als Grundeigenthümer in der Todthölzungs-Gemeinheiten für ihre desfallsige Berechtigung bereits bei der Generaltheilung im Wege des Vergleichs mit einer Grundfläche abgefunden ist.

... Die Tostedter Ackerfluren waren mit Ausnahme der Ländereien der Pfarre, der Kirche, des Huthschen Freihofes und einiger sonstiger Parcellen in Ansehung der Haupt-Korn-Zehnten dem von Weiheschen Gute Bötersheim, in Ansehung der Rottländerey aber der Königlichen Domainen-Cammer bis dahin zehntpflichtig. Der Rottzehnte ist bereits durch Capital-Zahlung abgelöset und wegen des Haupt-Zehntens sind die bereits seit einigen Jahren bei der Ablösungs-Commission eingeleiteten Verhandlungen noch nicht gänzlich zum Abschluß gediehen, indess hat es bei der Lage der Sache eine Regulierung der Zehntflur, worüber bei den desfalls von der Theilungs-Commission eingeleiteten Verhandlungen Differenzen entstanden, nicht bedurft.

... Anlegung einer gemeinschaftlichen Schweine- und Gänseweide ist auf Antrag der Interessenten nicht ausgesetzt worden, da solche in Belegenheit nicht ausgesetzt werden konnte, indem in der Nähe von Tostedt kein angerwüchsiger Gemeindeboden vorhanden ist.
Gemeinschaftliche Flachs-Röthestellen werden hier nicht erforderlich, da die Tostedter Eingesessenen überall keinen Flachs bauen. Gemeinsame Viehtränken und Feuerteiche sind bereits im Dorfe vorhanden und werden zu solchen Zwecken beibehalten: der Rübenkampsteich, der Große Teich, der Teich zwischen Hof Behrens und Hans Bostelmanns Hofe, der Papenteich und der kleine Teich an Bostelmanns Thee-Wiese und zwar die beiden letzteren ausschließlich als Feuerteiche, die übrigen aber als Feuerteiche und Tränken.
Zur Erbauung gemeinschaftlicher Brak- und Backhäuser ist der abgegrabene Raum in der Sandgrube hinter Prigges Hof und die ex poht (allgemeine Benutzung) ausgesetzte Lehmgrube an der Hornwiese abgestimmt worden.
Ein gemeinschaftlicher Bleichplatz hat sich erforderlich und nützlich nicht dargestellt, indem die ganze Leinwand-Verfertigung in ein sehr geringes an Hanfleinen besteht, das Jeder in seinem Garten hinterm Hofe bleicht.

... die einzigsten Gemeinde Hölzer, welche die Dorfschaft Tostedt besaß, sind die jungen üppigen Eichenbestände in den Düvelshöpen, welche den vorzüglichsten Boden der ganzen Feldmark enthalten.
In Ansehung der Beaufsichtigung, der Cultivierung und Benutzung dieser völlig privativen Gemeindeforst bleiben alle diejenigen Bestimmungen unverändert in

Kraft, welche das, einen Anhang zum Theilungs-Receß zwischen den Todthölzungs-Interessenten ausmachende Forst-Regulativ vorschreibt.

... Bei der großen Ungleichheit, welche in dem Umfange der Ackerbesitzungen zu Tostedt herrscht, hat seither keine gleichmäßige Feldwirtschaft für alle Interessenten bestanden, da dem Acker ohne Eintritt von Brache nach einer Düngung 3., 4. und 5. Saaten abgenommen sind.
Da indess der alte Ackerbefund aus den vorigen Gemeinheiten bedeutend vermehrt werden kann und muss und die Producierung künstlicher Feldweiden für das Hornvieh, wegen der Entlegenheit der natürlichen Weiden unumgänglich nöthig wird, so erscheint schon deshalb die Einführung einer veränderten und geregelten Bestellungsweise als eine unerlässliche Bedingung.

... vielmehr wird in Rücksicht der vorhandenen Localitäten auch Düngungsmittel und Arbeitskäfte den Höfnern und Kötnern nachbeschriebene mit Hornviehweide combinierte Dreifelderwirtschaft zur Einführung anempfohlen:

1. Schlag gedüngt Rocken auch Kartoffeln
2. Schlag Stoppelroggen
3. Schlag Weide-Spörgel
4. Schlag gedüngt Hafer
5. Schlag Buchweizen auch Erbsen
6. Schlag Rocken
7. Schlag Weide-Spörgel

Zur Erlangung eines höheren Feld- oder Frucht-Ertrages ist es um ganz besonders erforderlich, dass die Schafherden vermehrt und veredelt werden.

... Alle dem Staate zu bestehenden Abgaben und Dienste, desgleichen alle gutsherrlichen Verbindlichkeiten erleiden durch die eingetretene Theilung und Verkoppelung keine Veränderung.«

Auszüge aus einem Brief des Landvermessers F. W. Rodenberg vom 27. Januar 1842 »betreffend der in den Verkoppelungsakten genannten Tostedter Dorfteiche«

1. Der Papenteich enthält	38 QR
2. Der Rübenkampsteich	70 QR
3. Der Große Teich enthält	96 QR
4. Der Teich an der Theewiese	
5. Der Teich bei Behrens Hause	

In den ersten 3 Teichen gehört die Modder-Gewinnung und Fischernte dem Postverwalter Huth, in dem Teich 4 dem Kötner Just. Bostelmann und im 5. ist solche gemeinschaftlich. Die vier zur Fischerei benutzten Teiche erhalten ihr Wasser aus den in und an denselben belegenen Quellen und namentlich der Teich Nr. 4 aus einer Quelle in Hans Matthies Hofe, Heimsoth genannt. Den Fischerei-Berechtigten steht zur Herbst- und Frühjahrszeit das Ablassen der Teiche frei, doch muss Tags zuvor dem Bauermeister dann Anzeige gemacht werden.

Das abfließende Wasser aus den Teichen 1, 2, 3 und 4 aufgeführt sind, wird zur Bewässerung des großen Wiesenhofes benutzt. Über die Art und Weise der Benutzung derselben ist folgendes sich zum Theil auf frühere Observanzen stützendes Reglement verabredet und festgestellt: Das aus dem Rübenkampsteich in den Papenteich abfließende Wasser dient zur Bewässerung des Huthschen Grashofes und muss durch das am alten Stegen befindliche östliche Siehl abfließen. Das aus dem Großen Teich abfließende Wasser läuft unter der Kirchenstraße durch in den Grashof der Pfarre und dann gleichfalls in den Huthschen Grashof, von wo es zur weitigen Benutzung durch das westliche Siehl im alten Stegen abfließt. Jetzt steht nun dem Kötner Just. Bostelmann die volle Benutzung dieses beiderseitigen Wassers auf dessen, früher von der Dorfschaft angekauften sogenannten Thee-Wiese zu. Während der Bewässerung der Theewiese läuft das abfließende Wasser unter den neuen Stegen durch in den großen Wischhoff und wird daselbst von den Vollhöfnern c. Hans Matthies, d. Peter Ilmers und b. Peter Rademacher zur Berieselung ihrer Wiesentheile von dem Halbhöfner Johann Bostelmann aber in geringerem Maße zur Überstauung benutzt. Nachdem nun das Wasser durch das Siehl am Lüllsteich geflossen, benutzt es der Postverwalter Huth willkürlich auf seiner Weetenwiese. Die Vollhöfner c. d. b., welche das Wasser nicht gleichzeitig benutzen können, sollen dasselbe abwechselnd c. 16 Tage, d. 6 Tage und b. auch 6 Tage ungehindert allein benutzen.

Für die Zeit das der Kötner Just. Bostelmann seine Thee-Wiese nicht bewässert, muss das, durch das östliche Siehl im alten Stegen fließende Wasser in den Bostelmann'schen Teich am neuen Stegen fließen. Der Wasserstand dieses Teiches ist dergestallt festzusetzen, dass dadurch der Grashof des c nicht inundirt wird. Wenn dieses der Fall ist, muss der Abfluss des Teiches nach der Ost- und Westseite am Stegen gleichmäßig stattfinden können, nach der Ostseite durch die Kreuzkuhle in den Grashof des Joachim Bartels.

Über Flurnamen in der Gemarkung Tostedt

Die Tostedter Gemarkung hat heute eine Größe von 1570 Hektar. Diese Gesamtfläche, also sämtliche Ackerländereien, Weiden, Moor-, Heide- und Waldflächen, wurde in der darauf folgenden Verkoppelung vereinigt, neu vermessen und letztlich an 46 Tostedter Interessenten (Personen) einschließlich der Kirche und Pfarre aufgeteilt. Darüber hinaus gab es noch einige wenige auswärtige Besitzer in der Feldmark. Sie kamen hauptsächlich aus den benachbarten Ortschaften. Sie verfügten entweder aus alter Nutzung (altem Recht), Kauf oder Erbschaft über einige Stücke Land in der Tostedter Gemarkung. Wenn möglich, waren die meisten von ihnen bereits vorher in der vorausgegangenen Generalteilung der Feldmarken zwischen den Ortschaften abgefunden worden oder, wenn erwünscht, in der Verkoppelung entgeltlich herausgekauft worden. Der geringe übrig gebliebene Rest nahm an der Verkoppelungsteilung als sogenannter Ausmärker teil.

Die der Verkoppelung vorausgegangene Generalteilung hatte allein die Abgrenzung und Aufteilung der Todtholzung zum Inhalt. Sie fand bereits 1838 unter 29 Berechtigten statt, darunter aus dem Amt Harburg 22 Dorfschaften, 4 Einzelhöfe sowie aus dem Amt Moisburg 3 Dorfschaften. Zur Verteilung stand eine Gesamtfläche im Todtgebiet von 13916 Hektar an. In der Generalteilung erhielt nun das Dorf Tostedt eine Fläche von 1113 Hektar an Anger- (42 ha), Bruch- (277 ha) und Heidboden (794 ha) zugewiesen. Die Differenz zu den oben ursprünglich genannten 1570 Hektar Tostedter Gesamtfläche in Höhe von 457 Hektar erklärt sich dadurch, dass diese Flächen ackerbaulich und wohnwirtschaftlich genutzt oder wenige Stücke auch als Privatwiesen (zur Heugewinnung) dienten. Sie waren also Privatgrundstücke und standen schon vor der Generalteilung den einzelnen Personen persönlich und alleinig zur Verfügung. Wie die Kurhannoversche Landesaufnahme von 1769 ausweist, lagen die Tostedter Ackerländereien fast ausschließlich im nördlichen Bereich der Feldmark. Nur an der Weller Straße auf der Höhe des Düvelshöpen sind Ackerflächen zu erkennen, ansonsten findet man hier nur Angerboden und Heide (Allmende) sowie vereinzelte Wiesen- und Waldflächen verzeichnet. Diese Gebiet war somit Teil der Todtholzung.

Im Harburger Erbregister von 1667 werden die Tostedter Höfe mit ihrem Landbesitz erstmals bis ins Detail aufgeführt. Es wurde von der Amtsobrigkeit angelegt, um eine genauere Übersicht über die Finanzkraft und Leistungsfähigkeit der Höfe und damit sogleich bessere Besteuerungsgrundlagen zu bekommen. In diesem Register werden alle Tostedter Bauern mit ihrem Acker- und Wiesenbesitz aufgeführt und dabei im einzelnen die Anzahl der Flurstücke und deren Lage benannt. So hatte der Vollhöfner Christoffer Matthies vom Hof Nr. 2 / Meierhof allein 106 Stück Land in der Tostedter Feldmark und wie es ergänzend dazu heißt, von 80 Himpten Roggen-Einfall. Der Himpten war ein Hohlmaß für Getreide, man rechnete damals nicht in Kilogramm. Mit einem Himpten konnte man einen ½ Morgen (1250 Quadratmeter) Ackerland mit Roggen einsäen. Dieser hiesige Großbauer bewirtschaftete demnach damals 40 Morgen oder 10 Hektar Ackerland. Da sich diese Fläche, wie das Register besagt, auf 106 Flurstücke verteilte, ist ersichtlich, wie gering die Stücke waren. Sie brachten es damals kaum auf einen Morgen (2500 Quadratmeter) Größe. Bei den Kötnern (Kleinbauern), die die Masse der Bauernschaft im Dorf stellten, erreichte die Stückzahl der Ackerflächen kaum die Anzahl 10. Die Halbhöfner (sechs Bauernstellen im Dorf) konnten über durchschnittlich 50 Stück Land verfügen. Durch diese Zersplitterung in Kleinstparzellen von 1 bis 2 Morgen ist verständlich, dass die Flurnamenbenennung vor der Verkoppelung der Ländereien viel dichter sein musste. Für die Angehörigen des Landmannes war es wichtig zu wissen, wo sie arbeiten sollten und da Flurzwang herrschte (um sein Feld zu erreichen, musste der Bauer mangels ausreichender Feldwege über den Acker seines Nachbarn fahren), war es von Bedeutung, welches Feld als nächstes zu bestellen war. Das Erbregister von 1667 spiegelt sehr gut diese Verhältnisse wider. Es werden, wie eine Auszählung ergeben hat, allein 71 Flurnamen genannt. 175 Jahre später werden die meisten Flurnamen nicht mehr gebraucht – sie sind verschwunden, zum Teil auch durch neue ersetzt worden oder können durch die stattgefundene Generalteilung des Todt und der damit einhergehenden, endgültigen Festlegung der Dorfschaft-Gemarkungsgrenzen in Nachbargemarkungen aufgegangen sein. Festzuhalten bleibt aber, dass 33 Flurbezeichnungen auch nach 1842 noch Bestand hatten und bis zum heutigen Tage teilweise noch gebraucht werden. Ihre Schreibweise kann sich entsprechend der gewandelten Mundart geändert haben, insbesondere bei der Umstellung vom Plattdeutschen zum Hochdeutschen.

Nach der Verkoppelung, als alles Land zusammengelegt und in größeren, das heißt in der Anzahl wenigen Flurstücken an die Bauern wieder ausgegeben wurde, musste natürlich eine Vielzahl von Flurbezeichnungen wegfallen. Sie waren überflüssig geworden und teilweise durch die Anlage neuer Wege zerschnitten und nicht mehr zu erkennen gewesen.

Abb. Seite 156 und 157: Flurnamenkarte der Gemarkung Tostedt

Heidbrache
Lünzloh
Mühlenkoppel
Sieben Heister
Koppel
Beim Gericht
Elze
Schapsredder
Am alten Harburger Wege
Arbeck
Lange Wiesen
Brookfurtsweg
Wethen
Wischhoff
Kronskamp
In der Braache
Am Graswege
Auf den Lehmkuhlen
Auf dem Heidlande
Bei den Pestkuhlen
Hunnewisch
Baben Bleezen

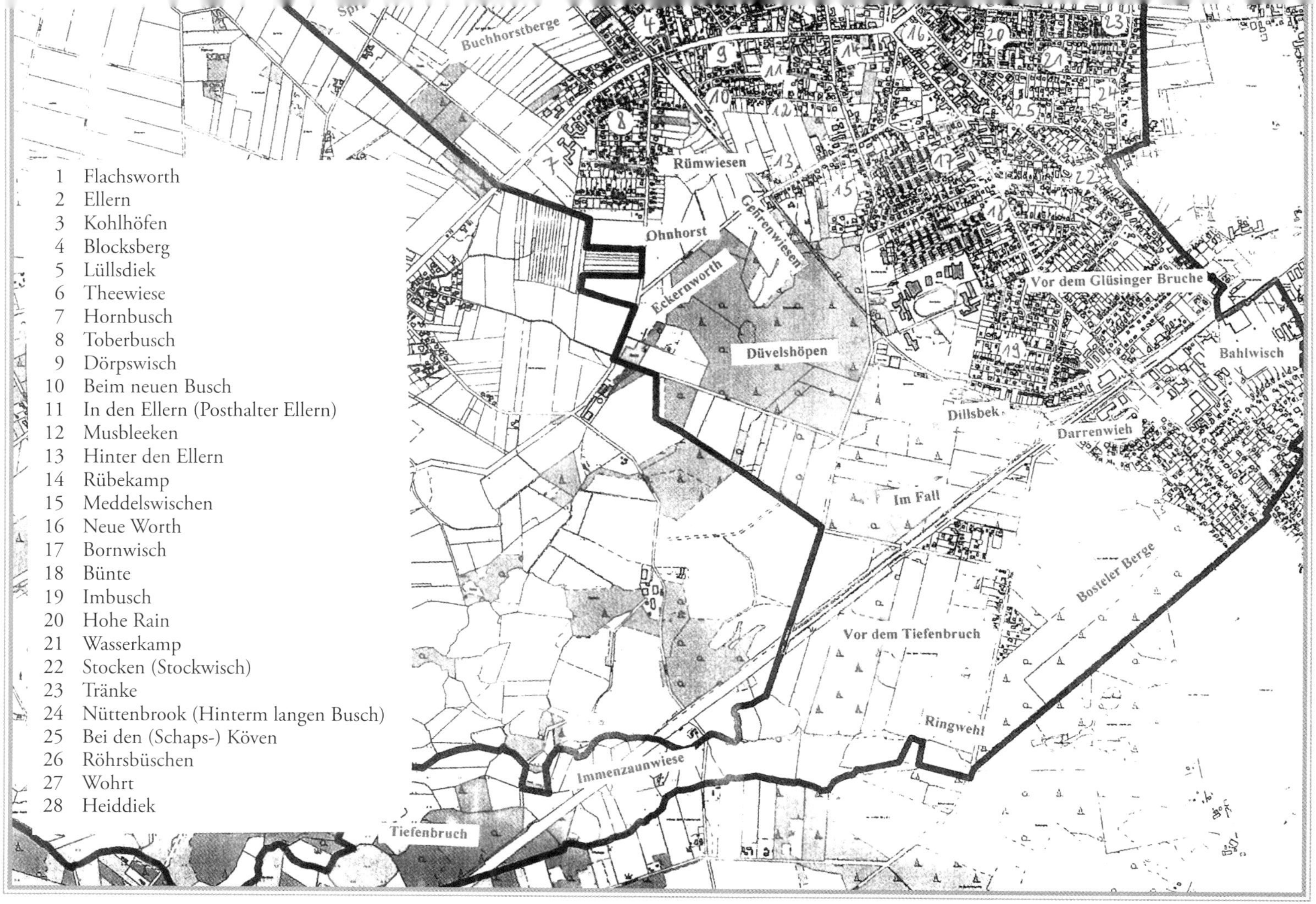
1 Flachsworth
2 Ellern
3 Kohlhöfen
4 Blocksberg
5 Lüllsdiek
6 Theewiese
7 Hornbusch
8 Toberbusch
9 Dörpswisch
10 Beim neuen Busch
11 In den Ellern (Posthalter Ellern)
12 Musbleeken
13 Hinter den Ellern
14 Rübekamp
15 Meddelswischen
16 Neue Worth
17 Bornwisch
18 Bünte
19 Imbusch
20 Hohe Rain
21 Wasserkamp
22 Stocken (Stockwisch)
23 Tränke
24 Nüttenbrook (Hinterm langen Busch)
25 Bei den (Schaps-) Köven
26 Röhrsbüschen
27 Wohrt
28 Heiddiek
Buchhorstberge
Rümwiesen
Ohnhorst
Gehrenwiesen
Eckernworth
Düvelshöpen
Vor dem Glüsinger Bruche
Bahlwisch
Dillsbek
Darrenwieh
Im Fall
Bosteler Berge
Vor dem Tiefenbruch
Ringwehl
Immenzaunwiese
Tiefenbruch

Da jeder Bauer es nun frei in der Hand hatte, mit seinem neuen zugewiesenen Angerboden tun und lassen zu können was er wollte, entstanden im südlichen Teil von Tostedt in der ursprünglichen Allmende nach und nach durch Umbruch der Böden neue Acker- und Weideflächen. Während man früher für dieses Gebiet keinen speziellen Namen hatte, mussten für diese einzelnen nun bearbeiteten Flächen neue Namen gefunden werden. Es entstanden neue Flurnamen wie »Im Fall«, »Dillsbek«, »Vor dem Glüsinger Bruche«, »Stocken-Wiese«, »Finken-Koven« und »Laakbusch« (letztere beide im Königsmoor).

Ein weiteres Sterben von Flurnamen setzte ein, als Tostedt nach dem Bau der Eisenbahn (1874) sich nach Osten, Westen und besonders nach Süden Richtung Bahnhof ausdehnte. Durch den Zuzug aus dem Umland und besonders aus dem Bereich Hamburg war bald der Wunsch nach einem Eigenheim entstanden. Da die Bauern nur ungern bereit waren, ihr altes wertvolles Kulturland im Norden von Tostedt für diese Zwecke zur Verfügung zu stellen, setzte Ende des 19. Jahrhunderts die Bautätigkeit im Süden der heutigen Bundesstraße 75 vehement ein. Diese Entwicklung ist bis heute nicht abgeschlossen. Der Trend zu weiterer Ausdehnung gen Süden und Südosten ist ungebrochen – längst ist Tostedt mit seiner Nachbargemeinde Todtglüsingen (bis etwa 1840 kam Todtglüsingen ohne den Zusatz Todt aus) zusammengewachsen. Da nun auf altem Grund neue Straßen entstanden, hat man teilweise die alten Flurbezeichnungen (zum Beispiel Imbusch, Am Toberbusch, Auf der Bünte, Kohlhöfen) in der Benennung von Straßennamen als letzte Erinnerung erhalten können. Nur im nördlichen Bereich – nördlich des alten Dorfes – ist die alte Flur bis auf das Neubaugebiet Kohlhöfen erhalten geblieben.

Alphabetisch geordnete Flurnamen in der Tostedter Gemarkung

Viele der hier genannten Flurnamen sucht man heute vergeblich. Nur wenige sind noch auf den Katasterkarten eingetragen. Die Zusammenstellung der folgenden Namen ist mit Hilfe des Erbregisters von 1667 und der Verkoppelungsakten von Tostedt aus dem Jahre 1842 zusammengestellt worden. Des Weiteren sind auch neuere Verzeichnisse und Karten für die Aufstellung verwandt worden.

Anmerkung: Die kursiv gesetzten Flurnamen sind in der abgebildeten Flurkarte von Tostedt verzeichnet.
Ein »E« hinter der Flurbezeichnung zeigt einen Erklärungsversuch an. Weitere Schreibweisen sind in Klammern gesetzt.

Am alten Harburger Wege
Am Graswege
Am Hohen Born
An der Wümme
Arbeck / E
Auf dem Heidlande (Heideacker)
Auf den Lehmkuhlen
Baben Bleezen / E
Bahlwisch (Bahl = Pfütze, Sumpf)
Bartels Wohrd
Bei den Dünnen
Bei den Pestkuhlen / E
Bei den (Schaps-) Köven / E
Bei den Scheuren
Beim Gericht / E
Beim neuen Busch
Blocksberg / E (Blöcken)
Bornwisch / E
Bosteler Berg / E (Bostel, Huthsche Tannen)
Brüggeforth / E (Bruchforth, Broukfurtsweg)
Brüggekampe
Buchholzberg / E (Bockhorst B., Buchhorstberg)
Bünte / E (Große und Kleine)
Darrenwieh / E (Darmwiehe, Darnwiehe)
Dillsbek / E
Dörpswisch (Dorfwiese)
Dünnen
Düvelshöpen / E (Düfelshöpen)
Eckernworth
Ellern / E
Elze / E (Elschen, Älschen)
Espelkampe (im Osten gelegen)
Flachsworth
Gadeshußwiese (im Tiefenbruch gelegen)
Gehrenwiese / E (Gehrdenwisch)
Gerlachs Immenzaun
Götkens Kohlhof
Großen Wischhoff / E
Großwohrd
Groten Brüggekampe
Heidbrache / E (Heidbrake)
Heiddieck
Hengels-Böhnen (Hängels Bäumen, Nähe Neue Worth)
Hinter den Ellern
Große Rahlf (Hogen Rafef, H. Rafe, Raaf ist Rentierflechte)
Hohe Rain / E
Holtzkampe (Holdkampe)
Horn
Hornbusch / E (Hornfeld)
Hornworth
Hüstell
Hunnewisch / E (Hunnelust)
Hunnebaum
Imbusch / E
Im Fall / E
Im Grasplack
Im Großen Fuhrenkampe
Immenzaunwiese / E
Immestraten (bei Mussblöcken gelegen)
In den Ellern (Posthalter-Ellern)
In den neuen Wiesen
In der Braache / E (Brake)
Jägerwiese (westlich vom Huthschen Weg)
Kiebstücke
Kirchenworth
Kohlhöfen / E (Kohlhof)
Kortenkampe
Kothwiesen
Kronskamp / E
Kukuckskampe
Kurtzen Brake
Laakbusch (zwischen Wümme und Dreihausener Weg)
Lange Acker
Lange Wiesen / E (Wischen)
Letzten Busch
Lohoff

Lüllsdiek / E
Lünzloh / E (Lüschenlohe, Lüsckenlohe)
Lütken Brüggekampe
Meddelswischen / E (Mettelswiesen)
Möllers-Worth (Müller-Worth)
Mühlenkoppel
Musbleeken / E (Mussblöcken)
Neue Worth / E (Newenworth, Nienworth)
Nüttenbrook / E (auch: Hinterm langen Busch)
Ohnhorst / E (Ohlenhorst)
Oßenhorn
Papenkampe (vor Glüsingen belegen)
Queckenberg (liegt an der Wümme / Dreihausen)
Riehers Bruche / E (Riersbrocke, Riddersbruche)
Ringwehl / E (-Wisch)
Rübekamp / E (Röfekamp, Röstekamp)
Röhrsbüschen (Rohrsbuschen, Rohrsbruche)
Rümwiesen / E (Rühmewisch, Rümwischen, Rühmebusch)
Schaapsredder / E
Scheetshöpen / E (Schetzhope, Schätzhöpen)
Sieben Heister Koppel / E (Sieben Heestern, Söben / Seven Heestern)
Springwiesen / E (Springwisch)
Stocken / E (Stockwisch, Stocken-Wiese)
Stockmeyers Fall
Struckwisch (bei Tiefenbruch)
Suhren Busche
Theewiese / E
Tiefenbruch / E (Depenbroeck, Deipen-Bruch)
Toberbusch / E (Toversbusche, Menkenbusch)
Tostedter Heide
Tränke / E
Vogelheerd
Vor dem Glüsinger Bruche
Vor dem Tiefenbruch
Vosskamp
Wasserkamp
Weichen Felde
Wethen / E (Weeten, Weitzen)
Wischhoff
Wolfeshorst
Worth / E
Wümmewiesen (Wümmewisch)

Deutung der alten Flurnamen

Zunächst einmal ist abzuklären, wo die alten Flurstücke liegen und wo neue Ackerflächen hinzugekommen sind. Dieses kann uns bei der Erklärung der Flurnamen ein gutes Stück weiterhelfen.

Wir müssen bei den Ackerländereien unterscheiden zwischen den alten Eschfluren und den später besonders im 16. und 17. Jahrhundert aus der Allmende (Dorfanger) herausgebrochenen Kampfluren.

Die Siedlungsforschung geht davon aus, das die Esch-Ländereien bereits in der sächsischen Zeit entstanden sind. Dies ist die Periode zwischen 500 bis 800 n. Chr. Damals entstanden die ersten festen Dorfgemeinschaften. Viele unserer Dörfer können bis in diese Zeit an Hand der (ursprünglichen) Ortsbezeichnungen zurückverfolgt werden. Das Wesentliche der Eschflur bestand darin, dass es regelmäßig Langstreifenfluren waren. Die Länge der Ackerstücke übertraf oftmals die geringe Breite um das Zehnfache. Meist wiesen sie auch die typische S-Form auf. Diese hatte sich im Laufe der Jahrhunderte als vorteilhaft beim Pflügen herausgebildet. Am Ende eines jeden Flurstückes konnte die Wende mit den Pferden / Ochsen problemloser gehandhabt werden. Leicht erkennbar ist weiterhin der regelmäßige Wechsel der großen Bauernstellen in der Landbewirtschaftung bei den einzelnen Eschfluren. Da keiner der Bauern im Dorf aufgrund der unterschiedlichen Fruchtbarkeit des Bodens benachteiligt werden sollte, erfolgte bereits nach wenigen Metern ein Wechsel in der Besitzerfolge. Auffällig bei Eschfluren ist auch die Plaggendüngung gewesen. Da eine Steigerung der Fruchtbarkeit des Bodens nur mit der Stallhaltung von Rindern und Schafen möglich war, wurden die aus der Heide geholten Plaggen als Einstreu für das Vieh verwendet. Dieses Gemisch aus Dung, Pflanzenteilen und daran hängendem Boden landete dann auf dem Acker, der im Laufe der Jahrhunderte durch diese Handhabung immer höher wurde.

Als im 16. / 17. Jahrhundert eine neue Siedlerschicht, die Kötner, im Dorf sich festsetzten, musste neues Ackerland gewonnen werden. Die Voll- und Halbhöfner waren nämlich kaum bereit, den Neubauern einen Teil ihrer alten Eschflur zur Bewirtschaftung zu überlassen. So mussten sich die Kötner, später die nachfolgenden Anbauer und Brinksitzer, mit Zustimmung aller Hofbesitzer Teile aus der Allmende nutzbar machen. Sie wählten ganz bestimmte, vorteilhaft zu bewirtschaftende Flächen aus dem Dorfanger hierfür aus und machten sie gemeinsam urbar. Diese Flurstücke weisen nicht mehr die Länge der Esche aus, sondern sind als sogenannte Blocks meist rechteckig aus der Dorfweide herausgeschnitten und eingefriedigt worden. Mit der Endung -kamp sind sie heute leicht als solche zu erkennen. Auf der Kurhannoverschen Landesaufnahme von 1769 ist das Ackerland südlich der Bundesstraße (auf der Höhe des Düvelshöpen, durchschnitten von der heutigen Bahnhofstraße) deutlich als Kamp zu erkennen. Auch der Buchholzberg muss auf diese Weise entstanden sein: Die heutige Katasterkarte zu dieser Flur beweist nämlich, dass die Vielzahl der Feldstücke mit durchschnittlich einem halben Hektar (2 Morgen) recht groß ist und die großen Höfe dort mit Ackerland überhaupt nicht vertreten sind.

Es folgt ein Erklärungsversuch einiger ausgewählter Flurbezeichnungen, die auch heute noch teilweise gebräuchlich sind:

Arbeck

Das Wort besteht aus zwei Silben: Aar ist der Adler, Becke der Bach. Es ist also der (fischreiche) Bach, der von Fischadlern früher gelegentlich aufgesucht wurde. Es scheint, dass diese Flur früher einmal zur Tostedter Gemarkung gezählt wurde. Mit der Generalteilung von 1838 dürfte sie nach Todtglüsingen gekommen sein. Heute heißt sie Heidloh und ist als Baugebiet ausgewiesen.

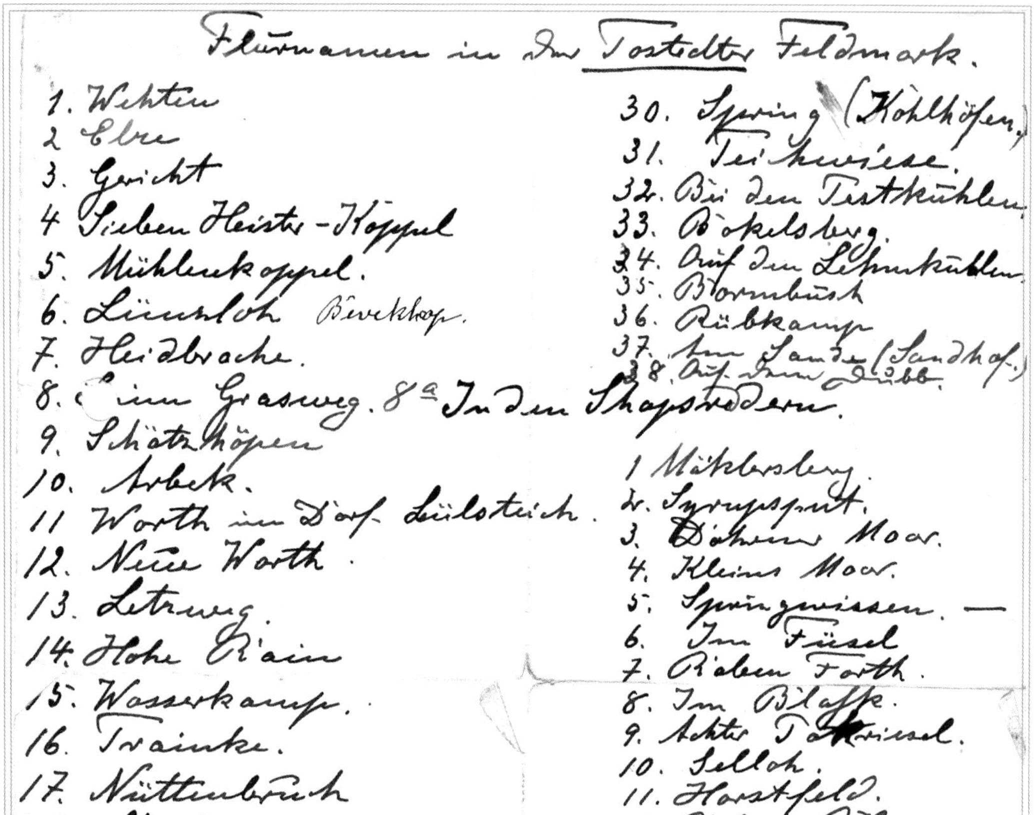

Flurnamen in der Tostedter Feldmark.

1. Wehten
2 Elbe
3. Gericht
4 Sieben Heister-Koppel
5. Mühlenkoppel.
6. Lünnloh Beverkkop.
7. Heidbrache.
8. Einn Grasweg. 8a In den Skapswedern.
9. Schätzhöpen
10. Arbeck.
11 Worth im Dorf Lülosteich.
12. Neue Worth.
13. Letzweg.
14. Hohe Rain
15. Wasserkamp.
16. Trainke.
17. Nüttenbruch
18. Stockwiesen.
19. Auf der Bünte.
20. Barenwoldh. u. Bösteler-Berg.
21. Troken-Holmwiese
22. Holzfeld.
23. Ringenwohl.
24. Fall. u. Düwelshöpen.
25. Imbusch u. Stuedbruch.
26. Germwiese u. Ellern.
27. Ohnhorst u. Musblecken.
28. Ekernwarth.
29. Toberbusch.
30. Spring (Kohlhöfen)
31. Teichwiese.
32. Bei den Testkuhlen
33. Bokelsberg.
34. Auf den Lehmkuhlen
35. Bornbusch
36. Rübkamp
37. Am Sande (Sandhof.)
38. Auf dem Dübb.

1 Mäkelsberg.
2. Syrupsput.
3. Dähnen Moor.
4. Kleins Moor.
5. Springwiesen. —
6. Im Füsel
7. Röben Forth.
8. Im Blaffe.
9. Achter Tottwiesel.
10. Selloh.
11. Horstfeld.
12. Raben Bleeen.
13. Brache
14. Beim Gericht. —
15. Heidbrache. —
16. Düwelshöpen. —
17. Bösteler Berg. —
18. Am Weller Wege.
19. Am Flüsinger Wege.
20. Tiefenbruch.
21. Heidland.
22. Lehmkuhlen.
23. In den Kohlhöfen.
24. Im neuen Busch
25. Im Spring. —
26. Buchholzer Berg. —
27. Toberbusch. —

Mitte der 1930er Jahre wurden alteingesessene Bauern gebeten, ihr Wissen über die Benennung der Flurstücke in ihrer Heimatgemeinde aufzuzeichnen und dem Forschungsinstitut an der Universität Göttingen mitzuteilen. Die Auflistung von Albert Huth sen. ist abgebildet.

Baben Bleezen

Dieses dürfte ein in kleine Flächen geteiltes Stück Land sein, das oberhalb der Gemeindeflur liegt.

Bei den Pestkuhlen

Der Name spricht für sich. Hier wurde das eingegangene Vieh verscharrt. Ob später diese Fläche noch für solche Zwecke gebraucht wurde, scheint zweifelhaft. Die spätere Schinderkuhle für Tostedt soll »Im Fall« gewesen sein.

Bei den (Schaps-) Köven

Hier lagen zur Zeit der Verkoppelung bis zu sieben Schafställe. Einige wenige müssen noch bis 1900 Bestand gehabt haben. Der vom Meierhof soll der Letzte (abgebrannt 1907) gewesen sein.

Beim Gericht

Zählt zu den alten Eschfluren. Hier stand der Galgen der Vogtei Tostedt.

Blocksberg

Der Blocksberg in der Nähe des Buchholzberges belegen, dürfte als urbar gemachter Kamp zu erkennen sein.

Bornwisch

Born ist die Quelle, also die quellreiche Wiese.

Bosteler Berg

Die vielfach verwendete Deutung »Bostel« mit »Ansiedlungsstelle« dürfte hier nicht zutreffen. Sinnvoller ist die Erklärung »anschwellen«. Das trifft auch zu, da hier das Gelände stetig ansteigt, deshalb hat die heutige Straßenbezeichnung Bosteler Berg volle Berechtigung.

Brüggeforth

Obwohl sich hier eindeutig brügge = Brücke anbietet, wäre dieses jedoch nicht zu verstehen. Frühere Schreibweise war Broukforth, das wäre die Bruchfurt. Bruch ist das sumpfige, nasse Land, Furt die Durchfahrt durch ein Gewässer. Aus anderen Quellen wissen wir, dass letzteres auch tatsächlich der Fall war. Der Bachgrund soll damals zur besseren Durchfahrt mit Kieselsteinen befestigt gewesen sein. Der ebenfalls genannte Broukforthweg ist die Verlängerung des Bötersheimer Weges gen Westen über die Töste gewesen. Dieser Weg ist auch heute noch erkennbar.

Buchholzberg

Zur Zeit der Kurhannoverschen Landesaufnahme (1769) war die Anhöhe nicht mehr bewaldet. Sie war aber auch als Acker noch nicht urbar gemacht worden, sondern wurde damals als Anger genutzt. Der ortsunkundige Amtsschreiber machte damals bereits aus Buchhorst-Berg den Namen »Buchholzberg«. Der Name »Horst« sagt uns nach Bückmann ergänzendes: Es ist eine Fläche, wo vormals Bäume gestanden, jetzt aber nur Baumstümpfe und Gestrüpp übrig blieben. Der ursprüngliche Name weist darauf hin, dass die Umgebung des Berges mit Buchen bestanden war.

Bünte

Es werden zwei Deutungen angeboten: Zum einen »niedrig gelegene Wiesen« und zum anderen »das von einer Umzäunung umgebende Grundstück«. Ich tendiere mehr nach der letzteren Deutung, denn in der Bünte lag (nach der Kurhannoverschen Landesaufnahme von 1769) der aus der Allmende urbar gemachte (Acker-) Kamp.

Darrenwieh

Eduard Kück gibt in seinem Lüneburger Wörterbuch (1942) die Erklärung zum Namen dieser Wiese, die bereits gesondert in der Kurhannoverschen Landesaufnahme ausgewiesen wurde: »Ist eine bei der Bahnbrücke liegende, (ehemals) zum Huthschen Besitz gehörige Koppel. Vermutlich einst ein Weidenwäldchen (wiehe = wald), das durch Dürre (also in trockenen Jahren) litt«.

Dillsbek

Dill ist eigentlich eine Gartenpflanze, deren Dolden beim Einmachen von Gurken Verwendung finden. Ist damit diese Pflanze an dem Bach gemeint, die hier bevorzugt wuchs? Eine überzeugende Übersetzung scheint dieses nicht zu sein. Eine zweite Erklärung bietet sich mit »Plankenzaun, eingefriedigtes Grundstück« an.

Düvelshöpen

Um es kurz zu machen: Eine überzeugende Deutung wurde bislang nicht gefunden. Vielleicht war es früher in der Sachsenzeit eine heidnische Opferstätte, so wie der Tostedter Pastor Bentlage es wissen wollte. Weiter berichtet er: Da die Einwohner nach der Christianisierung davon nicht lassen konnten, haben die christlichen Priester sie als Teufelsstätte zu verdammen versucht. Eine zufriedenstellendere Erklärung gibt Albert Bartels. Nach seinen Forschungen waren »Dup« bzw. »Düp« recht alte Bezeichnungen für nasse, sumpfige Flächen. Mit »Hop«, so führte er aus, pflegte man früher kleine Waldstücke zu bezeichnen.

Ellern

Die Ellern sind Erlen, also mit Erlen bestandene Flächen. Es gab in Tostedt zwei Ellernfluren. Einmal die Posthalter-Ellern, das ist die Fläche um den heutigen Weidenweg und allgemein die »Ellern« nördlich des Blocksberges.

Elze

Das Ackerland des Elze – heutige Schreibweise – gehört mit Sicherheit zu den ältesten Tostedter Esch-Ländereien. Mit der älteren Schreibweise »Älschen« können wir etwas anfangen. Bei Kück bedeutet sie soviel wie »Stalldünger-Feld«. Alle Esch-Ländereien gehören mit zu den ertragreichsten Ackerstücken in der Feldmark. Die Bodenqualität liegt hier in dieser Flur oberhalb von 40 Bodenpunkten und zählt damit zu den ertragreichsten Böden in der Tostedter Gemarkung.

Gehrenwiese

Die Gehrenwiesen, die in den nördlichen Düvelshöpen hineinragen, bedeuten übersetzt »spitzes Landstück«. Dieses ist durchaus überzeugend.

Großen Wischhoff

Diese Flur deutet bereits auf Wiesenland hin. Außerdem wird im zweiten Teil des Wortes auf einen Hof hingewiesen. Das hat durchaus seine Berechtigung. Auf dieser Fläche, dicht am nördlichen Ausgang des Dorfes gelegen, soll in früherer Zeit beim Lüllsdiek das Jagdhaus der Herzöge von Harburg gelegen haben. Es gibt nur sehr wenige Nachrichten darüber (in einer alten Reisebeschreibung erwähnt). Bekannt ist noch, dass der Vogt auf dem naheliegenden Freihof die Aufsicht über dieses Gebäude hatte.

Heidbrache

Die Heidbrache, dicht an der Bötersheimer Grenze gelegen, scheint wegen des geringen Bodens (knapp 30 Bodenpunkte) erst spät für den Ackerbau nutzbar gemacht worden zu sein. Scheinbar blieben Teile derselben auch nach der Urbarmachung in einigen Jahren oftmals noch längere Zeit als Brache liegen (siehe Erbregister von 1667).

Hohe Rain (Rän gesprochen)

Rain ist die Bezeichnung für einen früheren Wasserlauf (Rinnsal), der später nur noch durch eine flache Mulde zu erkennen ist. Teilweise auch mit Busch bestanden. Später wurde diese Fläche in Wiesenland umgewandelt.

Hornbusch

Man denkt zunächst an Horn-vieh, also Rinder. Doch scheint die richtige Erklärung horn = spitz zulaufendes Feld zu sein.

Hunnewisch / Hunnelust

Hier ist weniger an den Hund gedacht, als vielmehr an den Standort der Hagebutte. Hier blühte wahrscheinlich die Hundsrose besonders prächtig, so dass es eine Lust, sprich Vergnügen war, hier zu sein.

Imbusch

Was man vermutet hat, wird durch Kück bestätigt. Er schreibt dazu: »Eine häufige Flurbezeichnung für einen Busch, ein Wäldchen, in dem ein Bienenzaun steht«. Immenzaunbusch soll die ältere Form sein.

Im Fall

Es fällt mir schwer, hierfür eine Deutung zu finden. Der Name taucht erst spät auf (im Verkoppelungsrezess 1842 erstmals genannt). Vielleicht wäre ein Lösungsansatz die Aussage, dass bei der Verkoppelung diese Flur der Tostedter Gemarkung zugeschlagen, »zugefallen« ist. Einen mehr wissenschaftlicher Ansatz bietet uns Bückmann an: Nach seiner Meinung kann ein Zusammenhang mit »blass, grau – fahles Land« gesehen werden.

Immenzaunwiese

Die Erklärung ist nicht als schwierig anzusehen. Die Imme ist die Biene und dort, wo die Bienen standen, befanden sich die Bienenkörbe in einem sogenannten Immenzaun.

In der Braache

Die Übersetzung lautet auf hochdeutsch: umgebrochenes Neuland. Dieses dürfte hier zutreffen.

Kohlhof

Im Sachsenlande befand sich früher regelmäßig in Dorfnähe ein Kohlhof. Da Kohl früher ein wichtiges Nahrungsmittel war, konnte darauf nicht verzichtet werden. Der von den Dorfbewohnern in einzelnen privaten Parzellen genutzte »Dorfgemüsegarten« war wegen der Wildtiere und des Dorfviehes regelmäßig eingezäunt.

Kronskamp

Die Deutung könnte mit dem Kranich zusammenhängen. Weniger der Kamp als Brutplatz ist gemeint, da er sicherlich landwirtschaftlich bewirtschaftet wurde, sondern vielmehr das im Herbst als sicherer und ergiebiger Fressplatz auf dem Kranichzuge angenommene Feld.

Lange Wiesen

Auf der Kurhannoverschen Landesaufnahme erkennt man die Langen Wiesen sehr gut und warum sie so heißen. Sie begannen gleich hinter der Wethen und zogen sich links und rechts der Töste Richtung Dohren hin.

Lüllsdiek

Wahrscheinlich waren es mehrere kleinere Fischteiche, die im Großen Wischhoff lagen. Die Deutung trifft zu: Übersetzt wird das Wort mit »einer, der träge, nachlässig und faul einherschleicht«. Das kann einmal den Angler betreffen, als auch den herzoglichen Jägersmann, der im naheliegenden Jagdhaus eingekehrt war, um von hier seiner Jagdpassion nachzugehen.

Lünzloh

Auf den ersten Blick erkennt man in dem alten gebräuchlichen Namen »Lüschenlohe« dieses Flurstück »Lünzloh« kaum wieder. Das Kück'sche Wörterbuch gibt keine zufriedenstellende Lösung. Bückmann kommt zu einer Aussage, die überzeugender klingt: lichter Wald. Lohe ist die gerbstoffreiche Eichenrinde, die zum Gerben der Häute verwendet wird. Also lichter Wald, wo die Eichenrinde für die Lohe gewonnen wird.

Meddelswischen

Dieses Mal ist die Erklärung eindeutig: Meddel ist ein gern von Kühen gefressenes Gras. Mit der Blüte dieses Grases fiel die erste Heuernte zusammen. Es ist somit eine Wiese, die viel Meddel erzeugt, dagegen wenig Schilf – also eine lobende Bezeichnung.

Musbleeken

Im Wörterbuch (Kück) finden wir hierfür die Übersetzung »Moosstellen«, bei Bückmann dagegen »Moor«.

Neue Worth

Wenn eine »Neue Worth« genannt wird, musste es auch eine (alte) Worth geben. Worth wird für den Begriff natürliche / künstliche Erhebung gebraucht. Die Neue Worth entstand, als der Kaufmann Huth (heute Bade), nachgeborener Sohn vom Posthof, sein Kaufmannsgeschäft auf väterlichem Grund gründete.

Nüttenbrook

Man kann diese Flur mit »nutzbringender Bruch« übersetzen.

Ohnhorst

Wir kennen Ohe als Wasser, also wasserreicher (nasser) ehemaliger Wald. Dieses könnte zutreffend sein.

Riehers Bruche

Zunächst vermutet man hinter Riers oder auch Riehers geschrieben, einen Familiennamen. Dieses trifft jedoch nicht zu. Die Flur Riehers Bruche, welche nicht in der Tostedter Feldmark liegt, bedeutet soviel wie »sumpfiger Wasserlauf«. Bei Riehers Bruche durchquerten früher die Postkutschen erstmals die Wümme.

Ringwehl

Mitten durch dieses Flurstück fließt die noch unscheinbare Oste. Allerdings fällt das Wiesenland links und rechts zur Oste stark ab. Der Ausdruck »ringförmiges tiefes Wiesenland« ist also damit gut getroffen.

Rübekamp

Dieses Wort ist nicht zugleich wiederzuerkennen. Doch es hängt zweifelsfrei mit dem Flachs zusammen, der zum Faulen (Rotten) ins Wasser gelegt wurde. Der Teich befand sich auf dem Grundstück des heutigen Hindenburg-Parks. Dieses Grundstück ist auch heute noch erkennbar tiefer gelegen. Aus Röfe wurde Röste und später daraus der Rübekamp.

Rümwiesen

Kück kannte für Tostedt auch diese Flurbezeichnung. Er übersetzte sie mit »Wiese, wo früher Wald war«.

Schaapsredder

Früher bedeutete der Name soviel wie »Wege (Redder) auf denen die Schafe vom Stall in die Heide und umgekehrt getrieben werden«. Heute ist daraus eine Flurbezeichnung geworden.

Scheetshöpen

Vielleicht kann man diese Flur übersetzen mit »Ansammlung von Geringfügigem, geradezu gar nichts«. Somit eine Waldflur (höpen), die nur gering zu nutzen war.

Sieben Heister Koppel

Diese Flur zählt zu den Esch-Ländereien und liegt hart an der Grenze nach Dohren. Heistern sind junge Bäume. Sie standen nicht weit von dem heutigen sogenannten Gerichtsteich (westlich) entfernt. Ganz in der Nähe sollen mehrere bronzezeitliche Grabhügel gelegen haben, die man aber später wegen besserer Beackerung einebnete. Dieses ist historisch bezeugt und durch steinzeitliche Funde nachgewiesen.

Springwiesen
Die Quelle heißt Spring oder Born. Wir haben es hier somit mit quellwasserreichen Wiesen zu tun.

Stocken
Die Erklärung geht von »Baumstumpf, niederwaldähnlicher Baumbestand« aus. Es ist also die Wiese, die durch Schlagen der Bäume erst bewirtschaftbar gemacht wurde. Auch vorm Königsmoor gibt es einen »Stocken«.

Theewiese
In der Nähe der Theewiesen lag der Thie, der alte Versammlungsplatz der Tostedter Einwohner. Hier wurden nicht nur Bauernversammlungen, sondern auch Gerichtsverhandlungen (Holtinge, die den Todt betrafen) abgehalten und später vermutlich auch für Lustbarkeiten genutzt.

Tiefenbruch
Der Name spricht für sich. Für ein größeres nasses, mooriges und damit tiefes Gebiet wurde der Name schon Jahrhunderte lang von den Menschen des Todt gebraucht.

Toberbusch
Kück führt den Tostedter Toberbusch in seinem Werk mit auf. Er schreibt dazu: »Eine Flur in Tostedt, damals ein großer Busch, hinter dem gern aus den Toberkiepen gevespert wurde, zum Beispiel bei der Tagesarbeit auf dem Felde, Heidehauen, Fuhrleute und Wanderer«. Der Besitzer dieses Busches hieß damals Menken.

Tränke
Hier könnte die Tränke, ein Teich, für die Schafe gewesen sein, da in der Nähe die Schafköven lagen.

Wethen
Mitten durch diese Wiese fließt die Töste (die zeitweise auch Weetenbeek oder Lüllsbeek genannt wurde). Deshalb ist es nicht abwegig, »Wethen« mit »Bewässern« zu übersetzen. Damals wurde der Bach zur Bewässerung der Wiese aufgestaut, um eine besonders gute Heuernte einfahren zu können.

Worth

Ist die natürliche Anhöhe. Die (alte) Worth befand sich damals östlich der Buxtehuder Straße und gehörte zum Freihof. Sie wurde wohl von deren Bewohnern teils auch als Kohlhof / Gemüsegarten genutzt.

Quellenverzeichnis:

Huthsches Hofarchiv
Bartels, Albert: Handschriftliche Aufzeichnungen
Baumhöfener, Dörte: Flurnamen der Feldmark Tostedt. Facharbeit am Gymnasium Tostedt, 1999
Bückmann, Ludwig: Orts- und Flurnamen. In: Lüneburger Heimatbuch, Band II (Hrsg. Otto und Theodor Benecke), Bremen 1914
Flurnamensammlung des Instituts für historische Landesforschung an der Universität Göttingen (Feldmark Tostedt), ca. 1936
Kück, Eduard: Lüneburger Wörterbuch, Band I – III, Neumünster 1942 – 1967

Klaus-R. Rose

VI. Land & Leute von Tostedt

Brits Hus

Da gehen die Menschen nun in diese und jene Wirtschaft und halten es für selbstverständlich, dass in unserem so durstigen Ort fast an jeder Ecke ein tiefgekühltes Helles oder eine andere Erfrischung verabfolgt wird. Ist es wirklich so selbstverständlich? Fiel mir da doch neulich eine alte Chronik in die Hände, die mich zum Nachdenken veranlasste. Es ist gerade erst 200 Jahre her, dass die erste öffentliche Gaststätte sich in unserem Ort etablierte. Glaubt niemand, aber es ist so. Mit Recht können wir sagen, ein Glück, dass wir nicht zu früh geboren sind.

Dass dies seit rund zwei Jahrhunderten nicht mehr so ist, verdanken wir einem englischen Soldaten, dessen Namen keine Chronik mehr meldet. Dieser Soldat von den Truppen des Herzogs von Cumberland, den seine Streitmacht infolge der »Konvention von Zeven« (zu Beginn des Siebenjährigen Krieges) am 8. September 1757 entlassen musste, ging dann nach Tostedt und errichtete hier unter dem Namen »British Tavern« eine Schänke ein. Diese Schänke hat, und zwar in einem Häuslingshaus an der jetzigen Buxtehuder Straße auf Goddens Hof, hart an der Grenze von Bostelmanns Hof (zuletzt als Torfstall benutzt), noch bis gegen Ende des vorigen Jahrhunderts bestanden. Sie lag an dem Fahrwege nach Harburg, der damals bei der Posthalterei Huth abbiegend über Kakenstorf führte. Als dann Napoleon Bonaparte im Jahre 1811 die Chaussee nach Harburg über den Trelder Berg bauen ließ, wurde die Schankwirtschaft, damit sie an der Straße blieb, in das wahrscheinlich neu erbaute Haus Nr. 35, jetzt Schlachtermeister Friedrich Matthies, verlegt. Man nannte dieses Haus nun »Britisch Hus«, woraus im Laufe der Jahre durch Verstümmelung die jetzt noch nicht ganz in Vergessenheit geratene Bezeichnung »Brits Hus« entstand. Im Jahre 1840 heiratete die Tochter des damaligen Besitzers Gerlach den pensionierten Gendarm Völcker, der bald nachher das gegenüberliegende »Lütten Joost Hus« (nebst der dazu gehörenden Kötnerstelle) ankaufte, in der er, nachdem er es durch Aufsetzen eines Stockwerkes mit Saal, Nebenräumen und Fremdenzimmern vergrößert hatte, die Schänke verlegte. Damit war gleichzeitig die Krugwirtschaft aus dem »Brits Hus« verlegt in die Gaststätte, die heute auch über die Grenzen Tostedts hinaus als »Tostedter Hof« (heute Fachwerkhaus, genutzt durch das Amtsgericht) bekannt ist.

Verkürzte Zusammenfassung eines Artikels aus den »Harburger Anzeigen und Nachrichten« vom 18. August 1954 eines unbekannten Verfassers (St), basierend auf einer Abhandlung aus der »Tostedter Zeitung« vom 8. März 1906.

Die ehemals Fohtsche Rauchkate (Forkens Hüßelhus) in der Waldstraße, Federzeichnung von Albert Bartels

Forkens Hüßelhus

Wenn man in Tostedt über den Sande schräg die Waldstraße hinaufgeht, so steht zur rechten Hand, zurückgelehnt, etwa in der alten Fluchtlinie der Straße, inmitten eines kleinen Angers eines der heimatgeschichtlich interessanten Häuser der Gemeinde: Es ist die sogenannte »Rauchkate«, Forkens Hüßelhus, die dem Bauern Christoph Foht, dem Besitzer des großen Forkenshofes, gehört. Verhutzelt, wie es bei einem solchen Veteranen nicht anders sein kann, aber doch noch recht trutzig in seiner baulichen Haltung, steht die alte Kate mit weit herabgezogenem Dach, das nur zwei Fachwerke als Stütze sehen lässt, als müsse sie immer noch, wie ein uraltes Mütterchen, das Leben und Treiben in ihrem Innern schützen. Das im Laufe der vielen Jahrzehnte immer wieder neu geflickte Strohdach, von Moosflecken gesprenkelt, hält in seiner Verwitterung dem allgemeinen Verfall des Hauses die Waage. An der Stirnseite trägt es die dunklere Färbung, die ihm der Rauch aufzwang, der aus der Grotdör am Giebel entlang klettert. Auffallend sind hier an der Vorderseite des Hauses die Vorschübe, die das Dach zu beiden Seiten der Dielentür stark herabziehen und so zwei kleinen Kammern Raum geben. Sie verstärken beim Betrachter den Eindruck des Anheimelnden und Schutzbietenden. Stellenweise erblickt man noch das altertümliche Flechtwerk, das, mit Lehm beworfen, eine gut isolierte Wand abgibt, die auf einem Fundament von alten Feldsteinen errichtet worden ist. Betritt man durch die Grotdör die Diele, so glitzert es schwarzfunkelnd von der Decke herab: Es ist der Ruß, der sich an Balken und Stämmen festgesetzt hat und allen Räumen des Hauses seinen Geruch aufzwingt. Hier hängen an Stangen und Haken die Wurst- und Fleischvorräte mehrerer Familien, die beliebig lange dem Rauch des offenen Herdfeuers ausgesetzt werden können. Da es eine Schornsteinanlage in der Rauchkate nicht gibt, so findet der Rauch, sofern man es ihm gestattet, durch Bodenluke und Eulenloch im Giebel den Ausgang. Es ist wie in einem verwunschenen Märchenhaus, wenn man sich in der Dämmerung der Diele durch die ausgetretenen Stellen des Lehmbodens in das Tageslicht zurücktastet.

Anmerkung: Das im Jahre 1813 erbaute Haus wurde zu Beginn der 1960er Jahre abgerissen und durch ein Mehrfamilienhaus ersetzt.

Justus Bostelmann

Anmerkung: Der folgende Artikel erschien in einer Zeitung, die uns nicht genannt wird. Auch das Datum und der Verfasser sind unbekannt geblieben. Lediglich das Kürzel W. H. des Schreibers wird uns mitgeteilt. Hinter diesem Kürzel verbirgt sich mit großer Sicherheit der Kaufmann Wilhelm Huth, der bis 1919 Inhaber des heutigen Tostedter Kaufhauses Bade war. Aufgrund der einleitenden Worte zu diesem Gedenkaufsatz muss der nun folgende Zeitungsartikel wahrscheinlich im Mai 1919 veröffentlicht worden sein. Justus Bostelmann, der »alter Dieckhof« genannt wurde, war Eigentümer des Kaufhauses und der Brennerei in der heutigen Dieckhofstraße 16 und 20 in Tostedt.

Justus Bostelmann (1815 – 1889)

Heute vor 30 Jahren, am 5. Mai 1889 starb in Tostedt ein Mann, der sich um unseren Ort in vielerlei Hinsicht sehr verdient gemacht hat.

Die gewaltigen Zeitereignisse der Gegenwart schieben hervorragende Persönlichkeiten der Vergangenheit etwas in den Hintergrund unseres Gedankenkreises; wo es sich indess um Männer handelt, die das Gemeinwohl der engeren Heimat förderten.

Es ist ein dringendes Erfordernis, dass wir in jedem einzelnen Ort zusammenhalten, dass wir mehr wie je das Wohlergehen jedes einzelnen Mitbürgers im Auge haben, denn nur dies kann uns vor gänzlichem Verfall retten.

Justus Bostelmann, geb. 1815 in Tostedt, war der Sohn des 1860 in hohem Alter verstorbenen Jobst Bostelmann. Dieser hatte schon zu französischer Zeit, wo der nördliche Teil von Hannover bekanntlich dem Departement der Elbmündungen angehörte, das Amt des Maire (Bürgermeisters) in Händen als angesehener Einwohner des Orts.

Der junge Bostelmann kam, nachdem er seine kaufmännische Bildung in Bremen erhalten hatte, Ende der 30er Jahre nach Tostedt zurück. Er zeigte früh einen aufmerksamen und wissbegierigen Charakter und wurde, wie mein Vater mir erzählte, allgemein »der kleine Kundschafter« genannt. Nachdem ihm nach seiner Verheiratung 1840 das Besitztum des Vaters übergeben war und er die bewegte Zeit der 40er Jahre mit durchgemacht hatte, trat bald (1852) die wichtige neue Organisation, Trennung der Justiz und Verwaltung, wie für ganz Hannover, besonders auch für Tostedt in den Vordergrund der Interessen. Bis dahin lag die Verwaltung und teilweise auch die gerichtlichen Competenzen für unseren Bezirk im Amte zu Moisburg (Amtmann von Hinüber) und der ihm untergeordneten Amtsvögte zu Elstorf, Hollenstedt und Tostedt. Das eigentliche Gericht befand sich in Harburg: Da der Weg dahin sehr beschwerlich war und man uns nun entgegenkommender Weise die Einsicht eines eigenen Gerichtes im Hause selbst zugestanden hatte. Den Bemühungen Bostelmanns, der von tüchtigen Gemeindemitgliedern, dem Dr. med. Kaiser, dem Apotheker Ch. Wicke und meinem Onkel, dem Kaufmann J. W. Huth unterstützt wurde, gelang es, Amt wie Amtsgericht nach Tostedt zu ziehen. Ein bedeutender Erfolg, sozusagen die ersten Sporen, die Bostelmann sich verdiente! Zu der Wahl Tostedts trug auch wesentlich die unentgeltliche Hergabe des Bauplatzes für das Amtsgebäude, wozu Bostelmann den Eigentümer Gastwirt Völker (Tostedter Hof) veranlasst hatte, mit bei.

1856 war Bostelmann schon so bekannt geworden, dass ihn das Vertrauen seiner Mitbürger in die Hannoversche »Zweite Kammer« entsandte. Bostelmann trat in Verbindung mit den damals schon einflussreichen Mitgliedern R. von Bennigsen, Miquel und Plank, welche später zu so bedeutenden Stellungen gelangten; sein Vorzug, den er stets für die Interessen von Tostedt zu nutzen wusste. 1862 überließ er, wie er mir selber sagte, um Moisburg gewissermaßen zu versöhnen, dieses Mandat dem sogenannten Alten Amt.

Inzwischen gründete er im Jahre 1858, unterstützt von den besten Gemeindevorstehern, Apotheker Wicke usw. und im Einverständnis mit Herrn von Hinüber-Moisburg die Sparkasse zu Tostedt, eine der ersten Amtssparkassen von Nordhannover, welchem Institut er bis an sein Lebensende das größte Interesse widmete. Größere Grundbesitzer der damaligen Zeit – die Garantie stützt sich bekanntlich bis auf den heutigen Tag, auf den Grundbesitz des gesamten Amtsgerichtsbezirks – wollten nur Mündel- sogenannte Bombensichere Credite gewähren, während Bostelmann etwas liberalere Grundsätze huldigte. Infolgedessen kam es in der »Amtsversammlung«, welcher Bostelmann und der Schreiber für unseren Bezirk angehörten, zuweilen zu kleinen Reibungen. Bostelmann wie andere bedauerten später, dass man sich nicht mit der Garantie unseres Kirchspiels begnügt hatte, in welchem Fall wir die Überschüsse der Sparkasse allein erhalten hätten. Bostelmann erwirkte, dass der Sparkasse ein – zwar beschränktes – Zimmer im Amtsgebäude eingeräumt wurde. Dies war ein großer Vorteil, weil vor Einrichtung der Grundbuch-Ordnung die Ermittelung der Hypotheken-Verhältnisse in den oft 100 Jahren alten Büchern sehr unübersichtlich war und den Einblick erschwert hatten.

Ungeheure, jahrelange Bemühungen standen bevor, als 1871 die Bahn Hamburg-Bremen in Angriff genommen werden sollte, denn die Erbauerin, die Köln-Mindener Eisenbahngesellschaft weigerte sich hartnäckig, die Trasse über Scheeßel, Lauenbrück, Tostedt zu nehmen, wollte vielmehr über Fintel, Welle, Jesteburg bauen. Was da für Tostedt auf dem Spiele stand, wusste keiner besser zu beurteilen als Bostelmann. Zahllose Reisen wurden gemacht, Petitionen geschrieben, Versammlungen gehalten. Bostelmann war immer als Erster dazwischen, stellte Zeit und Gespann stets zur Verfügung. Endlich gelang der große Wurf: Die schon an den projektierten Durchlässen des Seevetals stehenden Mauersteine mussten wieder (zu uns) weggefahren werden und Herr Oberbauer Funk (Erbauer der Linie Harburg-Osnabrück) musste sich grollenden Herzens fügen. Es war wirklich mit sauerem Schweiß errungen, die Herren Amtshauptmann Dietrichs, Gemeindevorsteher Kröger, von Bothmer, Müller und Röhrs-Schemel waren treue Mithelfer, aber Justus Bostelmann war die Seele der Agitation! Bostelmann war kein Redner und auch die schriftlichen Arbeiten überließ er gern anderen, dagegen – welches wertvoller – ein geborener Diplomat, der es verstand, sich der richtigen brauchbaren Leute zu bedienen.

Um dieselbe Zeit wurde von Bostelmann im Verein mit den besten Ökonomen (Verwalter Muhl in Bötersheim usw.) der Landwirtschaftliche Verein, ebenfalls einer der ersten unserer Gegend, gebildet. Auch das Tostedter Schützenfest 1854 war im Wesentlichen eine Schöpfung von Bostelmann, wenn ihm auch der Steuerbeamte Rokar, Wicke und andere kräftig zur Seite standen. Viele Jahre marschierte er als Präsident resp. Kommandeur an der Spitze des klangvollen Zuges daher. Weit und breit gab es nur in Tostedt damals ein Schützenfest. Auch den deutschen National-Verein 1859 gründete Bostelmann mit, seine politische Richtung war zu allen Zeiten nationalliberal.

Nach der Annexion von 1866 (Hannover wurde preußisch) stellte Bostelmann sich auf den Boden der Tatsachen, denn es war immer sein Grundsatz, das – nach seinem Dafürhalten Gute und Vorteilhafte – da zu nehmen wo es zu erhalten war und nicht im Schmollwinkel zu verharren. 1880 Mitglied des Abgeordnetenhauses wurde Bostelmann 1881 für unseren Wahlkreis Harburg-Rotenburg auch in den Reichstag entsandt. Er wirkte dort besonders für die Landwirtschaft, welche der Reichstag damals durch Förderung der neuen landwirtschaftlichen Winterschulen besonders im Auge hatte.

In die letzten Jahres seines Lebens fiel die ihm keineswegs anmutende Aufhebung des Verwaltungsamtes Tostedt – in Preußen musste ja alles besser sein – und die Einführung der Kreise und Landratsämter. Bostelmann wurde als einer der ersten Kreistagsmitglieder nach Harburg gesandt und konnte bald nachweisen, dass wir im Amte Tostedt zum Beispiel in Bezug auf Wege, Landstraßen usw. besser gestellt waren wie das Amt Harburg, mit dem man uns nun vereinigt hatte. Die Anteilnahme an der Armenanstalt in Hittfeld lehnte Bostelmann ab. Die Anlage ist ja gewiss segensreich, aber Tostedt, welches fast gar keine Armen hatte und hat, konnte natürlich seinen Beitrag sparen.

Ein Hauptziel von Bostelmann war immer, die Geselligkeit in Tostedt zu fördern. Er hat manchen Fremden in Tostedt herangezogen und konnte nur knurrig werden, wenn es jemanden mal hier nicht gefiel. Bostelmann nahm eine dominierende Stellung in Tostedt ein und Manches, was er geschaffen, so auch die Molkerei-Genossenschaft, wäre noch zu erwähnen. Die Summe ist jedenfalls, dass er sehr viel zur günstigen Entwicklung des Ortes beigetragen hat und wir nur wünschen können, immer gleich tüchtige Leute zu finden.

In Tostedt soll ein Krankenhaus gebaut werden – die (Kaufmann) Huthschen Anlagen im Düvelshöpen

Der Lieblingsgedanke des Tostedter Pastor Bockhorn war es, dass in Tostedt ein Krankenhaus gebaut würde. Hierfür hatte er lange Jahre Beträge gesammelt. Den Platz für das Krankenhaus wollte Kaufmann Wilhelm Huth (Bade) stiften. An der Triftstraße besaß er ein Grundstück, dass »Huthscher Fasanenpark« genannt wurde. Ein aus Langeloh Gebürtigter (Robert Geertz) war aus Amerika zurückgekehrt, hatte dort sein Glück gemacht und zog nach Dresden. Von dort her kam er ab und zu nach Tostedt. Er erklärte sich 1905 bereit, einen großen Geldbetrag (60 000 Mark) für den Bau eines Krankenhauses in Tostedt zur Verfügung zu stellen. Zum Bau war die Einwilligung der Gemeinde und des Gemeindevorstehers erforderlich. Doch diese Genehmigung wurde nicht erteilt. Bei der Ablehnung sagte Arnold Bostelmann (Dieckhof): »Wir brauchen eine Gasanstalt und kein Krankenhaus«. Damit war die Idee gestorben.

In den Kaufmann Huthschen Anlagen im Düvelshöpen (Fasanenpark / Ende der Triftstraße) rankte an einer Eiche neben alten Mergelkuhlen ein alter, kräftiger Rosenstock bis zum höchsten Gipfel empor. Dieser Rosenstock ist später von unberufener Bubenhand abgehauen worden. An der Eiche war eine Tafel mit folgender Inschrift angebracht:

Wohl hundert Jahre sind verflossen
Seit hier der Rosenstrauch entschossen
Zum Schutz wuchs die Eiche hervor
Hoch strebt nun die Rose dem Lichte empor

Im gleichen Wald war noch auf einer anderen Tafel zu lesen:

Glücklich wenn die Tage fließen
Zwischen Schaffen und Genießen
Zwischen Weil und Einsamkeit

Tafeln und Wege waren früher an den Tannen-Anlagen von Wilhelm Huth sauber angelegt. In den letzteren Anlagen stand eine Windturbine, welche aus einem nebenliegenden Brunnen das Wasser auf einer fünf bis sechs Meter hohen Holzrinne in das hinter der Mittelschule im Obstgarten liegende zementierte Becken pumpte. Von hier aus wurde das Wasser in vier bis fünf Meter hohen Holzrinnen im Obstgarten weitergeleitet und kurz vor Schemels Haus dann über die Poststraße, wo in den östlich davon liegenden Huthschen Anlagen eine mit Fliesen ausgelegte, von hohen Bretterplanken umgebende Badeanstalt war. Jetzt stehen dort große

Lebensbäume. Huths Anlagen verliefen vom Bahnhof bis zum Postweg, von einem Zaun aus hellen Birkenstämmen umgeben, welche aber nach etlichen Jahren schnell morsch wurden. Von den Anlagen bei der Mittelschule hatte Huth einen Fußweg bis zur Kreuzung Poststraße / Karlstraße, einen 50 Zentimeter breiten Stieg, mit Ziegelsteinen belegen lassen. So konnte er früh morgens in der Dunkelheit mit einer Sturmlaterne in der Hand, trockenen Fußes zum Bahnhof gelangen.

Brandstiftungen in Tostedt um 1908

Alte Tostedter werden sich noch erinnern, dass es jetzt gerade einige Jahrzehnte her ist, als für die Einwohner eine aufregende Zeit war. Fast an jedem Sonntag, bestimmt aber, wenn irgendeine Festlichkeit stattfand, brannte es im Orte. Ein Brandstifter trieb sein Unwesen. Das erste Feuer brach am Abend des 20. Dezember 1907 im Meierhof'schen Schafstall aus, der allein zwischen einigen Fuhren inmitten einer Heidefläche lag, wo sich heute die neue Siedlung zwischen Bahnhofstraße und Bahnhof ausdehnt (Birkenweg). Die damals noch in Betrieb befindliche Sturmglocke rief mit ihrem schaurigen Klang die Männer der erst vor sieben Jahren gegründeten Freiwilligen Feuerwehr zum Brandherd. Wenn sie läutete, wusste jeder Tostedter, dass ein Brand innerhalb der Ortschaft ausgebrochen war, während sonst nur das Feuerhorn erklang. Glücklicherweise hatte der Besitzer Kröger (Meierhof) kurz zuvor seine Schafherde aufgegeben, aber es verbrannten doch viele dort untergestellte landwirtschaftliche Maschinen, da damals die Wasserverhältnisse das Löschen noch sehr schwierig machten und deshalb auch der Schafstall bis auf die Grundmauern niederbrannte. Eine alte Handdruckspritze, die noch von den Feuerwehrmännern selbst gezogen und in Tätigkeit gesetzt werden musste, trug ebenfalls nicht dazu bei, dass schnelle Hilfe geleistet werden konnte.

Bereits am ersten Weihnachtstag brach der zweite Brand in der alten Böse'schen Scheune, die neben der Gastwirtschaft Renken (Bremer Straße) stand, aus. Sie konnte jedoch zum größten Teil gerettet werden. Jetzt hegte man auch den ersten Verdacht, dass nur ein Brandstifter als Verursacher der Brände in Frage kommen konnte. Die Feuerwehrleute stellten sich darauf ein und legten schon des Abends beim Schlafengehen ihre Uniform zurecht, um schnell am Brandherd erscheinen zu können. Patrouillierende Wachen gingen durch den Ort, um den Brandstifter zu fassen, auf jeden Fall aber, um sofort Alarm schlagen zu können. Der nächste Brand war dann bereits am Neujahrstag, und dieses Mal auch wieder in der Böse'schen Scheune. So brannte es in den nächsten Monaten immer wieder. Völlig abgebrannt sind damals außer den bereits erwähnten Gebäuden das alte Meyerhof'sche Haus an der Ecke Kastanienallee und Buxtehuder Straße, das alte Schwarcke'sche Haus in der Bahnhofstraße, in dem Mutter Schwiening wohnte, das Schlüschen'sche Haus in

Die Bremer Straße mit den alten Kastanienbäumen 1922

der Lindenstraße (4. Januar 1908), Meyer-Ziems Scheune und Bartels (Grodenhins) Wohnhaus und Scheune an der Buxtehuder Straße.

Ehe es zu einem größeren Unglück kam, konnten das Matthies'sche (Schneders) Wohnhaus, Kötner Wicherns Wohnhaus, beide an der Lindenstraße, das Schlachter Hillmersche Wohnhaus an der Buxtehuder Straße und das Sommerfeld'sche Wohnhaus an der Schützenstraße, das zweimal angesteckt wurde, frühzeitig gelöscht werden. Wie bereits erwähnt, war der Brandstifter meistens an solchen Tagen tätig, wenn irgendwo in Tostedt eine Festlichkeit stattfand. Man hatte beobachtet, dass er gegen Schluss derselben immer heimlich verschwand, und dass es dann bald brannte. So war es auch möglich, dass in vielen Fällen die Brandherde frühzeitig gelöscht werden konnten, weil Besucher der Festlichkeiten, die ebenfalls nach Hause gingen, darauf aufmerksam wurden. Leider konnte der Brandstifter nicht auf frischer Tat ertappt werden. Es gab aber begründete Vermutungen und Hinweise. Als die Polizei endlich zugriff und einen Angestellten der Firma Böse verhaftete, lagen auch dann noch nicht genügend Beweismittel vor, um den Täter zu überführen. Er musste nach kurzer Zeit wieder aus der Haft entlassen werden. Auch eine zweite Person, die wenige Tage später verhaftet wurde, konnte nicht überführt werden. Der zuerst Verhaftete, welcher Tostedt bald verließ, soll jedoch später auf seinem Sterbebett ein umfangreiches Geständnis über seine Taten abgelegt haben. Sonderbar war es allemal, dass nach seinem Wegzuge die Brandstiftungen aufhörten.

Verkürzter Zeitungsartikel aus den »Harburger Anzeigen und Nachrichten« eines unbekannten Verfassers, 15. Februar 1958

Brandstiftung auf dem Grodenhins-Hof (Bartels) in Tostedt

Am 16. Oktober 1908 spielte beim »Meierhof« in Tostedt Tanzmusik, man feierte Erntefest. Es war die Zeit, in der der sogenannte »Verschönerungsverein« in Tostedt und dessen Umgegend am Wirken war. Alle Hausbesitzer, welche ein Strohdach auf ihren Gebäuden hatten, waren sehr besorgt. Bald hier, bald dort flammte des Nachts auf einem strohgedeckten Haus das Feuer hoch. Einen gewissen Mann hatte man als Täter in Verdacht, konnte ihm jedoch nichts nachweisen. Als nun der Wirt vom »Meierhof« den Verdächtigen auf dem Tanzsaal bemerkte, sagte er seiner Frau Bescheid. Diese schickte dann ihren Bruder, den Briefträger Wilhelm Matthies, zum alten Meierhof rüber, damit er dort auf den Hof aufpassen sollte. Hier waren Haus und Scheune noch mit Stroh gedeckt. Während »Breefdräger-Willem«, wie Matthies hier nur genannt wurde, auf dem alten Meierhof unbemerkt umherging, sah er den Verdächtigen, der suchend zuletzt am »Sliekut« vorbei durch den Garten vom »Kloster« ging. Bald danach färbte sich der Himmel blutrot. Grodenhins Scheune brannte. Das Feuer konnte nicht gelöscht werden und so sprang es über auf das nahe Wohnhaus, dessen Strohdach den Flammen reiche Nahrung gab. Scheune und Wohnhaus wurden vollständig eingeäschert. Aber auch dieses Mal konnte dem Täter kein Beweis der Brandstiftung nachgewiesen werden.

Pastor Bentlage, der wie der vermeintliche Täter aus dem gleichen Ort Mariendrebber bei Diepholz stammte, hat einmal zu einem Tostedter gesagt, dass der Verdächtige aus guter Familie stamme. Es sei bekannt, sobald einer der männlichen Familienangehörigen Alkohol getrunken habe, müsse er Feuer sehen.

Albert Bartels, der damals neun Jahre alt war, hat den Brand miterlebt und die dramatischen Stunden in einem Aufsatz festgehalten:

Mitten in der Nacht von Sonntag auf Montag klopfte der Nachtwächter Rosenbrock an unser Schlafstubenfenster und rief: »Jaun Schün de brennt!« Raus! Die Stube war hell vom Feuerschein der auf der anderen Seite brennenden Scheune. Adolf (Bartels älterer Bruder) und ich fuhren in die Unterkleidung und flüchteten mit unserem kleinen Bruder Heini in das Backhaus. Heini legten wir in eine Wolldecke gewickelt in einen Backtrog. Draußen war alles lebendig. Das Feuerhorn klang schaurig und vermischte sich mit dem dumpfen Klang der Sturmglocke. Bald kam die Feuerwehr, auch viele junge Leute waren schnell zur Stelle, denn beim Meierhof war Tanz. Die Scheune brannte lichterloh, da nützte das Spritzen nichts mehr, denn die Heu- und Getreidevorräte entwickelten ein zu starkes Feuer. So wurde das Wohnhaus ausgeräumt. Da sah ich, dass das Feuer schon auf den First des Wohnhauses übergesprungen war und zeigte es Adolf, der da sehr weinte. Die Feuerwehr mühte sich ab, doch vergebens. Bald schlugen die hellen Flammen auch vom Wohnhaus hoch in die dunkle Nacht. Hier lag die ganze Jahresernte an

Der alte Grodenhins-Hof vor dem Brand 1908, Federzeichnung von Albert Bartels

Getreide und Heu auf dem Boden und entfachte zu einer schrecklichen Lohe. So mussten wir ansehen, zitternd mit feuchten Augen in der kalten Nacht, nur mit dem Unterzeug bekleidet, wie unser Haus Stück für Stück krachend in die Flammen fiel, dass der Funkenregen hoch aufsprühte. Wir standen eng aneinander gedrückt und starrten durch das kleine Backhausfenster mit fragenden Kinderaugen in die vernichtenden Flammen. Bis man uns so fand, denn niemand wusste, wo wir drei Kinder bei dem Tumult geblieben waren. Man brachte uns zu den Nachbarn.

Am nächsten Morgen waren die Kühe und das andere Vieh wieder eingefangen. Jedoch die Schweine und all die Hühner und Enten blieben in den Flammen. Auch die Kutschwagen und einige Maschinen waren verbrannt. Die Möbel wurden alle gerettet. Aber die ganze Ernte, Korn, Heu und Kartoffeln, von denen Vater am Sonntagmorgen noch die letzten eingefahren hatte, all der Ertrag eines Jahres Arbeit und Müh wurde von den Flammen vernichtet. Und all dieses Elend deshalb, weil ein ruchloser Schurke die Scheune angezündet hatte. Es wurde ein Schreiber Tallan festgenommen, musste aber wegen Mangel an Beweisen freigesprochen werden.

Wo wir uns sonntags noch munter umher getummelt hatten, war nun am Montag ein rauchender Trümmerhaufen. Auf dem Hof standen Möbel und dergleichen umher. Die Eichen neben dem Hause waren halb verkohlt. Auf der Scheunendiele lagen die hohen Haufen Kartoffeln, alle gar von der Hitze. Selbst die Äpfel in dem großen Strohkorb auf dem Kellerboden waren wie aus dem Bratofen genommen. Abends wurden Adolf und ich mit nach Dohren zu unseren Verwandten genommen. Aber dicht vor Dohren sagte Adolf: »Ich will wieder nach Hause« und lief davon. In den nächsten Tagen war Jahrmarkt in Tostedt, da wurde ich mit hingenommen, aber den Hof mit den noch rauchenden Trümmern unseres Hauses ließ man mich nicht betreten.

Herbstmanöver

Manöversoldaten bezogen 1908 – wenige Wochen vor dem Brand – Quartier auf dem Grodenhins-Hof. In der ersten Reihe kniet rechts Albert Bartels.

Soldaten und immer noch Soldaten marschierten und ritten durch den Ort. In unserer Gegend war 1908 ein großes Herbstmanöver angesetzt worden. Überall gab es Einquartierungen. Wir hatten auf dem Grodenhins-Hof etwa 70 Mann, zum Teil mit Pferden. Das war ein Leben für uns Jungens. An jedem Fleckchen wurde Stroh für Nachtlager bereitet. Am anderen Morgen folgte die Butterbrotstreicherei, große Haufen. Und mittags wurden unter den Eichen lange Tische gedeckt. Da wurde aufgefahren; von den riesigen Kesseln Suppe, Fleisch, Kartoffeln usw. war bald nicht mehr viel übrig, denn 70 hungrige, kräftige Soldaten hatten gesunden Appetit. Folgenden Tages zogen sie weiter. Wir Jungens natürlich mit, denn so eine

Schießerei mit den Platzpatronen und sogar Geschützen hatten wir doch noch nicht gesehen. Vater blieb auf einige Tage unterwegs zum Proviantfahren. In den nächsten Wochen spielten wir nur Soldat, steckten den Schultornister voll Steckrübenstücke und tobten in den Schützengräben umher, die vor dem Ort quer durch die Felder gezogen waren.

Kurze Geschichte zur Zinnhütte in Tostedt

Auf dem Gelände an der Weller Straße bei der Brücke über die Reichsbahn legte 1890 die Hamburger Firma Robertson und Bense, dem Tostedter Bahnhof gegenüber, ein Zinnwerk an. Die Entwicklung ging langsam vonstatten. In den ersten Jahren stellten sich Mängel heraus. Die Schornsteine erwiesen sich als zu niedrig, die Abwässer wurden der Umgebung gefährlich. Englische Fachleute wurden zur Hilfe geholt. Eine Kläranlage musste gebaut, die Schornsteine erhöht werden. Die Belegschaft kam aus Tostedt und der näheren Umgebung. Kurz vor dem Ersten Weltkrieg war die Höchstentwicklung erreicht. Das Werk beschäftigte zeitweise 130 Arbeitskräfte. In Tag- und Nachtschichten arbeitete die Belegschaft. Die Höchststundenlöhne betrugen 30 bis 32 Pfennig. Das Werk und seine Arbeitskräfte brachten Tostedt einen wesentlichen wirtschaftlichen Aufschwung, in dessen Folge hier auch viele neue Häuser gebaut wurden. Besonders an der Gartenstraße entstand damals die neue Ansiedlung zwischen Tostedt und Todtglüsingen. Dieses Tostedter Zinnwerk, das als die größte Zinnhütte Deutschlands galt, hatte vier Flammöfen, darunter einen Gasofen. In einem aufwendigen Arbeitsprozess wurden hier die 15 und 30 kg schweren Zinnbarren aus dem von Bolivien über England kommenden Material gewonnen. Als dann im Beginn des Ersten Weltkrieges eine Umstellung auf Kriegsmaterialherstellung nicht erfolgte, kam es 1914 zu einer Stillegung. Durch Kauf ging die Zinnhütte 1916 an die Firma Stark, Michael und Co. über. Eine Kupfergewinnung aus Kriegsmaterial-Rückständen begann, doch der frühere Höhepunkt konnte nicht wieder erreicht werden. Im Konkurrenzkampf mit dem Wilhelmsburger Zinnwerk war ein Rückgang der Tostedter Zinnhütte nicht mehr aufzuhalten. 1924 schloss die Zinnhütte endgültig ihre Tore. Die Belegschaft musste sich anderswo Arbeit suchen. Nun begannen die Anlagen zu verfallen. Buschwerk wucherte zwischen Gleis und Gebäuden. Nachdem in den folgenden Jahren nichts unternommen wurde dem Verfall Einhalt zu gebieten, blieben nur noch Ruinen übrig. Und so begann 1936 der Abbruch. Harburger Pioniere sprengten die beiden weithin sichtbaren etwa 30 und 50 Meter hohen Schornsteinriesen. Alles noch brauchbare Material an Steinen und dergleichen wanderte durch Verkauf in alle Richtungen. Zuletzt stand von den Anlagen auf dem weiten Fabrikgelände nur noch ein Maschinenhaus, in dem früher der Gasflammofen und ein Generator untergebracht waren und das Laboratorium mit Büro und Frühstücksraum. Während man vorhatte, das erstere Gebäude zu einer Turnhalle umzubauen, verwandelte sich das ehemalige Laboratorium in ein Erholungsheim für die Wilhelmsburger Beschäftigten der dortigen Zinnhütte. Die übrige Stätte des einst so fleißigen Schaffens nahm nun der Wald wieder in seinen Besitz.

Ein Edeltrunk besonderer Art

Wenn früher in den »Langen Wiesen« (Wiesen an der Töste Richtung Dohren) die Gräben gereinigt und ausgeworfen wurden, mussten wir Jungens nachmittags das Vesperbrot hinbringen. Statt Kaffee, wie heute, wurde damals für einen Mann eine Brauseflasche voll Branntwein mitgegeben. Den Branntwein holten wir Jungens stets in einer Korbflasche von 5 bis 7 Liter vom Dieckhof, wo die bekannte Brennerei in Betrieb war. Das Auswerfen der Gräben wurde damals gewöhnlich von Fritz Tödter, auch »Nachtwächters Fritz« genannt, vorgenommen. Wenn wir Jungens diesem dann den blaugeblümten »Edeltrunk« schnell bei seinem Vesperplatz hinlegen wollten, sagte er jedes Mal: »Halt Jungens töft mal!« und langte stets zuerst nach der Branntweinflasche, um einen tüchtigen Schluck daraus zu nehmen. Mit den Worten »Brr, sie hebt mi all wedder ansmert« versuchte er dann uns beim Kragen zu erwischen, doch gewöhnlich hatten wir uns schon vorsichtshalber in Sicherheit gebracht. Die Wut des Nachtwächters Fritz war begreiflich, denn gar zu oft hatten wir Jungens die Flasche geöffnet und den Branntwein selbst probiert. Damit die Flasche dann die erforderliche Füllung hatte, tauchten wir sie kurz in den Beek, der damals noch klares trinkbares Wasser führte, und ließen sie bis zum Rand voll laufen. Und die gepantschten Getränke erregten immer mächtig seinen Zorn und zahlreiche Kraftausdrücke hörten wir immer noch, nachdem wir uns längst aus dem Staub gemacht hatten.

Tostedts alte Strohdachhäuser und Hausinschriften

Bericht von Albert Bartels an den Kreisausschuss der Gemeinde Tostedt vom Mai 1935

Langsam, aber unaufhörlich verschwinden auch hier in Tostedt immer mehr die alten niedersächsischen Bauten. Herabgemindert wurde die Zahl der strohgedeckten Bauernhäuser bis gegenwärtig auf 17. Hinzu zu ziehen sind noch sechs gleichartige Scheunen, zwei Häuslingshäuser und ein Speicher. Unter den bewohnten Häusern befinden sich noch fünf »Rauchhäuser«, deren Feuerstätten jedoch durch unzeitige Herde ersetzt sind. Nur das Haus Nr. 24 (Koopmanns, Unter den Linden 25) ist noch mit zwei Kaminen (überwölbte Herde), das Haus Nr. 11 (Freihof, Dieckhofstraße 4 / 6) ist mit einem ebensolchen Diggen ausgestattet. Diese für einen Ort wie Tostedt so kleine Zahl der Strohhäuser entstand hauptsächlich durch Schadenfeuer größeren und kleineren Umfanges. Noch kurz vor Kriegsbeginn (1907 bis 1910) wurde hier und in der Umgegend ein Teil der Gebäude, die mit Stroh bedeckt waren, durch Brandstiftung in Asche gelegt. Damals wurde gesagt, der sogenannte »Verschönerungsverein« sei am Wirken. Während dieser Zeit wurden von den Bewohnern der Strohhäuser aus Furcht für die Nacht Koffer und Schränke aufgeschlossen und das Vieh etwas loser angekoppelt, um im Falle der Not alles schnell in Sicherheit zu bringen. Eine Anordnung, die noch heute bei starkem Gewitter befolgt wird. Selbst der Wachdienst wurde untereinander ausgeübt.

Obgleich verschiedene Häuser noch kein besonderes Alter aufweisen, befindet sich ein Teil in einem außerordentlich bedenklichen Zustand. Wirtschaftliche Notlagen, Nachlässigkeit der Bewohner und vor allem geringe Achtung vor diesen Werken der Vorfahren ließen manches Erhaltungswürdige verkommen. Vieles wurde so verwischt, auch die »Modernisierung« beseitigte ihren Teil.

Um die Unkenntnisse gegenüber solchen Werken zu mindern und die Besitzer auf die Bedeutung unseres niedersächsischen baulichen Schaffens aufmerksam zu machen, wurde hier bis jetzt noch wenig unternommen. Ebenso vermag auch in unserer Gegend manche schön beschnitzte Lade ihre Daseinsberechtigung nur noch als schmutzige Futterkiste zu behaupten. Die Strohhäuser zeigen größtenteils eine allgemeine Bauweise. Nur das zu dem Hof Nr. 3 gehörende Häuslingshaus (Foht, Waldstraße 6 a) hat noch einen tiefen Walm mit Vorschub aufzuweisen (erbaut 1813). Das wohl am besten erhaltene ist Haus Nr. 6, der Besitz des Bauern J. Bostelmann (heute Sander, Buxtehuder Straße 7). Das Haus stammt, der Inschrift oberhalb der kleinen Tür nach, aus dem Jahr 1716. Da die große Dielentür früher einige Meter weiter ins Haus hineinlag, befindet sich darüber auch keine Inschrift. Die Giebelwände sind mit verschiedenen Steinmustern versehen.

Der Meierhof 1928 in Tostedt, Federzeichnung von Albert Bartels

An Inschriften geschnitzter Art befinden sich hier in Tostedt noch folgende Sprüche:

FÜRCHTE GOTT, EHRET DEN KÖNIG, TUE KEINEN MENSCHEN UNRECHT, SO WIRST DU ZEITLICHES UND EWIGES WOHL ZU ERWARTEN HABEN. AN GOTTES SEGEN IST ALLES GELEGEN. ANNO 1788.

Erhabene Schrift, stark verwittert am Setzbalken über der großen Dielentür.
Haus Buxtehuder Straße Nr. 139, Kaiser (Buxtehuder Straße 9).

BETE UND ARBEITE

Früher über der kleinen Seitentür des gleichen Hauses angebracht.

MICH WARF EIN FÜRCHTERLICHER BRAND IN STAUB UND ASCHE NIEDER. ALLEIN DURCH GOTTES RECHTE HAND STEHE ICH VERSCHÖNERT WIEDER. VON HANS PETER BOLBORG UND ANNA CARINA GEBOHRENE JOBMANN GEBAUET 1811

Eingeschnittene Schrift auf dem Setzbalken über der großen Dielentür
Haus Bremer Straße Nr. 25, Fricke (Unter den Linden 34).

VOR FEUER STURM UND BLITZEN, WIRD UNS GOTT DOCH BESCHÜTSCHEN. DEN VIERTZENTEN NOVEMBER ANNO EINDAUSEND ACHT HUNDERT UND ELF

Erhabene Schrift am Setzbalken über der großen Dielentür
Haus Bremer Straße 24, Wesseloh (Unter den Linden 25).

JOACHIM BEHRENS UND ANNA CATARINA BEHRENS 1811

Erhabene Schrift über der kleinen südlichen Seitentür am gleichen Haus.

WER GOTT VERTRAUT HAT WOL GEBAUT AO 1813

Erhabene Schrift über der nördlichen Seitentür des zum Hof Nr. 3 gehörenden Häuslingshauses an der Waldstraße 6a (früher Bauerbackhausstraße).

HINRICH PETERSEN UND KATRINA PETERSEN A 1813

Über der südlichen Seitentür des gleichen Hauses.

WER GOTT VERTRAUT HAT WOL GEBAUT IN HIMMEL UND AUF ERDEN

Erhabene Schrift am Setzbalken Haus Nr. 38 Waldstraße, Wiegers-Behrens (Tischler, Waldstraße 10).

Vol Bracht ist dieser Bau durch Gottes Hand.
Bewahre uns o Herr vor Krieg und Brand.
Gieb uns und unsern Kindern Heil und Glück.
Verley uns Rath und Trost in miezgeschick.
Den 3 Julius Anno 1824.

Erhabene Schrift auf dem Setzbalken,
Haus Nr. 17 Kötnerstraße (Groden Schausters, Kötnerstraße 4).

Hans Peter Bostelmann 1824

Über der Seitentür des gleichen Hauses.

Aufgemalte Sprüche habe ich ihrer geringen Bedeutung halber nicht aufgeführt. Der Neuzeit entstammend, handelt es sich größtenteils um bekannte Bibelstellen.

Pferdeköpfe trägt keines der noch vorhandenen Strohgebäude auf den Giebeln, größtenteils eine Wendensäule. Der letzte Pferdekopf-Giebel ist mit Abbruch des Hauses Nr. 3 (Forkens-Foht) zwecks Neubau aus Tostedt verschwunden. Das Haus wurde 1731 erbaut.

Nachtrag: Bei der Aufstellung der Rauchhaus-Feuerstellen habe ich die beiden nachfolgenden Häuser nicht mit angeführt. Im Haus Nr. 11 »Freihof – Dat Kloster« waren auf der großen Diele noch 2 Diggen, mit Schwibbogen ummantelte Feuerstellen. Dieses Haus, dessen ältester Teil 1630 errichtet wurde, hat Ziegeldach und die Herdstellen sind fast verfallen und nicht mehr im Gebrauch.

Im Haus Nr. 2 Meierhofs altes Haus (Klostergang) war auch noch ein Diggen, der mit Abbruch des Gebäudes 1938 verschwand.

Krischan un sien nee Klock

Auf einem Hof am Sande hatte der Bauer die Angewohnheit, seine Leute in aller Herrgottsfrühe zu wecken. Wenn es noch recht dunkel war, schlürfte dieser in seinen Holzpantoffeln über die Diele zur großen Tür hin. Sobald er die Dielentür geöffnet hatte, tat er so, als wenn ihm jemand von draußen aus dem dunklen Nebel einen kurzen Gruß zurief und als Antwort rief er in die Dunkelheit zurück: »Süh, morgen Hans! Wo kumst denn du all her?« Und nach einer kurzen Pause sagte er mit seiner hellen Stimme: »Gottsdusendwetter mien Lü ligt noch all innen Bett!« Schnell eilte er geräuschvoll auf die Diele zurück, weckte die Knechte und Mädchen mit den Worten: »Nu ward's ober Tied! Naobers Hans hett sien Lü al nae de Wisch hinbröckt«. Wenn dann auch noch der Nachtwächter irgendwo im Dorf ins Horn stieß und anschließend seinen Vers sang: »Liebe Leute, lasst euch sagen, die Klock hat drei geschlagen. Drei hat die Klock geschlagen. Bewahrt das Feuer und Licht, dass in diesem Ort kein Feuer ausbricht!«, rief der Bauer: »Gottdusendweh, wo hett dat ole Beest woll wedder lägen hätt!« Seine Leute sollten denken, der Nachtwächter hätte in irgendeiner Scheune im Stroh die Zeit verschlafen. Damals ging der Nachtwächter im Sommer bis um drei Uhr im Ort herum und zur Winterszeit bis um vier. Hatte der Bauer so seine Leute auf die Beine gebracht, schlürfte er gern in die Schlafkammer zurück, um sich wieder ins Bett zu legen, und zwar unter dem Vorwand: »He har Koppweddog!« Ja, und sein Nachbar dachte noch längst nicht daran, die warme Bettdecke von den Ohren zu ziehen.

Nachdem das Vieh versorgt war, mussten die Knechte zur entfernten Wümme gehen, um dort Heide zu hauen. Oft war es dort noch so dunkel, dass sie wenig sehen konnten. Und die Mädchen mussten ihr Spinnrad unter den Arm nehmen, um auf der Nachbarschaft zu spinnen. Aber dort war noch alles still und ruhig im Haus und so stellten sie ihr Spinnrad auf Nachbars Flett in die Ecke, hängten die Grützwurst, welche sie als Frühstück mitgebracht hatten, an einen Nagel und krochen eiligst in die Butze zu Nachbars Mädchen unter die Bettdecke.

Als der Bauer einmal einige Tage nach dem Tostedter Markt sein Weckmanöver wieder ausführen wollte, trat er in die Knechtekammer, wo sich noch keiner rührte. Da richtete sich Krischan, der älteste Knecht, ein wenig im Bett auf. Er begann auf dem Wandbrett umherzugrabbeln und mit einem Ritsch riss er mit einem Schwefelholz an seiner Bettwandkante entlang. Bei dem grünlichen Schein des flackernden Rietstickens zeigte er mit der Hand auf ein rundes, glänzendes Metallstück: »So wit is dat noch lang nich, de Nachwächter hett de Tied richtig ansegt!« Und nun sah der Bauer dort wahrhaftig eine große Taschenuhr an der Wand hängen, welche sich Krischan kürzlich auf dem Markt gekauft hatte. Während er sich auf die andere Seite wälzte, wobei das Bettstroh nur so raschelte, schlürfte der Bauer über die Diele davon. Mit den Worten: »Oh ne, oh ne, Kinners un Lü, de Kirl hett so'n verrückte Klock! Wo schall dat mit so'n neemoutischen Kram noch hingahn.« Mit diesen Worten verschwand er kopfschüttelnd hinter der knarrenden Schlafzimmertür.

VII. Brauchtum

Spinnen und Weben

Jedes Jahr saß Mutter im Vorfrühling am Webstuhl, der in der Küche stand. Da schnurrte dann das kleine Schiffchen mit der Spule durch die Fäden, da ratterten die Trittbretter und klapperte der Rahmen bis die Leinenrolle auf der einen Seite immer größer wurde. Stück für Stück wurde auf der anderen Seite das Fadenwerk (Aufzug) kleiner. An den langen Winterabenden vorher schnurrten stets ein paar Spinnräder in der Stube, um aus dem Flachs das nötige Fadenmaterial für die Weberei herzustellen. Von der Nachbarschaft kamen oft Mädchen und Frauen mit ihren Spinnrädern herüber. Dann ging es aber um die Wette! Wie die Räder schnurrten, die Spindeln summten, und langsam drehte sich das bunte »Muckenblatt«, unter dem der Flachs verschwand.

Leinenbleiche 1935

Später im Sommeranfang wurden die langen fertig gewebten Leinenbahnen auf dem Rasen im Grashof ausgebreitet und an den Seiten mit kleinen Holzpflöckchen am Boden befestigt, damit sie der Wind nicht davon wehte. Jeden Tag musste das Leinen mit Wasser besprengt werden. Nach einiger Zeit hatte die Sonne alles blendendhell gebleicht. Wenn wir Jungens mittags aus der Schule heimkehrten, dann luden die langen Leinenbahnen verlockend zum Purzelbaumschießen ein, was dann auch nach allen Regeln der Kunst besorgt wurde – trotz strengen Verbotes.

Osterfeuerbrennen

Im Januar / Februar hatten wir Jungens es besonders eilig. Kaum war das Mittagessen beendet, so wurde ein Strick um den Leib gebunden, ein Beil in die Schlaufe gesteckt und dann los zum Holzhauen für das Osterfeuer. Die Hecken und Büsche an den Wiesen wurden besonders kahl gemacht. Mitunter ging es auch mit einem Blockwagen zum Düvelshöpen um Wacholder zu holen. Das Holz wurde zu einem hohen Haufen vor dem Ort aufgeschichtet. Verschiedene Bauern von unserem Ortsende, welches »Spanien« genannt wird, schafften auch große Fuder Buschholz zum Feuerplatz. Tag für Tag wurde Holz gebracht. Samstags begann das »Beuten«, das Anzünden des trockenen Grases an den Straßen und Knicks. Oftmals griff das Feuer allzu stark um sich und so musste geklopft werden, um über das heiße Element wieder Herr zu werden. Wenn es ganz brenzlig wurde, musste der Rock ausgezogen werden, um damit klopfend zu löschen.

Die größten Feinde unserer Feuerfreuden auf den Fluren waren die Gendarmen unseres Ortes. Manches Mal kam von denen einer plötzlich schnell auf seinem Pferd daher. Nun wurde eilig gelöscht, was noch zu machen war, und dann aber ausgerissen, querfeldein, was die Beine nur hergaben. Aber Spaß machte es doch, riesigen Spaß.

In der letzten Woche vor Ostern wurden neben dem großen Holzhaufen kleinere Feuer angezündet, um das noch grüne Holz zu trocknen. Dabei fing der Haufen mitunter Feuer, dann kam tüchtig Sand hinein, bis es gelöscht war. Auch mussten wir Wachen aufstellen, weil die Jungens der Nachbarorte gerne versuchten, unser Osterholz anzustecken. Wir machten es jedoch auch nicht anders.

Endlich kam das Osterfest. Kaum nahmen wir uns am ersten Tag abends Zeit das Eieressen mitzumachen. Danach zogen wir uns schnell um, denn beim Feuer wurde die Kleidung nicht geschont. Mit Hilfe einiger Bund Stroh war das Osterfeuer mit Einbruch der Dunkelheit schnell angezündet. Hei, wie die riesigen Flammen lodernd zum Himmel schlugen. Ringsumher standen all die Leute: Jung und Alt. Wie das prasselte und die Funken hoch aufsprühten, das war eine Freude, unvergesslich. Ringsumher auf allen Höhen leuchteten gleiche Osterfeuer in die Osternacht. Einstmals zählten wir 36 Stück. Wenn das Feuer niedriger wurde, sprangen wir über kleine Ecken darüber. Nachher suchte sich jeder einen guten glühenden Ast, vergrub den einen Augenblick im losen Acker und rieb sich nach dem Erlöschen desselben damit die Hände ordentlich schwarz ein, um dann einem Ahnungslosen von hinten über das Gesicht zu streichen. Wenn wir abends spät nach Hause gingen, sahen wir alle aus wie die Mohren.

Der Grodenhins-Hof im Jahre 1924, Aquarell von Albert Bartels

Himmelfahrtstag

Noch bis 1912 spannte mein Vater ein Pferd, dessen Geschirr hierzu besonders geputzt war, vor den Kutschwagen und bald nach dem Mittagsessen ging die Fahrt los. Außer unserer Mutter konnten nur noch drei von uns fünf Jungens mitfahren, denn alle fünf fanden auf dem Gefährt keinen Platz. Auf den Wegen der Tostedter Feldmark ging die Fahrt, vorbei an unseren Ackerstücken. Dort wurde kurz angehalten und Vater pflegte dann stets einige Worte zu sagen, zum Beispiel über den Stand der Feldfrüchte und wie weit unser Acker reichte. So ging die Fahrt auf den Feldwegen fast um Tostedt herum und zuletzt durch den »Düvelshöpen« und über den »Fall«. Nachdem der letzte Teil der Fahrt über die Bahnbrücke zurückgelegt war, wurde bei »Hormanns Trina« (später Maack in der Bahnhofstraße) eine besondere Pause eingelegt. Nachdem bei dem Pferde ein Tau gelöst war, setzten wir uns gemütlich hin. Vater bestellte seine Flasche Bier, Mutter erhielt Kaffee und wir Jungen hatten unsere besondere Freude an der roten und grünen Brause-Limonade, welche so herrlich sprudelte. Einige Stücke Stuten hatte Mutter mitgebracht. Wenn wir dann gegen Abend wieder zu Haus landeten, waren wir alle recht glücklich über die so schöne Himmelfahrts-Fahrt.

Pfingstbräuche

Im Jahre 1909, das ich nach dem Brand auf unserem Hof in Tostedt bei Verwandten in Dohren verbrachte, waren wir am Pfingsttag in aller Frühe aus den Federn gekrochen, denn niemand wollte am ersten Pfingsttag der Letzte sein, weil der zuletzt Aufgestandene ja »Pfingstbötel« wurde. Dem wurde ein kleiner »Pfingstbruch« (Birkenzweig) auf die Bettdecke gelegt. Gleich nach Mittag trafen wir uns mit den anderen Kindern des Dorfes. In einen kleinen Handwagen, der mit Pfingstbüschen ringsumher geschmückt war, wurde ein kleiner »Pfingstbötel« gesetzt und nun zogen wir durch Dohren von Hof zu Hof, vor jeder Haustür unser Pfingstlied singend:

Pingsbütel, Haaberkaff, Baukweizenstroh,
Tauken Johr um düsse Tied is ok noch so,
Haken und Staken de künd wi gaud maken,
Morgen wüllt wi üsen Pingsbütel kaken,
Wült em mit de Been in de Luken haken,
Ribberribber hier in de Mütz,
Oh wat is us Pingsbütel hübsch.
Eier her!

Die letzten Worte wurden besonders kräftig betont, der Erfolg blieb nicht aus. Überall gab es einige Eier, die wir in die dafür mitgeführten Körbe legten. Wurde uns nun vor einem Hause, wo wir unser Pfingstlied gesungen hatten, keine Gabe verabfolgt, was auch mitunter vorkam, dann sangen wir schnell unseren kleinen Spottvers:

Rull, Rull, Rull,
Dat ole Wiew ist dull,
Witten Twirn un zwatten Twirn,
Dat ole Wiew dat gift nich girn!

So ging es auch mit unserem Pfingstbötel nach Wüstenhöfen und Gehege. Die gesammelten Eier wurden am Schluss verkauft und der Erlös unter uns gleichmäßig verteilt.

Beim Bleigießen

Als wir Schuljungen waren, machte uns das Bleigießen viel Spaß. Das Material beschafften wir uns rechtzeitig in den ersten Tagen nach dem Tostedter Schützenfest. Damals wurde auf den buntbemalten Vogel nur mit Blei geschossen. Die Vogelbüchsen waren richtige Donnerbüchsen mit einem extra großen Kaliber. Beim Vogelschießen schlugen die Geschosse als große Bleiklumpen in den mit Erde aufgeworfenen Scheibenberg am hinteren Ende des Schießstandes ein. Hier bildete sich nach zwei Schießtagen eine Aushöhlung von 50 Zentimetern, aus der wir gleich nach dem Fest mit einem Stock die vielen zu wunderlichen Formen eingeschlagenen Geschosse herauskratzten. Die Ausbeute betrug jedes Mal mehrere Beutel Blei. Außerdem waren die Fenster des Häuslingshauses auf dem Grodenhins-Hof noch alle mit Blei verglast. Mit unserem Taschenmesser schnitten wir nur soviel Blei von den Fenstern, dass die kleinen Glasruten (Scheiben) noch hielten und nicht herausfallen konnten. Letztere Tätigkeit geschah natürlich heimlich, wenn von den »Hüssels« niemand zu Hause war.

So reichlich mit Rohmaterial versorgt, konnte das Bleigießen beginnen. Als Schmelzpfannen dienten die kleinen, tellerartigen Lichthalter, welche an den Bäumen am Schützenplatz angenagelt waren, um bei der abendlichen Polonaise am zweiten Festtag die Lichter aufzunehmen. Diese Pfannen wurden an einen Stichel genagelt, mit Blei gefüllt in das Herdfeuer gehalten und der Inhalt nach dem Flüssigwerden in allerlei aus Lehm gemachte Formen gegossen. Diese Beschäftigung konnte aber nur ausgeübt werden, wenn niemand außer uns Jungen in der Küche anwesend war. Unsere Mutter wollte von dem »Gestank« nichts wissen.

Von dem »Anzeichnen« oder »Anplacken« der zum Schlagen anzuweisenden Bäume im Düvelshöpen brachte mein Vater abends das »Plackbiel« (Waldhammer) mit nach Hause. Das Plackbeil wurde etliche Jahre auf dem Grodenhins-Hof sorgfältig verwahrt. Aber wir Jungens verstanden es doch uns dessen für kurze Zeit zu bemächtigen. Auf seiner Rückseite trug dieses Beil die beiden drei Zentimeter hohen Buchstaben »TW« zur Kennzeichnung der Stämme, wobei mit der Schneide ein kräftiger Span vom Stamm abgeschlagen wurde und danach auf diese glatte Fläche durch einen tüchtiger Hieb mit dem geprägten Ende das »TW« angebracht wurde. Die Buchstaben des Beils waren schon vom langen Gebrauch recht stark abgenutzt. Mit diesem Beil schlugen wir nun in unsere Bleiplatten auf einer glatten Bohle zahlreiche »TW« hinein. Auf die Buchstaben wurde ein Rohstück mit vier Zentimetern Durchmesser aufgesetzt und ein kräftiger Schlag mit einem handlichen Feldstein erzeugte um das »TW« einen schönen runden Kreis. Eine alte Schere diente dazu, die rundumrandeten Buchstaben herauszuschneiden – und fertig war unser eigengemünztes Geld. Durch längeres Tragen in den Taschen scheuerten sich unsere »Münzen« ab, bis sie prächtig glänzten.

Wo das Plackbeil dann später geblieben ist, ist unbekannt.

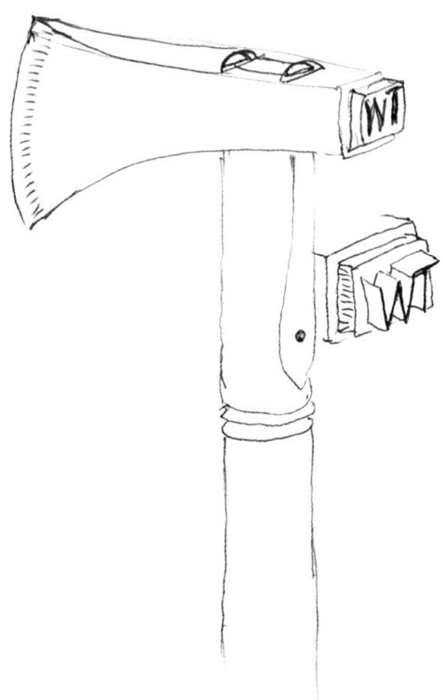

Das Tostedter Plackbeil,
Skizze von Albert Bartels

Backtag bei Bartels

Neben dem Teich auf unserem Hof stand das Backhaus die längste Zeit still und wenig benutzt. Doch wenn Backtag war, dann ging es darinnen lebhaft her. Am Abend zuvor packte Vater den Ofen voller dicker Holzstücke. In dem großen langen Bäckertrog wurde Roggenmehl mit Wasser angerührt und durch eine Schüssel Teig vom letzten Backen gesäuert. Wenn wir am folgenden Morgen das Backhaus betraten, hatte Vater den Ofen schon in voller Glut. Bald kamen die Nachbarsfrauen, die beim Kneten mithalfen, wofür sie ihre eigenen Brote mitbacken lassen konnten. Dann wurde geknetet und die Brote zurechtgemacht. Hatte Vater den Ofen, nach-

Backofen, Federzeichnung von Albert Bartels

dem er heiß genug war, von der Glut gereinigt und mit einem nassen Strohbesen sauber gefegt, begann er Brot für Brot mit der langen Holzschaufel in den Ofen zu schieben. Von dem Feinbrotteig (gesiebtes Roggenmehl) machten wir Jungens uns Apfelbrote, indem wir um Äpfel Teig backten. War es kurz vor einem Festtag, so musste auch allerhand Butterkuchen mit hinein. Nach genügender Backzeit zog Vater erst den Kuchen, dann das Feinbrot und zuletzt das Schwarzbrot, welches länger backen musste, aus dem Ofen heraus. Ein köstlicher Duft durchzog das Backhaus, so dass wir Jungens, wenn wir uns nachher ins Backhaus hineinschleichen konnten, überall etwas zum Naschen abkniffen. Das schmeckte doch zu schön.

In dem Backhaus stand noch ein ganz alter Backtrog, etwa drei Meter lang, aus einem Eichenstamm ausgehöhlt. An den Seitenwänden waren kleine Löcher eingebohrt. Diese Löcher sollen die Kosaken in den Freiheitskriegen (1814) gemacht haben, um den Trog zum Pferdefüttern zu benutzen. Nun ist der Trog bald wurmstichig genug, um selbst für den Backofen reif zu sein.

Eine alte Lade, in der jetzt die Wurst und Fleischwaren in der Speisekammer aufbewahrt werden, erinnert ebenfalls an die schweren Zeiten vor hundert Jahren. Damals hatten unsere Voreltern ihre Lebensmittel dort hineingelegt und das Ganze in einem tiefen Loch in der Scheune vergraben, um etwas vor den Franzosen zu retten.

Tostedter Herbstmarkt

Auf den Märkten des Amtes Harburg durften früher nur die Mitglieder der Harburger Zünfte ihre Waren verkaufen. Als dann aber auswärtige Handwerker aus den Nachbargemeinden diese Märkte mit ihren Erzeugnissen besuchten, wandten sich Harburger Schuhmacher wegen Benachteiligung an ihren Herzog. 1584 bezeugten wiederum drei Schuster, dass sie zu Tostedt in den Markt gezogen, allda seien so viele fremde Schuster von Walsrode, Horneburg und Buxtehude gewesen. Sie baten, dass den Fremden das Beziehen des Tostedter Marktes verboten würde, da sie selbst die fremden Märkte nicht besuchen dürften. Der Tostedter Markt war damals also bereits ein gutbesuchter und lohnender Absatzbringer.

Abgesehen von dem eigentlichen Viehmarkt diente der Tostedter Herbstmarkt mit seinen vielen Buden und Schaustellern der kurzweiligen Belustigung. Noch um 1910 bot der Markt ein anderes Bild und wir damaligen Schuljungen waren darüber enttäuscht, dass zu viele Buden Bekleidungsstücke, Tuchballen, Schuhe, Stiefel, Holzpantoffel, Kochtöpfe sowie andere Haus- und Küchengeräte ausgestellt hatten. Wünschten wir uns doch viele Karussells, Luftschaukeln und Kuchenbuden. Jedoch stand ich gerne bei den Buden mit den recht bunt bemalten Steingutwaren, denn auf den Schüsseln und Krügen waren so schöne Blumen, Pferde und Hirsche aufgemalt.

Vor Michaelis (28. September) wurde dem Knecht oder der Magd von dem Bauern die Frage gestellt, ob das bisherige Dienstverhältnis noch weiterbestehen sollte oder nicht. Im letzten Fall bot der Tostedter Herbstmarkt dem Bauern genügend Gelegenheit sich nach einem anderen Knecht oder Mädchen umzusehen. Für abgehende »Densten« (Dienstboten) war es üblich, sich einen neuen Dienstherrn zu suchen. An diesem Tag konnte jeder bei den vielen Bekannten Erkundigungen einziehen und das Fürsprechen oder auch in einigen Fällen das Abraten bedenken. Auf dem Tostedter Markt war immer ein reger Betrieb. Aus der weiteren Umgegend kamen Jung und Alt, Bauern, Handwerker und deren Frauen und Kinder zusammen. Für alle Dienstboten war nach Verrichtung der Mittagsarbeiten der freie Jahrmarktnachmittag feststehende Sitte.

Kam nun am Marktag die mündliche Vereinbarung, das »Vermeiern« oder »Verdingen« zustande, dann erhielt der junge Mann oder das Mädchen von dem neuen Dienstherrn einen Thaler Handgeld. Mit Annahme dieses Mietgeldes galt das neue Dienstverhältnis als gültig abgeschlossen. Schriftliche Formalitäten waren für solche Fälle unbekannt.

Vieh- und Krammarkt in Tostedt 1930

Über den Besen springen

Besenspringen 1976

Bei den Tostedter Holzinteressenten (ursprünglich 29 Anteile), die den größten Teil des Düvelshöpen ihr Eigen nennen (19,8 ha), wird auf Wunsch älterer Interessenten ein alter Brauch wieder ausgeübt. Sobald ein neuer Interessent, wenn er seine Hofstelle übernommen hat, zum ersten Mal an der Interessenten-Versammlung teilnimmt, muss er als neuer Hauswirt über den Besen springen. Wurde der Hof, auf dem kein männlicher Erbe war, einer Tochter übergeben, dann muss diese den »Besensprung« ausführen, anschließend auch ihr Ehemann. Von einem älteren Interessenten wird ein mit farbigen Bändern geschmückter Reisigbesen niedrig über den Boden gehalten (etwa 30 Zentimeter hoch), so dass es leicht möglich ist, darüber hinweg zu springen. Nach diesem »Besensprung« wird der neue Holzinteressent von dem ersten Holzgeschworenen durch Handschlag verpflichtet, dass er durch gute Kameradschaft für den Wald sich einzusetzen und die Treue zu halten habe. Damit ist er dann in die Gemeinschaft aufgenommen. Als Zeichen des Dankes für seine Annahme gibt das neue Mitglied für die anwesenden Interessenten eine Runde Getränke aus. Außerdem fügt er den bunten Bändern des Besens ein neues, mit seinem Namen versehenes hinzu. Nimmt ein älterer Interessent noch einmal an der Versammlung teil, nachdem er seinen Hof an seinen Erben oder sonstigen Nachfolger abgetreten hat, dann wird von ihm auch der »Trüchsprung« ausgeführt, indem er rückwärts über den Besen springt und somit aus der Gemeinschaft ausscheidet. Dem Besenspringen schließt sich, wie einst vor Jahrhunderten nach dem Holting, ein gemütliches und fröhliches Beisammensein mit dem »Vertrinken« einiger Beträge aus dem Holzverkauf an.

Anmerkung: Das Besenspringen findet in dieser Form auch heute noch in Tostedt statt.

Spökenkiekerei und anderes

Peter Hoops, Schillingsbostel, konnte kommende Ereignisse voraussehen: Man nennt dies »Vörlaat«. Man sagte auch, er habe die Gabe des »Zweiten Gesichtes«. 1811 klopfte er in der Dunkelheit an ein Fenster von »Sanders Hus« (Matthies) in Tostedt und sagte zu dem wach gewordenen Besitzer: »Giff mi mal'n Sluck! Du brukst nich bang to wän, dien Hus bliewt stahn, di passiert nix!« Bald danach brannte halb Tostedt ab, wobei dieses Haus verschont blieb. Peter Hoops soll bei anderen Tostedter Häusern durch Berührung mit der Hand eine Wärme verspürt haben und dadurch vorausgesehen haben, dass diese Häuser durch die Feuersbrunst abbrennen würden.

Einer Frau auf einem Hof in Wüstenhöfen sagte man nach, dass sie auf das Vieh anderer Höfe nachteilige Auswirkungen ausüben konnte. Einem Mädchen, das auf dem Hof diente, gab sie eines Abends den Auftrag, sie solle mal zu einem bestimmten Hof gehen und aus dem Dach des Hauses unbemerkt drei Strohhalme herausziehen und diese dann mitbringen. Das Mädchen ging nach draußen. Als sie so in der Dunkelheit auf dem Hofe stand, kam ihr die Angelegenheit recht unangenehm vor, so in der Finsternis auf einen anderen Hof zu schleichen. Wie leicht könnte sie hierbei beobachtet und überrascht werden. Da die Strohhalme doch alle gleich aussehen, zog sie einfach kurz und bündig drei Halme aus dem Strohdach des eigenen Hauses, wartete draußen noch eine Weile und brachte dann die Halme der im Haus wartenden Frau. Diese nahm die drei Halme in dem Glauben entgegen, sie wären vom bezeichneten Haus. Als der Knecht am kommenden Morgen den Kuhstall betrat, fand er dort zu seinem großen Schrecken drei verendete Tiere liegen. Diese Geschichte wurde mir 1960 in Wüstenhöfen erzählt.

In Tostedt und Umgegend wurden bis etwa 1910 von verschiedenen Männern und Frauen, die noch an das Behexen und andere abergläubische Gebräuche glaubten, allerlei Mittel zum Zweck der Abwehr, aber auch mit der Absicht selbst damit im Guten und ebenso im Bösen zu arbeiten, aus der Apotheke geholt. Wegen dieser Angelegenheit machte mein Vater dem Tostedter Apotheker Wicke Vorwürfe: »Willi, warum verköffst du denn düsse Lüd dat Drecktüch überhaupt?« Worauf er von Wicke die Antwort erhielt: »Ja, Jochen, wenn se dat bi mi verlangt, mut ick jüm dat verköpen, anners gaht sie na der Affteken in de Statt und dor kriegt se allens wat se für ihr Geld hebben wüllt. Un so blift dat Geld hier in' Dörp.«

Unsere Weihnachtszeit in Tostedt

In der Zeit um 1905 bis 1910, als ich noch ein kleiner Junge war, hatte die Weihnachtszeit für uns eine andere Bedeutung als die Kinder der heutigen Zeit es erwarten. An einem Abend Anfang Dezember stellten wir einen schön säuberlich abgeriebenen Holzpantoffel, unsere übliche Fußbekleidung, auf die Fensterbank und waren am folgenden Morgen froh, darin einige Nüsse oder etwas Zuckerwerk vorzufinden.

Wenn dann am Weihnachtsabend die Feier in der von vielen Kerzen erleuchteten und zahlreich besuchten Kirche zu Ende war, gingen wir Jungen zum »Dieckhof«, dem Kaufmann Bostelmann. Hier warteten wir bis eine größere Anzahl Jungen anwesend war und begannen dann dort vor der Tür mit dem Absingen des Weihnachtsliedes. Wir mussten oft noch einen weiteren Vers hinzugeben oder wieder von vorne anfangen, ehe sich die Tür öffnete und zwei große Waschkörbe voller brauner Kuchen bereitgestellt wurden. Zu zweit nebeneinander betraten wir Jungen den Flur, wo jeder in seine bereitgehaltene Mütze eine Handvoll Kuchen erhielt. Durch die Hintertür ging es dann wieder auf den Hof hinaus. Hier ließen wir die Kuchen schnell in unsere Taschen verschwinden, huschten um die Hausecken und stellten uns am Ende der noch wartenden Jungen erneut an – um nochmals unser Glück zu versuchen. Dann liefen wir durch den Stegen zum »Neen Huus« von Kaufmann Huth. Hier begann die Singerei nochmals. Als Lohn konnten wir Nüsse und Bonbons aus unseren Mützen nehmen. Ein nochmaliges Hintenanstellen glückte hier nicht, denn die »Ladendeener« hatten vor Beginn des Singens die Tür hinter uns abgeschlossen.

Zu Haus begleiteten wir nach dem Abendbrot unseren Vater auf die große Diele. Er trug die geflochtene Pferde-Futtermolle, die mit zwei bis drei Finger dicken Schnitten des selbstgebackenen Schwarzbrotes vollgepackt war. Bei dem gelben Schein der von uns Jungens gehaltenen Stall-Laterne reichte Vater jedem Pferd zwei von den dicken Brotstücken und wartete stets solange, bis die Pferde die Gaben aufgefressen hatten. Anschließend ging es in den auf der anderen Dielenseite liegenden Kuhstall, wo jede Kuh eine Scheibe erhielt und die Kälber eine halbe. Den Schweinen hatte das Mädchen beim Füttern schon eine doppelte Menge Schrot gegeben. Nachdem das Vieh seine Gabe erhalten hatte, gingen wir in die Stube. Mutter hatte inzwischen die Kerzen an dem Tannenbaum angezündet. Nun erhielten wir Jungens jeder ein halbes Dutzend prächtige rotbäckige Äpfel. Es waren die Besten von dem im Grashof stehenden Goldrainettenbaum, welche für diesen Tag aufbewahrt worden waren. Hasel- und Walnüsse kamen hinzu, sowie einige braune oder helle Weihnachtskuchen. Diese etwa 15 Zentimeter langen Kuchen hatten die Form eines Pferdes mit oder ohne Reiter, eines Hirsches, Hahnes und Sternes. Mit dem aus Zuckerguss aufgemalten Zaumzeug und der mit Geweihen und Federn verzierten Uniform des Reiters waren sie prächtig anzusehen. Von Mutter selbstgestrickte Fausthandschuhe, eine neue Mütze oder ähnliche Bekleidungen bildeten die größere Überraschung. Spielzeuggeschenke waren damals weniger üblich. Für die kleineren Jungen war das Holzpferd von größter Bedeutung. Vater, Großmutter, Knecht und Mädchen erhielten ähnliche Bekleidungsstücke und die beiden Letzteren außerdem noch Bargeld. Einige Gläser Grog wurden noch angeboten. Für uns Jungen natürlich aus Fliederbeersaft.

Als wir noch kleiner waren, kam ein vermummter Nachbar oder eine Nachbarin mit einem riesigen Bart aus Flachs als Weihnachtsmann verkleidet zu Besuch. Außer einem Beutel mit Nüssen hielt die uns doch etwas Furcht einflößende Gestalt noch eine Rute aus Birkenreisig bereit. Unserem Betragen nach gelangten Nüsse oder leichte Rutenschläge zur Austeilung. Bevor wir uns zur Ruhe legten, packten wir Jungens unsere alte Mütze auf die Fensterbank. Am kommenden Morgen hatte der »Kojes« einige Nüsse hineingelegt.

Am ersten Weihnachtstag stand Mittags der große Schweinebraten auf dem Tisch, dazu eingemachte Birnen und Zwetschgen. Nachmittags kamen Verwandte zu Besuch oder Nachbarn zum Klönschnack. Wir dagegen konnten bei Mutters Rosinenstuten und Butterkuchen nach Herzenslust zulangen.

In der Zeit zwischen Weihnachten und Neujahr musste mancherlei seit langen Zeiten übliches Verhalten eingehalten werden. Während dieser Zeit durfte nicht gesponnen oder gewebt werden. Niemand wagte es, ein Fuder Dünger an das Haus oder vom Hof zu fahren. Kein Rad in irgendeiner Form durfte sich im Haus drehen. Besonders wurde darauf geachtet, dass niemand die »Dössel«, den Türbalken der großen Dielentür, herausnahm. In der Dunkelheit sollten wir Jungens uns nicht draußen aufhalten, denn dann war, besonders wenn der Wind durch die Kronen der Eichen des Hofes stürmte, die Zeit der »Helljäger«. In wilder Jagd brausten sie durch die Lüfte und es war nicht gut, von ihnen überrascht zu werden. Rieselten die Schneeflocken herab, dann war es die »Holle-Frau«, welche ihre Betten schüttelte. Doch diese Flocken sollten Glück bringen.

Sylvesterabend

Nach dem Sylvester-Abendessen, Wurst und Saure Sülze, pochte es plötzlich von draußen an die Fensterscheiben. Und dann kam laut polternd eine mit allerlei unpassender Bekleidung umhüllte Gestalt hereingestampft, das Gesicht mit Ofenruß geschwärzt. Einen Leinenbeutel, welcher sonst für die »Büdelwurst« bestimmt war, hatte sie mit etwas Asche gefüllt und hiermit erhielt derjenige von uns Jungens, der es »verdient« hatte, einige Schläge über den Rücken, dass es nur so staubte. Den anderen aber gab die »Aschenmeum«, denn um diese Aschenmuhme handelte es sich hier, einige Nüsse. Die Aufgabe der Aschenmuhme übernahm gewöhnlich das auf dem Hof eingestellte Mädchen.

Das Häuslingshaus auf dem Grodenhins-Hof

Während der Dunkelheit huschten wir trotz »Helljäger« und anderer unheimlicher Gestalten doch aus dem Haus und versuchten, in der Nachbarschaft allerlei Schabernack auszuführen. Hier wurde eine Gartenpforte ausgehängt und versteckt, dort die Haustür oder das Fenster der Schlafstube dicht mit Strohbündeln versperrt. Hatte jemand Ackergeräte, Schubkarren oder dergleichen nicht unter Dach gebracht, sondern auf seinem Hof stehen gelassen, dann wurden diese Güter an Stätten, an die niemand dachte, ebenfalls versteckt. Ein beliebter Scherz war es auch, heimlich in den Fensterrahmen eines Nachbarn eine Stecknadel zu stecken, durch deren Öse ein Zwirnsfaden führte. An dem Ende des Fadens wurde ein Knopf befestigt und dann schlichen wir uns mit dem anderen Ende in ein Versteck, um von hier aus den Faden zu zupfen. Dadurch klapperte und pochte der Knopf leise gegen die Fensterscheibe. Für diejenigen, welche in der Stube saßen, ein unheimliches Geräusch. Die Ursache war in der Dunkelheit nicht gleich festzustellen, denn das schwache Licht der Petroleumlampe in der Stube reichte nicht weit.

Am Neujahrsmorgen wünschte der Briefträger beim Austragen der Post ein gutes Neues Jahr, wofür ihm einige Gläschen Branntwein eingeschenkt wurden. Darüber hinaus wurde ihm auch oft noch eine Zigarre angeboten. Dann kam der Zeitungsausträger mit seinem Neujahrswunsch. Ihm wurde gleiche Bewirtung zuteil. Am Vormittag erschien auch der Nachtwächter, der beim Betreten des Hauses dreimal kräftig in sein krummes Horn stieß, dass es nur so dröhnte. Auch er wünschte natürlich »Prost Neejohr!« Er erhielt ebenfalls Branntwein, Zigarren und außerdem noch Trinkgeld. Manches Mal standen die Besucher beim Hinaustreten nicht mehr so sicher auf ihren Beinen. Aus dem damals noch auf dem Grodenhins-Hof stehenden Häuslingshaus kam »Hüsselvadder« und weiterhin einige Männer, welche im Laufe des Jahres auf dem Hof gearbeitet hatten. Alle trugen ihren Neujahrswunsch vor. Ebenso wie einige Nachbarn dieses nicht versäumten. Während Mutter die »Stutenfrou« (Kuchenfrau), die »Eierupköpersch« (Eierfrau), »Hüsselmudder« und andere Frauen mit Kaffee und Kuchen bewirtete, widmete Vater sich nur der Männerwelt. So verging der Neujahrsvormittag mit recht fröhlichen und scherzhaften Redensarten, wobei das Einschenken wohl die Hauptsache bildete. Es war dann auch keine überraschende Feststellung, dass die große, fünf Liter fassende Korbflasche, welche wir Jungens erst vor einigen Tagen bei der Dieckhofschen Brennerei füllen ließen, erheblich leicht geworden war.

VIII. Notizensammlung zur Vervollständigung der Kapitel I – VII

Im Folgenden sollen zu den einzelnen Aufsätzen ergänzende Informationen gegeben werden. Wir haben sie in den diversen Aufzeichnungen von Albert Bartels gefunden und entsprechend zusammengestellt. Da sie oftmals von besonderem Interesse für das Verständnis der einzelnen Kapitel sind, möchten wir sie Ihnen nicht vorenthalten.

I. Aus Tostedts Vergangenheit

Den Bach, der von der Bornwisch westlich der Windmühle aus durch die Meddelswisch und an der Gehrnwisch entlang durch den Düvelshöpen fließt, nennt man auch den »Unglücksbeek«. Ein anderer, weniger gebräuchlicher Name dafür ist »Dübelsbeek«. Wo der Kleinbahnhof errichtet wurde, war früher ein längerer Teich, welcher sich an der südlichen Seite der Großen Chaussee (Bundesstraße) bis zur Abzweigung des Quellner Weges erstreckte. Dessen letzter Rest ist der heutige Feuerlöschteich (inzwischen zugeworfen). Der von hier aus durch die »Ohnhorst« südöstlich des Quellner Weges fließende Bach ist der »Glücksbeek«. Beide Bäche, der »Unglücksbeek« und der »Glücksbeek«, vereinigen sich zu einem Bach, der im Tiefenbruch von der Oste aufgenommen wird.

Der seit etwa Mitte der 1920er Jahre »Töste« genannte Bach wurde früher auch »Weetenbeek« genannt, weil er durch den zwischen Dieckweg (jetzt Schwarzer Weg) und der »Broukfurt« (Bruchfurt nördlich der Weetenwiese) liegenden »Weeten« fließt. Im Allgemeinen nannte man ihn sonst in Tostedt kurz den »Beek« und von Dohren bis zur Este den »Möhlenbeek«. Südlich vom aufgehöhten Schwarzen Weg lag der Lüllsteich. Daher nannten einige alte Tostedter den Bach früher auch »Lüllsbeek«.
Weil der zerfahrene Weg um 1912 von der Buxtehuder Straße bis zum Friedhof mit vielen Fudern dunkler Schlacken vom Zinnwerk abgedeckt wurde, erhielt er den Namen »Schwarzer Weg«.

Die Tostedter Windmühle (heute Mühlenweg) wurde 1874 für 13000 Thaler von Menke Foht (Forkens) gebaut.

An der Feldmark Tostedt ist nahe der Bremer Chaussee Tostedt-Harburg ein großes Urnenfeld entdeckt worden (unmittelbar neben der heutigen Grünabfall-Deponie). Leider ist es bisher nicht gelungen, von den in großer Zahl gefundenen Urnen auch nur eine vollständig erhaltene zu Tage zu fördern.

Wo die Bahnhofstraße beim Lönsweg eine schwache Biegung hat, lag um 1880 / 85 östlich davon (gleich auf der anderen Straßenseite) ein 50 Meter langer, 3 Meter breiter Wall. Dieser Wall wurde in Tostedt die »Tillyschanze« genannt. Auf der nördlichen Seite dieses Walles stand eine alte Eiche mit recht krausen Zweigen, die sogenannte »Tilly-Eiche«. 1952 war an dieser Stelle noch ein Brombeergestrüpp zu sehen, welches dann durch den Bau des neuen Weges (Ostdeutsche Straße) beseitigt wurde.

In den »Langen Wiesen« wurden 1911 neue tiefe Hauptgräben ausgeworfen. Hierbei kamen aus dem moorigen Grund des südwestlichen Teiles viele dicke Eichenstubben bis 75 Zentimeter Durchmesser mit großen Wurzeln ans Tageslicht. Obgleich das Holz teilweise stark verwittert war, hatte sich manches in dem nassen Moorgrund gut erhalten. Da ich gern mit meinem Taschenmesser schnitzte, hatte ich hier ein besonderes Holz gefunden. Es war fast durch und durch schwarz gefärbt und blieb, selbst nach dem Trocknen, blau-schwarz oder dunkelbraun. Hier wurde auch ein Stück Eichenholz, Pfahl oder Balken, von über einem Meter Länge herausgeholt, bis auf acht Zentimeter Durchmesser war es verwittert. Das Sonderbare hierbei war nun ein Eisenkreuz, welches mit seinem längeren spitzen Teil in einem Ende des Balken steckte. Das Kreuz hatte eine Gesamtlänge von 15 Zentimetern. Obgleich stark verrostet, säuberte ich es mit einer Feile und hatte nunmehr einen kleinen »Dolch«, den ich später der Volksschule übergeben habe.

Der Menkenteich wurde um 1830 der »Soth« genannt. Auf dem damals einzigen gepflasterten Weg, die »Sothstraße«, heute Menkenstraße genannt, konnte man die alte Feldsteinkirche erreichen. An der Ostseite der alten Kirche lag des »Küsters Hof« sowie die alte Schule. Daran grenzte die Grobschmiede und im Süden schloss der »Pastoren Hof« den Kreis um den Platz des Kirchhofes.

Die Eisenbahnstrecke Hamburg-Bremen wurde am 1. Juni 1874 in Betrieb genommen. Die Arbeiten an dieser Strecke begannen am Himmelfahrtstag 1872. Sie wurden meistens von italienischen, polnischen und schlesischen Arbeitern ausgeführt, die damals oftmals in Erdhöhlen an der Bahnstrecke hausten.
Die Kleinbahn Tostedt-Zeven wurde am 2. Januar 1917 eröffnet. Einige der hierbei beschäftigten Ingenieure haben auch in der Umgegend von Heidenau viele Hünengräber (Grabhügel) flüchtig ausgegraben.

Die Spielleidenschaft war früher in Tostedt besonders groß. Es wurde um Vieh und Bäume, selbst um Haus und Hof gespielt – auch sogar verspielt. Daher wurde Glückspiel schließlich behördlich verboten. Im »Sliekut« wurde sehr viel gespielt. Ebenso wurde heimliches Spiel im Backhaus in der Waldstraße, früher Bauerbackhausstraße, veranstaltet. Das Backhaus stand damals am Rand einer Lehm- und Sandgrube, dort wo heute das Nebengebäude von (Wendt) Brunkhorst / Triftstraße steht, welches Heinrich Bostelmann, auch Dischler Heinrich genannt, als seine Werkstatt errichtet hatte. Die Lehm- und Sandgrube ließ er zu einem Teich erweitern und vertiefen. Auf diesen Teich setzte er ein Boot, in dem man sonntags für ein paar Groschen rudern konnte. Hierdurch erhielt er auch noch den Beinamen »Kahn-Heinrich«.

In einem Zeitungsbericht von ca. 1900 wird von einem unbekannten Verfasser zum ersten Mal ein Jagdschloss bei Tostedt erwähnt:
»... Später kam durch Vertrag das Schloss in Harburg an die Herzöge von Braunschweig-Lüneburg, welche hier häufig residierten und von hier aus auch ihr Jagdschloss in Tostedt besuchten. Dieses gehörte zum Schillingshofe (jetzt G. Huth'sches Besitztum). Das Jagdschloss lag in der Richtung nach Dohren, beim sogenannten Lüllsteich (südlich des Schwarzen Weges), die Wirtschaftsgebäude befanden sich an jetziger Stelle; zwischen diesen und dem Schloss, wo sich jetzt Wiesen ausdehnen, lag wahrscheinlich ein Park.«

Den ältesten Teil Tostedts, vom Posthof ab, nannte man – und nennt ihn auch heute noch – »Spanien«, weil hier die Voll- und Halbhöfner wohnten. Dieser Teil wurde auch »Höfnerurt« (Höfnerort) genannt, im Gegensatz zu der anderen östlichen Seite, wo die Kötner wohnten und daher »Kötnersiet« (Kötnerseite) oder auch Kötnerurt genannt wurde. Weil die Höfner-Bauern infolge ihres größeren Besitzes und entsprechender Lebensweise wohl etwas stolzer waren, entstand der Name »Spanien«. Da auf und bei den Höfen in »Spanien« viele große Eichen standen unter denen es schattig und dunkel war, sagte man auch: »Bi de düstern Buern«.

II. Gerichtsbarkeit in der Vogtei »uppe dem Todt«

Am 4. August 1598 wurden, nach dem Hexen-Prozessprotokoll im städtischen Archiv zu Buxtehude, die beiden Weiber Aleken Hagels und Geschen Meyers der Zauberei angeklagt und hiernach bei lebendigem Leibe verbrannt. Erstere hatte auf der Folterbank gestanden, »dass sie dem Küster zu Moisburg ein Haupt-Vieh (Kuh), nachdem sie es in Teufels Namen wegen dessen, dass er sie hat stoßen wollen, mit einem Stein beworfen und totgezaubert habe.« Letztere dagegen stammte aus Tostedt und war der Zauberei an Menschen und Vieh angeklagt und angeblich auch überführt.

III. Tostedt im Kriegsgeschehen

Militärische Fahrten nach dem Siebenjährigen Krieg, von Tostedter Bauern für die von Hardenbergische Truppe ausgeführt, gingen 1780 nach Harburg. Die Bagage der Landkompanien zur Musterung musste im Juni 1781 nach Bardowick gebracht werden und am 23. Juni 1782 hatte sich das Kavallerie-Regiment von Bremen auf seinem Rückmarsch hier in Tostedt einquartiert. Bei dessen Abzug mussten wieder Tostedter Gespanne bis Harsefeld gestellt werden (acht Pferde vor vier Wagen).

Ereignisse in der Franzosenzeit: Im Oktober 1808 hatte ein holländischer Soldat die »Rote Ruhr«. Ein davon angestecktes Kind starb.
Im Februar 1811 waren in Wistedt Soldaten vom 7. französischen Grenadier Regiment.
Am 4. März 1813 wurde ein französischer Soldat bei Wistedt tot aufgefunden.
Am 14. März 1811 wurde halb Tostedt ein Raub der Flammen als die Franzosen beim Backen von Eierkuchen in der Dubschmiede bei der jetzigen Volksschule die brennende Pfanne auf die Diele geworfen und somit die Schmiede in Brand gesetzt hatten.
Am 29. März 1813 hielten sich in Tostedt Soldaten vom Sächsisch-Gothaischen Truppen-Corps unter dem Befehl des französischen Divisions-Generals Morand auf.
Da der hiesige Ort von französischen Truppen des Morandschen Corps gesperrt war, musste ein Kind aus Groß Todtshorn, dass am 27. März 1813 gestorben war, am 2. April 1813 aus diesem Grund in Schneverdingen beerdigt werden.

Als Schuljungen spielten wir auf dem Grodenhins-Hof mit eisernen Kugeln Spiele wie Kegeln, Kugelstoßen usw. Etwa 10 Kugeln (zehn Zentimeter Durchmesser) hatten wir auf dem Hof. Dazu noch zwei kleine Eisenkugeln mit etwa sieben Zentimeter Durchmesser. Mein Vater erzählte uns Jungens, dass die Franzosen 1813 diese Kanonenkugeln, denn um solche handelte es sich hier, im Darmvieh (heute Bosteler Berg) in großen Mengen zurückgelassen hatten. Bei ihrem übereilten Abrücken konnten sie nicht mehr abgefahren werden. Die Tostedter hatten sich diese Kugeln fuderweise auf ihre Höfe geholt und sie dann im Laufe der Zeit als Alteisen verkauft. Nur wenige dieser Kanonenkugeln sind bis heute erhalten geblieben.

In den Freiheitskriegen 1812 /13 ritt ein durch französische Reiter verfolgter preußischer Husar von Riepshof auf dem derzeitigen Weg Richtung Westen entlang, um über die Wümme zu entkommen. Die französischen Reiter schnitten ihm den Weg über die damalige »Langefort«, jetzige Wümmebrücke, ab. Dadurch wurde der preußische Husar gezwungen, am Ende des eingeschlagenen Weges, der hier aber nur bis an den Rand des Wümme-Sumpfes reichte, geradeaus seinen Ritt fortzusetzen, um so schnellstens die andere Seite der Wümme zu erreichen. Hierbei geriet er in den grundlosen Morast und versank dortselbst nebst seinem Pferde. Seitdem ist von ihm nichts mehr gesehen noch gefunden worden. Diese Wiese heißt noch heute »Franzosen-Wiese«. Es handelt sich um die Fläche von Riepshof auf halbem Wege zu der heutigen Ortschaft Dreihausen.

Der Großvater von H. Meyer, Ziemens (Nr. 29 / Himmelsweg 18), befand sich 1813 auf einer Fahrt von Buxtehude zurück nach Tostedt. Unterwegs wurde ihm gesagt, dass er nicht zurück könne, weil Tostedt von den Russen (Kosaken) besetzt sei. Er stellte sein Gespann in Dohren unter, um zu Fuß nach Tostedt zu laufen. Arglos fragte er einen der vor Tostedt stehenden Posten, wie viele Russen denn wohl in Tostedt wären. Daher wurde er wegen Spionageverdachts festgenommen und drei Tage am Pfahl bei Goddens Hof, also an den dort stehenden Schandpfahl, angeschlossen. Infolge guter Fürsprache wurde das Urteil, ihn zu erschießen, nicht ausgeführt. Statt dessen musste er zur Strafe hinter einem Pferde angebunden bis Kakenstorf laufen.

In dem Häuslingshaus auf dem Grodenhins-Hof (Bartels, Nr. 5 – Buxtehuder Straße 13) in Tostedt wohnte einst ein Dachdecker Ehrhorn, der vom Goddenhaus-Hof in Otter stammte. Nebenbei war er auch Nachtwächter. Während oder am Ende der Franzosenzeit hatte er auf dem Boden seines Hauses einen desertierten Soldaten versteckt gehalten. Als dieser es später auf dem Amt zu einer maßgebenden Position gebracht hatte, erhielt Ehrhorn von ihm eine größere Geldsumme als Belohnung ausgezahlt. Mit diesem Geld kaufte Ehrhorn den sogenannten Tiddenhof in Dohren, wo die Familie heute noch wohnt.

Tostedter Kriegerdenkmal: Im Jahre 1910 wurde vom Tostedter Kriegerverein das Kriegerdenkmal, ursprünglich für die Gefallenen des Deutsch-Französischen Krieges von 1870 / 71, für 7000 Mark erbaut. Die Lohn- / Arbeitskosten betrugen 1300 Mark. Verbraucht wurden 40 Tonnen Zement. Die großen Steine kamen aus der Umgegend. Einen Stein holte man aus Schillingsbostel, nördlich vom Ort, woraus drei Pfeiler gespalten wurden. Die Pfeiler für den Zaun wurden aus Immenbeck geholt. Auf einem dieser Steine ist noch die eingehauene Jahreszahl 18.. zu erkennen. Der Abbruch des Denkmals erfolgte 1964 und kostete 5000 DM. Der Wiederaufbau schlug mit 25000 DM zu Buche.

IV. Was es aus Tostedts Umgebung noch alles zu berichten gibt

Vor mehreren Jahrzehnten war die Verwendung von Blutegeln hier noch üblich. Man konnte sie in der Apotheke erwerben. In Wümme wohnte früher ein Mann namens Homann. Nebenbei handelte er mit »Ihlen«, also Blutegeln. Zu diesem Zweck krempelte er seine Hosen hoch auf und stieg in einen Tümpel. Wenn er nach einer kurzen Zeit wieder herausstieg, hingen überall an seinen rauen Beinen viele schwarze Egel, die sich hin und her bewegten. Diese Egel brachte er dann als Blutegel zur Apotheke.

Zwecks Buchweizenanbau wurde das Königsmoor in längeren Zwischenräumen abgebrannt, zuletzt um 1840 und 1870.

In Kallmoor ging früher die Grenze »achter Goddens Fürhird«, also durch das damalige Haus und Flett von Goddens Hof.

Schanzen bei Handeloh: Am Südrande des Dorfes überquert den hier zwischen Seeve und Este in der Nord-Südrichtung sich erstreckenden Höhenrücken ein doppelter Erdwall, der sich an guterhaltenen Stellen noch jetzt etwa einen Meter über dem Gelände erhebt, während der zwischen beiden befindliche Graben bis zu 1,50 Meter tief ist. Ein bis zwei Kilometer nördlich dieser Doppelschanze liegt eine einfache Schanze, die von Höckel bis zu den Fischteichen bei Wörme reicht. Sie war zweifellos die zweite Linie. Da die Schanze von dem ehemals sehr sumpfigen Estetal bis an das Bruch im Seevetal reichte, versperrten sie jedem eindringenden Fremden den Weg in den zwischen Seeve und Este gelegenen Gau. Zwischen Este und Wümme fanden die Handeloher Schanzen bei Todtshorn ihre Fortsetzung.

Im 17. Jahrhundert soll an der Wümme in der Nähe des heutigen Ortes Dreihausen ein Räuber namens »Hühns« gehaust haben. Als er endlich gefangen genommen wurde, sagte er noch, dass er an der Wümme einen mächtigen Schatz verborgen hätte. Man nahm an, dass dieser in der sogenannten Pfennigkuhle verborgen wäre. Später fand man hier öfters Pfennige und der Berg ist danach benannt worden.

Knappe 100 Meter von Riepshof südlich neben dem Weg nach Schillingsbostel standen vier alte krause Eichen (Krusen Eeken). Hier sollen früher auf einem Thingplatz (Versammlungsplatz) der Bischof von Bremen und der Harburger Herzog getagt haben. Hierbei wurden auch die Grenzen des an den Harburger Herzog abgetretenen »Riepshofer Loh« festgelegt.
Bei dem Bienenzaun zwischen Riepshof und Quellen soll bei einer Grenzfestlegung dem Quellener Schäfer eine Ohrfeige verabreicht worden sein. Damit sollte sichergestellt werden, dass er diesen wichtigen Grenzverlauf nie vergaß.

Moorbrände: Im Frühjahr 1900 wütete 14 Tage lang ein großer Moorbrand im Hamm-Moor, das ist der südliche Teil des Königsmoores.
Im Juni 1930 wütete vier Wochen lang ein großer Moorbrand östlich vom Tostedter Damm und vernichtete viel gestochenen Torf.
Im August 1935 brannten acht Tage lang Moor und Heide östlich des Tostedter Dammes.
Im Juli 1938 wurde wiederum ein Moorbrand im Hamm-Moor gemeldet. Der Brand dauerte vier Wochen.

V. Markgenossenschaft auf dem Todt – die Todtholzung

Die Geschäfte des königlichen Günstlings Stechinelli: An dem hannoverschen Hof hatte der Italiener von Stechinelli in der Mitte des 17. Jahrhunderts durch vielerlei Handel und Geschicklichkeit sein Glück gemacht. In seine oft eigenartigen Geschäfte floss auch der Verkauf von 300 wehrfähigen Männern (Soldaten) aus dem lüneburgisch-hannoverschen Lande an die Venezianer ein, um hierdurch dem Herzog Georg Wilhelm eine Vergnügungsreise nach Holland zu ermöglichen. Ein Vermögen erwarb sich Stechinelli durch den Tuchhandel. Dann begann der inzwischen zum Generalpostmeister der Hannoverschen und Lüneburger Lande aufgestiegene Günstling mit Zehnten zu handeln, von denen er eine große Zahl in seinen Besitz brachte. Im Amte Harburg nannte er den Zehnten mehrerer Ortschaften sein Eigen. Hierzu gehörten auch Wistedt, Quellen, Welle, Dohren, Wüstenhöfen, Vaerloh und Ochtmannsbruch.

Der Forst Lohbergen erhielt 1762 die erste Kiefernanpflanzung.

Der Düvelshöpen im Verkoppelungs-Rezess der Dorfschaft Tostedt (1842):
»Als Forstzuschlag wird eine Wald-Fläche in den Düvelshöpen von 79 Morgen 91 QR reserviert, woran lediglich die 29 Holzinteressenten, nämlich 6 Vollhöfner, die 5 Halbhöfner und die 18 Kötner, in der Art berechtigt sind, dass bei vorfallenden Bauholz-Bedürfnissen, wenn der forstwirtschaftliche Betrieb des Waldes es gestattet, zwar die Notdurft durch Ausweisung befriediget wird, im Übrigen aber bei allen Aufkünften eine völlig gleiche Teilnahme stattfindet.«

Festlegung der Todtmarkungsgrenze: Oftmals wurden Grenzmale ohne Rücksicht auf ihre ehrwürdige Bedeutung beseitigt: So stand 1935 in der Wildnis bei Kallmoor der große von Moos und Flechten überwucherte alte »Königstein«, auch »Dreikreuzestein« genannt. Er hieß so, weil an seiner Oberfläche drei gleichschenklige Kreuze eingemeißelt waren. Als ich 1937 nach dem Stein sehen wollte, fand ich ihn zerschlagen vor. Als ich den Besitzer des Grundstückes darauf ansprach, sagte er mir, seine Söhne hätten versucht den Stein zu zerschlagen. Auf meinen Vorwurf, warum er es zugelassen habe, so einen historisch wichtigen Grenzstein zu zerstören, kam es wie eine Klage aus seinem Munde: »Ja, wenn ich dat bloss wüst har!«

VI. Land & Leute von Tostedt

Einer Erzählung nach soll auf dem Todt das sogenannte »Totenbeil« umgegangen sein. Wenn eine Hochzeit stattfand, war dieses »Totenbeil« stets mit dabei. Eine Schlägerei soll oft damit verbunden gewesen sein, dass das Beil seinen Tribut forderte. So wanderte das unheimliche Beil von Hochzeit zu Hochzeit und anderen Feiern, bei denen es durch stärkeren Alkoholgenuss recht lebhaft zuging. Seit einer

Hochzeitsfeier in Todtglüsingen wurde das Beil nicht mehr weitergegeben. Mit seinem Verschwinden hörten die Totschläge auf.

Dienstpflicht zur Wolfsjagd: Eine »Mannliste« von 1680 wies für Tostedt 164 Mann aus. 1658 wurde im Amt Harburg die Anschaffung neuer Wolfsgarne veranlasst (Kosten bei 172 Thalern). Im März 1759 wurde bei Tostedt ein Wolf beobachtet.

1760 starb in Tostedt ein »Joh. Christ. Weyhe, Tischler und Chirurgus« im Alter von 46 Jahren.

Seuchen und Bevölkerungsentwicklung von Tostedt: Seuchen tauchten auf, welche die Zahl der Todesfälle verdoppelten. In dem Tostedter Kirchspiel starben 1766 von 81 Menschen allein 53 an den Blattern, 1777 waren von den 90 Toten, vorwiegend Kinder, sogar 59 von der gleichen Seuche dahingerafft worden. Von den 72 Gestorbenen im Jahr 1786 gingen 14 an den Blattern und 33 an den Pocken dahin. Die Ruhr nahm 1795 14 und die Brustkrankheit 25 von den Toten dieses Jahres. Nach einer Zählung im Jahre 1756 hatte das Tostedter Kirchspiel 1263 Einwohner.

Brennereien und Krügereien in Tostedt per 1849:
Justus Bostelmann: Kaufmann, Woll- und Wachshandel, Brenn- und Brauerei
J. H. Gerlach: Kötner und Halbhöfner
Christoph Wichern: Ausspann, Viehhändler
Witwe Oltzen: Kötner, Stellmacher, Herberge
Heinrich Volker: Gastwirt, Weggeldeinnehmer
Friedrich Wichern: Ausspann, Bienenzucht
Heinrich Bostelmann: Gastwirt, Woll- und Wachshandel und Viehhändler
Joachim Matthies: Halbhöfner
Heinrich Narten: Kötner, Herberge

Während der Militärmanöver im Jahre 1908 war unsere Umgegend mit einbegriffen. Es sollte jeder Bauer auf denjenigen Stellen seiner Wiese ein Strohbündel auf einem Stiel befestigen, welche besonders feucht und moorig waren. Damit sollte verhindert werden, dass Reiter mit ihrem Pferd hier einsanken. Eine große Anzahl dieser Warnzeichen sollen hier gestanden haben, besonders viele in den anmoorigen »Langen Wiesen«.

Vor dem Haus des Schlachters Fr. Matthies (Nr. 35 – Unter den Linden 26), früher Brits Hus, befand sich der Chausseebaum, ein rot-weiß gestrichener Schlagbaum. Um das sogenannte »Chausseegeld« zu sparen, machten einige Fuhrleute den Umweg durch die Kötnerstraße und Menkenstraße.

Michel Wiechern, seinerzeit Besitzer des »Dupsmett Hofes« (Nr. 32 – Waldstraße 1), erbaute das jetzige Haus von F. Wiechern / Werner Narten und richtete dort die Gastwirtschaft »Zum deutschen Michel« ein. Das Namensschild schmückte später noch das Gasthaus des heutigen »Zum Meierhof«. Dieses Gasthaus baute Narten, der zuvor in »Kauers Hus« eine Gastwirtschaft führte. Weitere Besitzer von dem an der Dieckhofstraße neben dem alten Meyerhof liegenden Kauers Hus (Nr. 63, heute Dieckhofstraße 3) waren Schlachter Matthies, danach Heinrich Stöver.

1951 wurde das 1811 von J. Behrens erbaute Haus abgebrochen. Das Haus (Nr. 24 – Unter den Linden 25) wurde früher »Koopmanns Hus« genannt, da Behrens sich mit Handel beschäftigt hatte (Behrens wird später als Schneider in Tostedt genannt). Letzter Eigentümer war Schuhmacher Wesseloh. In den letzten Jahren war das Strohdach recht schadhaft, so dass die darin wohnenden Mieter das Haus verlassen mussten. Mit Abbruch dieses Rauchhauses wurde in Tostedt die vorletzte mit einem Rundbogen (Swibbogen, genannt Diggen) ummantelte Feuerstätte, welche früher durch ein oder zwei Klappen verschließbar war, vernichtet.

Bei der Tostedter Apotheke (Nr. 13 – Unter den Linden 13) stand früher das strohgedeckte Haus des Tostedter Untervogtes (der Tostedter Bezirk gehörte derzeit zur Amtsvogtei Moisburg). Deshalb nannte man das Haus dieser Kötnerstelle auch »Unnervogtshus«. Es wurde 1846 von Christoph Wicke gekauft und abgerissen und dann die Apotheke an der Ecke Schützenstraße neu gebaut.

Swadders (früher Nr. 40 – Unter den Linden 5) saßen früher auf ihrem Hof südöstlich des neuen Friedhofes (heute Weide / früher Nr. 28, das war das eigentliche Swadders Haus, dort ca. 1898 / 99 abgebrannt). Infolge mehrfachen Sterbens ihrer Kinder verkauften sie den dortigen Hof, um auf dem dann erworbenen »Sandkrögers« Hof (zwischen Bostelmanns Hotel und Schlachtermeister W. Matthies) zu wirtschaften. In Sandkrögers Haus war früher eine Krug-Wirtschaft mit Kegelbahn und Tanzsaal.

Der Häusling auf dem Grodenhins-Hof Johann Holst, genannt »Hansch«, war Belgentreter für die Kirchenorgel, Nachtwächter und auch »Fildpanner« (Feldpfänder oder Feldhüter). Bei dieser letzteren Aufgabe musste er aufpassen, dass Dorfschaften und ihre Bauern ihr Vieh nicht auf fremdem Grund hüteten.

H. Ruschmeier aus Tostedt-Land hatte 1892 auf dem Grodenhins-Hof in Tostedt als Knecht gedient. Damals wurden auf den Höfen wenig Kartoffeln angebaut – nur 2 bis 3 Morgen, jedoch viel Buchweizen. Auf dem Hof wurde stets eine Kuh gemästet. Sie erhielt täglich zwei Holzeimer voll Buchweizenbrei und hatte beim Schlachten ca. 80 Pfund Talg. Damals musste Ruschmeier morgens die zwei Kannen Milch zu der neuen Molkerei bringen, dann den Kuhstall streuen und anschließend nach dem »Fall« (hinter dem Düvelshöpen) gehen, um dortselbst von 8 bis 11 Uhr 70 Diemen Heide zu hauen. Um 11 ½ holte er auf dem Hof zwei Karren Gras, anschließend war Mittag.

Ein Branntweinkutscher (Renken) von der Dieckhofschen Brennerei verlor auf der Rückfahrt von der sogenannten »Großen Tour« (Auslieferung von Branntwein nach Todtglüsingen, Lohbergen, Sprötze, Buchholz und Kakenstorf) bei der Todtglüsinger Sandgrube ein Vorderrad von seinem Wagen. Da er eingeschlafen war, bemerkte er es nicht, denn er hatte reichlich Branntwein bei seinen Kunden trinken müssen. Die Pferde konnten den Weg mit dem schlafenden Kutscher auf dem Bock selbständig nach Hause finden. Doch der Wagen blieb an dem Eckpfahl des Schweineauslaufes vom »Sliekut« in der Dieckhofstraße hängen. Hier wurde die Kutsche samt den Fässern abgeschleppt. Das Geld, 112 harte Thaler, hatte er in sein Taschentuch eingeknotet. Die bei Abrechnung fehlenden 7 Thaler fand man am folgenden Morgen im Stroh auf dem Wagen, wohin sie gefallen waren.

Die Eier wurden von einigen hiesigen Händlern mit einem Hundegespann nach Harburg gefahren. Auf der Rückfahrt wurden dann Kaffee, Zucker, Tabak und anderes mitgebracht, welches oftmals Schmugglerware war.

Am 1. Dezember 1923 kosteten:

1 Pfund Fleisch	3,5	Billionen Mark
1 Pfund Brot	260	Milliarden Mark
1 Pfund Butter	2,5	Billionen Mark
1 Pfund Margarine	1,1	Billionen Mark
1 Pfund Mehl	350	Milliarden Mark
1 Pfund Salz	160	Milliarden Mark
1 Salzhering	170	Milliarden Mark
1 Ei	320	Milliarden Mark
1 Grog	404	Milliarden Mark
½ Liter Bier	410	Milliarden Mark
1 Liter Milch	390	Milliarden Mark

VII. Brauchtum

Gegen Magenkrämpfe wurde folgendes Rezept empfohlen: »Pferdedünger von einem Wallach ausgepresst in einem neuen Topf eine Stunde kochen lassen, davon alle Stunde einen Teelöffel oder Esslöffel voll zu nehmen.«

Und hier noch eine medizinische Empfehlung aus dem Jahre 1863 gegen Blattern der Schafe: »Für einen Groschen Meierdaugel und für sechs Pfennig Teufelsabbiskraut und für zwei Groschen Teufelsdreck und für einen Groschen Weihrauch und für zwei Groschen Meisterwurz. Dieses in vier Theilen geteilt, ein Theil wird vor der Thür wo die Schafe ein- und ausgehen in einen neuen Topf eingegraben und die anderen drei Theile wird man drei Schafen unterbinden, mit einer ungebleichten Leinenbinde. Noch ist zu bemerken, dass auch Nachgeburt darunter vermengt werden muss von einem unehelichen Knaben. Stillschweigend vor dem Sonnenaufgang gebraucht, entweder auf einem Sonntag, Dienstag oder Donnerstag.«

Im Flett übermantelte und verschließbare Wandherde wurden »Diggen« genannt. Durch eine Öffnung in der Rückwand des Diggens wurde der Ofen in der angrenzenden Stube geheizt. Solche Öfen wurden auch »Buttenlegger« genannt. Diese Wandherde kamen im 17. Jahrhundert in Gebrauch, vorher gab es Bodenherde in der Mitte des Fletts.
In dem Häuslingshaus auf dem Grodenhins-Hof wurde der Buttenlegger vom offenen Herd im Flett aus geheizt. Über diesem Herd hing der Grapen (Kessel) an einem riesigen Kesselhaken. 1946 wurde der Herd abgebrochen.

»**Wenn wir (Grodenhinsbuer**) früher Erbsen oder Bohnen, die schon etwas älter waren, kochen wollten«, so erzählte unsere Großmutter, »dann holten wir uns das Wasser aus dem »Thee-Soot« aus Küsters Garten.« Mit diesem Wasser sollten sie schnell weich werden. Dieser Brunnen stand bei der jetzigen Scheune der Volksschule (inzwischen abgerissen).

An der Südseite der alten, mit Stroh gedeckten Schule, welche vordem auf dem Platz der jetzigen alten Volksschule stand, war eine Sonnenuhr angebracht. Hiernach mussten sich auch die Schuljungens richten und mittags um 12 Uhr am freistehenden Glockenstuhl die Betglocke schlagen (das war eigentlich Aufgabe des Küsters).

Bei Einberufung zum »Buermal« (Bauernversammlung) ließ der Bauermeister den Nachtwächter oder auch den Hütejungen durch Tostedt gehen, wobei diese ins Kuhhorn stoßen mussten. Oder er schickte den »Knüppel«, das alte Einberufungszeichen herum. Mit diesem Knüppel wurde besonders in der Dunkelheit an das Haus oder an das Fenster geklopft, worauf sich der Bauer sogleich nach dem Versammlungsplatz begeben musste. Wenn der Knüppel umging, wurde dieser Stab wie eine Stafette von Hof zu Hof getragen. Jeder Empfänger musste ihn sofort an einen bestimmten Nachbarn weitergeben. So ging der Knüppel schnell durch den Ort. Man sagte: »Der Knüppel geht um!«

Als ich 1908 bei Verwandten in Dohren weilte, nahm mich der Knecht sonntagmorgens zum Aalstechen nach den »Beekwischen« mit. In den durch dieses tiefliegende Wiesengelände fließenden »Mölenbeek« wurde mit dem Aalstecher besonders in die Gruben vor den zahlreichen »Schütten« (Stauwehren) schrittweise hineingestochen. Die sich in dem Schlamm aufhaltenden größeren Aale blieben dann zwischen den mit fünf oder sechs Widerhaken versehenen Zinken hängen und wurden dann herausgezogen. Kleinere Fische blieben hierbei verschont. Die Beute steckten wir in einen mitgebrachten Leinenbeutel.

Wenn sich im Spätsommer die Trauben der Vogelbeeren rot färbten, wurde ich auch zum Nachsehen der Drosselschlingen (Snallen) mitgenommen. In dem dicht an der Wiese hinter dem Hof angrenzenden kleinen Wäldchen hatte der Knecht in den herabhängenden Zweigen des an dem Beek (Mühlenbach) stehenden Baumes seine Drosselschlingen aufgehängt. Täglich wurden alle Schlingen nachgesehen, um gefangene Vögel herauszunehmen und neue Vogelbeeren als Köder hineinzuhängen. Die gefangenen Drosseln nahm dann der »Eieruppköper« für den Verkauf mit nach Hamburg. Die Drossel- oder Krametsvogel-Snall funktionierte so: In einer Gabelung aus Weidenruten – sieht wie ein Steigbügel aus – wurden durch einen Schlitz zwei Schlingen aus Pferdehaar befestigt. Von der Unterseite her ragte eine Traube Vogelbeeren zwischen den beiden Schlingen als Köder hoch. Wenn nun der Krametsvogel (Wacholderdrossel) seinen Kopf durch die Schlinge steckte, um nach den Beeren zu picken, zog sich die Schlinge zu. Der Vogel war gefangen und konnte sich nicht wieder befreien.

Tostedter Dorfpoesie vor dem Ersten Weltkrieg:

Ik glaube, seggt Vinck,
dat giwt noch 'nen Gewitter, seggt Smäd Ritter,
dat ward nich so slimm, seggt Grimm,
dat kummt jümmer höger, seggt Hein Kröger,
dat ward jümmer döller, seggt Cord Möller,
dat is all in'n Gang, seggt Bostelmann,
denn ist't ja gut, seggt Huth,
Water ist gaut vörn Dorst, seggt Varenhorst.

Die Tostedter Kirche und ihre Pastoren:

In der von Weyhe'schen Gruft der alten Kirche sollen einige der Bestatteten mit langem Bart und großer, auffallender Halskette geschmückt im Sarg gelegen haben. Die Gruft soll beim Abbruch der alten Kirche nicht zugeschüttet, sondern zugemauert worden sein. Somit müsste sich unter dem heutigen Hügel bei dem Gedenkstein von Weyhe noch die Gruft befinden, welche vielfach eingestürzt sein dürfte. Die Särge wurden zum Teil nach Bötersheim gebracht.

Die Kirche zu Tostedt hatte bereits 1261 ihren Pleban (Geistlichen) gehabt.

In einem Kirchenbuch (1794 bis 1822) steht folgende Bemerkung:
»Am 3. October 1698 ist das Pfarrhaus zu Tostedt bey hellem Tage abgebrandt.«

Die Maße der alten Tostedter Kirche (im Jahre 1723 gemessen):

Länge der Kirche ohne Vorhof	56 Fuß	17,50 m
Länge des Vorhofes	50 Fuß	15,60 m
Breite der Kirche	40 Fuß	12,50 m
Höhe der Mauer bis zum Dach	23 Fuß	7,20 m
Höhe des Daches	36 Fuß	10,20 m
Stärke der Mauer aus Feldsteinen	5 Fuß	1,56 m

Die Kirche soll 520 Sitzplätze gehabt haben. Im neuen Gotteshaus zählt man 1200 Plätze.

Als der hiesige Pastor Bockhorn (1875 bis 1908) sich einmal die von Weyhe'sche Gruft in der alten Feldsteinkirche ansehen wollte, ließ er sich von Fritz Tödter – später Nachtwächter Fritz – die Gruft öffnen und trat hinein. Ein zufällig anwesender Tostedter sagte darauf im Spaß zu Tödter: »Wi wullt em da mol inkerkern (einsperren)!« und schlug gleich darauf die Grufttür knallend hinter dem verdutzten Pastor zu. Als Tödter die Tür dann wieder nach einigen Minuten öffnete, sah Pastor Bockhorn ganz bleich aus und stammelte verstört: »Wer hat das gemacht?«

Pastor Bockhorn begab sich nach der Sonntagspredigt anfangs ins Pfarrhaus um sein sonntägliches Mittagessen zu genießen. Danach kehrte er in die Kirche zurück, hielt Abendmahl und danach Kinderlehre. Dieses wurde nun dem seinerzeitigen Kirchenvorsteher Forkens Vadder (Foht) zu bunt. Er sagte in der Kirche mit seiner hellen Stimme: »Will mol seihn, wo he stecken dä!«, ging zum Pfarrhaus und fand Pastor Bockhorn beim Mittagessen, wobei er reichlich Wein trank. Das war dem Altvater Foht denn doch zu viel, er packte den Pastoren am Arm und schleppte ihn zur Kirche zurück.

Am Schluss einer Predigt war an einem Sonntag in der Kirche der Gesang zu Ende und die Orgel machte eine kleine Pause. Da rief ein Todtglüsinger ganz laut: »Nu mach'n lustigen Polka!« Er wünschte also, dass ein flotter Tanz gespielt würde. Hierfür hat er als Strafe drei Tage Arrest oder Gefängnis erhalten.

Nach E. Kück wurde das Kirchspiel Tostedt im nördlichen Kreis Soltau »dat Toder Kaspel« genannt.

Um 1898 waren in der (neuen) Tostedter Kirche noch auf einigen Plätzen Kupferschilder mit Namen der Inhaber angebracht.

Die jetzige Orgel in Tostedt ist beim Kirchen-Neubau 1879 von Furtwängler und Sohn in Elze gebaut worden. Ihre Vorgängerin in der alten Kirche wurde am 9. April 1815 aus der katholischen Kirche in Altona für 500 Mark als alt gekauft und nach Beseitigung einiger Mängel aufgestellt. 1879 wurde diese Orgel nach Fintel verkauft und war bis 1910 dort noch in Gebrauch.
Bei Trauungen konnte bei dem Küster der große »Stern« gegen besondere Vergütung bestellt werden, vorausgesetzt die Braut wurde in »kirchlichen Ehren« oder »im Kranz« getraut. Der Stern war mit der Orgel verbunden und wurde durch Ziehung eines Registers in Bewegung gesetzt, sobald die Braut die Kirche betrat. Auch an Festtagen »ging der Stern«, wobei noch ein Glockenspiel ertönte.

Pastor Lüders (1844 bis 1875), genannt »Peter Pastur«, der mehr Bauer als Pastor war, fuhr mit der Schiebkarre aus dem Ort heraus um Gras für sein Vieh zu holen. Bei der Rückkehr empfing ihn seine Frau: »Nun aber schnell. Die Predigt muss gleich beginnen«. Er hatte vergessen, dass es Sonntag war! Er zog schnell den Talar über seine Arbeitshose und eilte in die Kirche. Ob er noch rechtzeitig die Predigt halten konnte, wissen wir nicht.
Ein anderes Mal war »Peter Pastur« am Dieckweg an seinem Kornfeld beschäftigt. Von Dohren kamen einige Bauern in Sonntagskleidern daher und der Pastor machte ihnen Vorwürfe, dass sie heute in guten Kleidern gingen anstatt auf dem eigenen Acker zu arbeiten. Als dann die Kirchturmglocken läuteten, merkte er, dass es ein Sonntag war und eilte schnell nach Hause, um sich dann eiligst im fliegenden Talar zur Kirche zu begeben.

IX. Anhang

Preise und Kaufkraft im Lüneburger Land um 1840

Verdienste:

Lohn pro Jahr für	
Großknecht	20 Thaler
Kleinknecht	17 Thaler
Großmagd	15 Thaler
Kleinmagd	10 Thaler
Lohn pro Tag für	
Häusling	2 Groschen
Frau des Häuslings	1 Groschen 4 Pfennig

Preise:

1 Himpten Kartoffeln	12 Groschen
1 Pfund Speck	6 Groschen
1 Pfund geräuchertes Schweinefleisch	3 Groschen
1 Pfund Mettwurst	6 Groschen
1 Pfund gesalzenes Schweinefleisch	4 Groschen
1 Pfund Butter	6 Groschen

Preise für landwirtschaftliche Produkte:

1 Himpten Roggen	1 Thaler 14 Groschen
1 Stiege (20 Garben) unausgedroschener Hafer	1 Thaler
1 Stiege Wolle	16 Groschen
1 Schock (60 Stück) Haferstroh	3 Thaler
1 Fuder Stallmist	1 Thaler
1 Fuder (Heide-) Plaggen	1 Thaler 12 Groschen
1 ½ Dutzend Säcke	10 Thaler

Pferd	50 – 80 Thaler
Kuh	20 – 30 Thaler
Rind	10 – 20 Thaler
Kalb	5 Thaler
Schwein (fettes)	8 Thaler
Schaf mit Lamm	2,5 – 4 Thaler

Wohnraum:

Wert eines größeren Wohnhauses	400 – 600	Thaler
Hausmiete eines Häuslings / Jahr	6	Thaler

Aussteuer:

Mitgift für Töchter (Geest):

Vollhöfner	um 300 Thaler (ausnahmsweise 500	Thaler)
Halbhöfner	bis 200	Thaler
Kötner	um 30	Thaler
Kistenpfand (Inhalt einer Kiste mit Aussteuer)	12	Thaler
Kleiderschrank	12	Thaler
Koffer (Holztruhe)	3	Thaler
Spinnrad	1 ¼	Thaler
Holzhaspel	6	Groschen
Porzellangeschirr	2	Thaler 12 Groschen
½ Dutzend Messer und Gabeln	1	Thaler

Gewichte, Flächenmaße und Münzen

Gewichte:

1 Himpten = 17,5 kg Roggen und 18,75 kg Weizen
(ein Himpten war ein Hohlmaß und fasste 25 Liter)
1 Himpten = 15 kg Gerste
1 Himpten = 11,25 kg Hafer

1 Himpten = 4 Metze (Matten)
2 Himpten = 1 Scheffel
6 Himpten = 1 Malter

Mit 1 Himpten (Roggen) Einfall konnte man ½ Morgen Land einsäen.
Drittes Korn = Wo man einen Himpten aussät, erntet man drei Himpten.
1 Fuder Heuwachs entsprach der Fläche 1 Morgens.

Flächenmaße:

1 Hufe	25 – 30	Morgen
1 Morgen	120	Quadratruten = 2500 qm (abgerundet)
1 Förling	¼	Morgen
1 Quadratrute (QR)	21,84	qm

1 Rute	4,67	m (Längenmaß)
1 Elle	58,40	cm
1 Fuß	28,80	cm
1 Klafter	1,73	m

Münzen:

1 Thaler	24	gute Groschen
1 Thaler	288	schwere Pfennige
1 Mariengroschen	8	Pfennige
1 guter Groschen	12	schwere Pfennige
1 Gulden	24	Mariengroschen
1 Pistole (Louis d'or)	5	Thaler

Buchveröffentlichungen, in denen über Tostedt und seine Geschichte berichtet wird

Arbeitskreis Naturschutz: Biotop- und Nutzungs-Kartierung der Samtgemeinde Tostedt, Tostedt 1989
Becker, Claudia / Rose, Klaus-R.: Unterm Hakenkreuz – Tostedt und seine Außendörfer in der Zeit des Nationalsozialismus, Tostedt 1996
Benecke, Otto und Theodor (Hrsg.): Lüneburger Heimatbuch, Band I und II, Bremen 1914
Dörsam, Renate: Tostedt und die Dörfer rundum, Erfurt 2000
Dörsam, Renate / Klages, Ulrich (Hrsg.): 900 Jahre Tostedt, Heidenau 2004
Drescher, Hans: Tostedt – Die Geschichte einer Kirche aus der Zeit der Christianisierung im nördlichen Niedersachsen bis 1880, Hildesheim 1985
Ernst, Julius: Niekammer's Landwirtschaftliches Güter-Adreßbuch, Hannover Band VIII, 1922
Grieser, Rudolf: Schatz- und Zinsverzeichnisse des 15. Jahrhunderts aus dem Fürstentum Lüneburg, 1942
Harburger Jahrbücher 1938 – 2006 (Nr. 1 – 22)
Heimatverein Tostedt: Zeitschrift des Vereins – Nachrichten von Hermann und Erika, Nr. 1 (1981) bis Nr. 34 (2009)
Kausche, Dietrich: Harburger Erbregister von 1667, Hamburg 1987
Kausche, Dietrich: Regesten zur Geschichte des Harburger Raumes 1059 bis 1527, Hamburg 1976
Kreiskalender für den Landkreis Harburg 1935 – 2009
Laue, Heinrich / Meyer, Heinrich (Hrsg.): Zwischen Elbe, Seeve und Este, Band I und II, Harburg 1925
Marquardt, Wilhelm: Tostedt in alten Ansichten (o. J., ca. 1970)
Marquardt, Wilhelm und Walter: Sagen, Määrkens un Vertellen ut den Kreis Horborg un ümto, Erfurt. Band 1, 2008, Band 2, 2009
Müller, J. F. Heinrich: Bremisch-Lüneburgische Fehden des 15. Jahrhunderts und ihre Auswirkungen auf die bäuerliche Bevölkerung, Hamburg-Harburg 1980
Schettler, Hermann: Die Markgenossenschaft des Todt, Tostedt 1988
Schettler, Hermann: Tostedts Vorgeschichte und Geschichte bis zum Ausgang des Mittelalters, Tostedt 1990
Schettler, Hermann: Geschichte der Vogtei Tostedt, Tostedt 1992
Stegmann, Dirk (Hrsg.): Der Landkreis Harburg 1918 – 1949, Hamburg 1994
Tegtmeyer, Hans (Hrsg.): 100 Jahre Tostedter Kirche 1880 – 1980, Tostedt 1979
Tödter, Helmut R.: Kampen, Welle und Todtshorn, Heidenau 2005
Tödter, Helmut R. (Hrsg.): Auf Freudenthals Spuren in Welle un ümtoo, Heidenau 2007
Tostedter Schützenverein: 1854 – 2004 Chronik zum 150jährigen Vereinsjubiläum, Tostedt 2004
Weithoener, Eckart (Hrsg.): Tostedt – Erinnerungen und alte Bilder, Hamburg 1983